本书系

2023 年陕西省创新能力支撑计划软科学一般项目

（立项号：2023-CX-RKX-113）阶段性研究成果

# 乡村生态环境协同治理研究

张晓艳 著

人民出版社

# 目　　录

# 前　　言

实施乡村振兴战略是促进农业农村现代化的重大战略部署和关键举措,全面推进乡村振兴,要以产业兴旺为重点、生态宜居为关键、乡风文明为保障、治理有效为基础、生活富裕为根本。党的二十大报告指出,全面推进乡村振兴,要统筹乡村基础设施和公共服务布局,建设宜居宜业和美乡村。我国乡村地域宽广,生态环境问题多样,改善乡村生态环境,建设宜居宜业和美乡村,需要坚持系统观念,协调乡村环境效益、经济效益和社会效益,促进乡村经济社会与生态环境和谐有序发展。因此,深入研究乡村生态环境治理问题,是全面推进乡村振兴的重要任务,也是建设宜居宜业和美乡村的题中之义,对于加快农业农村现代化,促进农业强、农村美、农民富具有重要意义。

《关于构建现代环境治理体系的指导意见》强调,"要推动污染治理向乡镇、农村延伸,强化农业面源污染治理,明晰政府、企业、公众等各类主体权责,畅通参与渠道,健全党委领导、政府主导、企业主体、社会组织和公众共同参与的现代环境治理体系,形成全社会共同推进环境治理的良好格局。"这一重要论述,为乡村生态环境治理提供了理论指导和实践遵循。进一步深化乡村生态环境治理,需要在基层党组织的领导下,发挥基层政府主导作用,强化企业主体责任,鼓励社会力量参与,将治理主体、治理手段、治理内容和治理机制有效协同,构建共建共治共享的乡村生态环境治理新格局,提升乡村生态环境治理效能,让良好生态环境成为乡村振兴的重要支撑。

为此,本书立足乡村振兴战略的目标要求,对乡村生态环境协同治理展开系统研究,把明确多元主体环境权责作为基础,把完善环境协同治理机制作为关键,把激发多元主体环境治理积极性作为着力点,把建设宜居宜业和美乡村作为落脚点,在大量实证调研的基础上,综合运用文献研究、调查研究、田野访谈、实证分析、规范分析等研究方法,分析乡村生态环境协同治理的现状、成效及制约因素,探讨乡村生态环境协同治理的主体权责、机制创新和实现路径,旨在引导农业生产方式和农民生活方式绿色转型,实现投入品减量化、生产清洁化、废弃物资源化、产业模式生态化,为乡村全面振兴提供持续的生态环境保障。

在写作过程中,作者参阅了大量国内外学者的著作和期刊研究成果,引用了诸多学者的研究观点,在此对专家学者们的研究表示崇高的敬意!作者尽力在注释和参考文献中列出参阅和引用的相关文献,如有遗漏,敬请学界谅解。在调研过程中,D省相关职能部门给予了大力支持,实地调研和走访的基层党组织、县镇政府和职能部门以及受访的工作人员给予了大力配合,在此表示诚挚的谢意!感谢调研村村委会的全力配合,感谢村民朋友的大力支持,感谢走访的乡镇企业和社会组织的理解!调研过程也是接受教育的过程,在深入了解乡村生态环境协同治理现状、成效及制约因素的同时,感受到了"三农人"的不懈奋斗以及殷切期盼,坚信以党的乡村振兴战略为指导,农业强、农村美、农民富的美好蓝图必将绘就,中国式农业农村现代化必将实现!

在作者的指导下,硕士研究生陈想同学完成了第四章第三节和第七章第二节、第四节的撰写,在此表示衷心的感谢!智澳庆、姜艺琛、郭秀芳和张洁丽同学参与了部分小节的文稿撰写和文字校正,感谢同学们的努力付出!

　　本书为作者承担的 2023 年陕西省创新能力支撑计划软科学一般项目的研究成果,立项号:2023-CX-RKX-113,西安理工大学马克思主义学院为本书的出版提供了支持,人民出版社责任编辑赵圣涛老师为本书出版付出了大量的辛勤劳动,提出了宝贵的修改意见,在此一并感谢!

　　乡村生态环境治理属于系统性、整体性、综合性治理,涉及的治理主体、治理手段和治理对象复杂多样,跨越了马克思主义理论、社会学、管理学及政治经济学等学科,本书只是对这一领域进行尝试性探讨,无论从研究的深度还是广度上看,都有不足之处,恳请广大读者在参阅时多提宝贵意见。

　　让生态美起来、环境靓起来,再现山青水绿、天蓝地绿、村美人和的美丽画卷,是我们共同的期盼和向往!对乡村生态环境协同治理的研究仅仅是新的起点,关于乡村全面振兴、关于宜居宜业和美乡村建设、关于乡村治理和乡村社会发展,还有大量工作等着我们去思考完成。在今后的研究工作中,应进一步提升学术水平,拓展研究视野,深化调查研究,增强研究的现实指导性。

# 导　　论

　　良好生态环境是乡村最大优势和宝贵财富,加强乡村生态环境治理,建设宜居宜业和美乡村,是全面推进乡村振兴的重要内容,也是促进农业农村现代化的必然要求。站在建设人与自然和谐共生中国式现代化新的历史起点,必须尊重自然、顺应自然、保护自然,以有效环境治理推动乡村全面振兴,实现百姓富、生态美的统一。提升乡村生态环境治理效能,推进宜居宜业和美乡村建设,需要以党的二十大精神为指导,强化基层党委和政府责任,鼓励社会力量积极参与,构建起党委领导、政府主导、企业主体、社会组织和村民共同参与的乡村生态环境协同治理体系,激发多元主体协同共治内生动力,形成共建共治共享治理新格局,推动乡村生态环境治理体系和治理能力现代化。

## 一、研究背景与意义

　　良好生态环境是最公平的公共产品,是最普惠的民生福祉。乡村振兴是经济、社会、文化、组织和生态的全面振兴,是绿水青山就是金山银山理念指导下生态优先的农业农村现代化。建立共建共治的乡村生态环境协同治理体系,对于提升乡村生态环境治理效能、推进乡村全面振兴具有重要意义。

## （一）研究背景

进入新时代以来,乡村经济社会发展取得了历史性成就,发生了历史性变革,农民生活水平不断提高,对美好生活的向往和需求愈发多元化,对乡村生态环境提出了新的更高要求,良好的生态环境成为乡村经济社会可持续发展的重要基础。但是,在经济社会长足发展的同时,乡村生态环境受到越来越多的挑战,面临着垃圾围村、农药化肥过度使用、白色污染严重等生态环境问题。同时,农业产业粗放发展、乡镇企业转型不充分、农业面源污染控制不彻底,使得乡村生态环境面临着更加复杂的治理难题,传统以政府为单一主体的乡村生态环境治理方式的脆弱性凸显出来。为此,党中央出台了一系列政策和措施,指导和引领多元主体协同参与乡村生态环境治理。

《农村人居环境整治提升五年行动方案(2021—2025年)》指出,要充分发挥农村基层党组织领导作用和党员先锋模范作用,健全党组织领导的村民自治机制,组织动员村民自觉改善农村人居环境,引导村集体经济组织、农民合作社、村民等全程参与农村人居环境相关规划、建设、运营和管理,鼓励通过政府购买服务等方式,支持有条件的农民合作社参与改善农村人居环境项目,以乡情乡愁为纽带吸引个人、企业、社会组织等支持改善农村人居环境。2023年中央一号文件强调,要持续开展村庄清洁行动,巩固农村户厕问题摸排整改成果,分类梯次推进农村生活污水治理,推动农村生活垃圾源头分类减量和及时清运处置,推进有机废弃物就近就地资源化利用,加快农业投入品减量增效技术推广应用,建立健全秸秆、农膜、农药包装废弃物、畜禽粪污等农业废弃物收集利用处理体系。2023年7月21日习近平总书记在全国生态环境保护大会上强调,要正确处理"重点攻坚"和"协同治理"的关系,要坚持系统观念,抓住主要矛盾和矛盾的主要方面,对突出生态环境问题采取有力措施,同时强化目标协同、多污染物控制协同、部门协同、区域协同、政策协同,不断增强各项工作的系统性、整体性、协同性。

实施乡村振兴战略,要按照"产业兴旺、生态宜居、乡风文明、治理有效、生活富裕"的总要求,守住生态保护红线,推动乡村自然资本加快增值,建立健全城乡融合发展体制机制和乡村生态环境协同治理政策体系,加快推进农业农村现代化,让良好生态成为乡村振兴的支撑点。《中共中央国务院关于实施乡村振兴战略的意见》指出,"乡村振兴,生态宜居是关键",通过有效的环境治理,"让农村成为安居乐业的美丽家园"。党的二十大报告强调,必须牢固树立和践行绿水青山就是金山银山的绿色发展理念,深入推进环境污染防治,提升环境基础设施建设水平,推进城乡人居环境整治,将环境治理摆在更加突出的位置。

与此同时,在党的二十大关于"建设人人有责、人人尽责、人人享有的社会治理共同体"精神指导下,共建共治共享的社会治理体系不断创新和发展,以构建社会治理共同体为载体,国家治理体系和治理能力现代化取得新的进展,党委领导、政府负责、社会协同、公众参与、法治保障的社会治理格局逐步形成,为加强乡村生态环境协同治理提供了坚实的社会治理基础和新的思路。这就要求在乡村生态环境治理中,充分发挥基层党委、乡镇政府、村委会、社会组织和村民的主体作用,加强基层党组织、基层政府、村委会和村民的协同互动和共商共治,努力形成多元主体协同参与的共建共治共享治理格局和有效机制。

(二)研究意义

对乡村生态环境协同治理展开深入系统研究,具有重要的理论意义与现实意义,能够拓展乡村生态环境治理研究视野,深化乡村振兴理论研究,提升乡村生态环境治理效能,促进乡村生态环境治理体系和治理能力现代化。

1. 理论意义

一方面,有利于拓宽乡村生态环境治理理论的研究范畴。进入新时代以来,乡村生态环境治理面临着新的机遇和挑战,中国共产党人坚持以马克思主义理论为指导,立足乡村发展实际,不断推动社会治理的深化完善,从社会治理重心向基层下移,到建设社会治理共同体,再到建设基层治理共同体,社会治理理念不断创新,治理效能不断提升。以党的二十大关于"社会治理共同体"建设的精神为指导,探讨乡村生态环境治理中基层党委、乡镇政府、村委会、社会组织和村民等多元主体加强协商沟通,创新资源配置方式和协同治理机制等系列理论问题,有利于拓展乡村生态环境治理研究的视野和思路,深化研究的范围和内容,丰富乡村生态环境治理理论研究的内涵和外延。

另一方面,有利于深化乡村振兴理论的研究视野。在乡村振兴战略的目标要求中,"生态宜居"是关键性的指标,是乡村振兴的主要内容和重要标志。学者们围绕乡村振兴和乡村生态环境治理以及两者之间的关系展开了深入探讨。促进乡村生态环境协同共治,成为学者们的共识。本书以马克思主义人与自然关系思想、中华优秀传统自然观、中国特色环境理论、习近平生态文明思想以及党的二十大关于建设"宜居宜业和美乡村"和"社会治理共同体"的精神为指导,探讨乡村生态环境治理中如何实现多元主体共同参与、治理手段相互协调、治理对象统筹兼顾、治理成果共同享有等系列重要问题,对这些问题的研究,有利于深化乡村振兴理论的研究视野。

2. 现实意义

深化乡村生态环境协同治理研究,具有重要的现实意义,能够激发多元主体参与环境治理的积极性,发挥在乡村生态环境治理中的主体作用,提升乡村生态环境治理效能,满足人民群众日益增长的优美生态环境需要。

第一,有利于多元主体绿色发展理念的形成。随着乡村生态环境问题的日益复杂化和多样化,政府单一主体主导的环境治理方式已经难以适应乡村生态环境治理需求,乡村生态环境治理需要融合市场和社会力量,与政府建立平等协商关系,发挥相互协同作用,共同促进环境治理。因此,探讨乡村生态环境协同治理的内在机理,明晰多元主体权责,促进达成治理共识,形成治理合力,有利于强化多元主体的环境意识和协同理念,形成多元主体共同参与乡村生态环境治理的良好氛围,建设起人人有责、人人尽责、人人享有的乡村生态环境治理共同体。这一过程有利于促进乡镇企业将绿色发展理念贯穿生产经营全过程,建立起资源节约、环境友好的高质量发展模式,引导农民树立生态文明意识和环境保护观念,扮演好生态环境治理与污染行为监督角色,实现生产生活方式的绿色转型,推动生态效益、经济效益与社会效益的统一。

第二,有利于提升乡村生态环境治理效能。良好的生态环境是农民美好生活的重要组成,也是乡村经济社会持续健康发展的重要支撑,乡村生态环境治理与乡村全面振兴都是为了进一步提升人民群众的获得感、幸福感和安全感。但是,随着农民日益增长的美好生态环境需要与生态环境发展滞后之间的矛盾日渐凸显,乡村生态环境治理的有效性与长效性亟须进一步提升。本书在对基层党组织、乡镇政府、环保局、乡镇企业、村委会和村民等主体调研访谈的基础上,对多元主体参与乡村生态环境治理进行实证分析,探究乡村生态环境协同治理取得的成效、面临的挑战及制约因素,厘清乡村生态环境治理主体的角色与职能,探讨乡村生态环境协同治理机制的构建和创新。这一研究有利于促进乡村生态文明建设,提升乡村生态环境治理效能。

第三,有利于促进宜居宜业和美乡村建设。乡村生态环境治理是推进宜居宜业和美乡村建设的重要内容和关键举措,事关农民美好生态生活需要的满足和健康权、发展权的实现,是推进乡村振兴与农业农村可持续发展的重要基础。乡村是生态涵养的主体区域,清洁的水源、清新的空气、肥沃的土壤与丰富的资源是农业农村现代化的重要保障。加强乡村生态环境协同治理,能够有效保护乡村优质的自然环境资源与悠久的人文历史风貌,维护乡村良好生态环境系统,筑牢乡村全面振兴的生态屏障,让乡村的青山绿水成为"乡愁记忆"的承载,带动乡村产业发展和乡村旅游,实现生产、生活和生态的有机融合和相互支撑,促进宜居宜业和美乡村建设。

第四,有利于推动人与自然和谐共生的中国式现代化。"环境就是民生,青山就是美丽,蓝天也是幸福。发展经济是为了民生,保护生态环境同样也是为了民生。"①在推进中国式现代化进程中,不仅要创造更多的物质财富和精神财富,也要提供更多优质高效的生态产品,不断满足人民日益增长的优美生态环境需要。乡村地区特有的环境资源禀赋,凸显出对生态环境系统的重要价值和保护作用。因此,加强乡村生态环境治理在促进人与自然和谐共生现代化建设中具有重要的地位和作用。全面推进乡村振兴,要以生态资源优势推动农业农村高质量发展,以良好的生态资源吸引资本投入,以舒适的宜居环境吸引人才扎根,把建设生态宜居美丽乡村转化为多元主体的自觉行动,使不同主体都拥有共同的环境愿景,成为生态环境的保护者、治理者和受益者,以生产发展、生活富裕、生态良好的文明发展道路,推动人与自然和谐共生的中国式现代化。

---

① 《习近平新时代中国特色社会主义思想学习纲要(2023年版)》,学习出版社、人民出版社2023年版,第225页。

## 二、国内外研究现状述评

明确研究选题后,应通过对既有研究成果的梳理,理性考察本研究在国内外相关研究中处于什么样的程度,具有怎样的研究价值。现将国内外关于生态环境治理、乡村生态环境治理以及乡村生态环境协同治理的研究现状进行综述。

### (一)国内研究现状述评

工业化、城镇化的快速发展,在促进经济社会全面发展的同时,带来了乡村生态环境问题,影响了农民美好生活需要的满足。乡村振兴战略作为指导乡村中长期发展的战略规划,从产业、文化、人才、组织、生态等多个维度全面部署,为乡村社会发展提供了战略依据与实践指南。立足于此,国内学者对乡村生态环境治理展开了研究,主要包括以下三方面内容:一是立足于乡村振兴战略,从宏观层面探讨乡村生态环境治理的方式与机制;二是以乡村生态环境问题的形成为主线,从不同维度对环境问题的成因进行研究;三是在梳理乡村生态环境治理存在问题的基础上,提出相应的对策建议。现有的研究成果为本书提供了研究视角和思路上的借鉴。

#### 1. 关于生态环境治理的研究

在生态环境治理内涵方面,吴舜泽、秦昌波(2017)指出,良好的环境治理体系是加快补齐生态环境短板的基础保障,是生态文明建设的重要内容,是国家治理体系的有机组成部分。要以强化政府生态环境责任监督为突破口,通过优化调整环境执法资源,强化横向协调联动,发挥市场与社会主体作用等方式,推进环境治理体系现代化。[①] 解振

---

[①]　吴舜泽等:《构建多元生态环境治理体系》,《社会治理》2017 年第 1 期。

华(2017)提出,环境治理体系是治理生态环境、建设生态文明的系列体制机制和法律法规安排,主要包括政策法规体系、思想理念体系、技术支撑体系。[①] 王育宝、刘鑫磊(2021)认为,中国特色社会主义现代化生态环境治理体系是在党的领导下,遵循经济社会和生态环境系统运行规律,坚持政府、企业、社会等多元主体共同参与,以现代信息技术为基础、法治为保障,综合运用行政、经济、法律、社会等手段建立的共享共治的环境治理体系。[②] 孔凡斌、王苓(2022)认为,生态环境治理体系和治理能力现代化就是使国家生态环境治理体系制度化、科学化、规范化,从而把生态环境制度优势转化为生态环境治理效能的过程。因此,生态环境治理体系和治理能力现代化,既是生态环境治理制度的现代化,又是生态环境治理能力的现代化,是对制度化、科学化、规范化、程序化进行优化的系统过程。[③]

在生态环境治理主体方面,朱锡平(2012)认为生态环境治理主体分为政府、市场和社会三个方面,成熟的环境保护制度不仅要充分利用政府提供的公共产品,而且需要社会自治和市场机制。三者既是生态环境的消费者,同时也是环境公共产品的提供者。[④] 王名、邢宇宙(2016)提出生态环境治理主体从政府依赖转向政府、市场与社会有效协同的观点,认为政府虽然占据着主导性的地位,但是离不开市场主体和社会主体的参与监督。[⑤] 张晓忠(2016)认为生态环境治理主体是指

---

① 解振华:《构建中国特色社会主义的生态文明治理体系》,《中国机构改革与管理》2017年第10期。

② 王育宝等:《绿色低碳发展背景下中国特色社会主义现代化环境治理体系构建研究》,《北京工业大学学报(社会科学版)》2021年第6期。

③ 孔凡斌等:《中国生态环境治理体系和治理能力现代化:理论解析、实践评价与研究展望》,《管理学刊》2022年第5期。

④ 朱锡平:《论生态环境治理的特征》,《生态经济》2012年第9期。

⑤ 王名、邢宇宙:《多元共治视角下我国环境治理体制重构探析》,《思想战线》2016年第4期。

具有环境治理相关权利和义务的个体、组织和机构,这些主体同时也是导致生态环境问题产生的关系主体。① 郑石明、方雨婷(2018)提出,生态环境治理不仅需要依赖高层次的制度设计,还应综合考虑国家权力的支持、社会的参与以及公众个体在生态环境治理中的角色与责任。② 昌敦虎、白雨鑫(2022)指出,政府、企业、社会组织与公众构成了环境治理的参与主体。政府一般包括中央政府和地方政府,企业划分为国有企业、民营企业、外资企业等,社会组织则涵盖社会团体、行业协会、科研机构等。生态环境治理各主体在法律法规与政策规范的框架中形成"交叉式""立体型"结合的关系。③

在生态环境治理实践路径方面,向俊杰(2016)提出构建生态环境协同治理体系不但要实现政府协同、市场协同、社会协同及三者之间的协同,还要实现议程设置协同、目标规划协同、决策执行协同及其相互之间的协同。④ 詹国彬、陈健鹏(2020)指出,推动新型生态环境治理体系高效运转,需要厘清多元主体职责分工,创新生态服务投入机制,优化生态环境治理协同机制,提升政府环境监管效能,引导社会力量有序有效参与。⑤ 党秀云、郭钰(2020)指出,由于生态环境问题具有无界性、蔓延性、外部性特征,仅靠单一区域很难有效解决,在实践中也存在着诸多现实困境,跨区域合作治理成为解决生态环境问题的必由之路。因此,加快法律法规制度供给,建立生态环境治理责任清单,构建跨区

---

① 张晓忠:《政府生态治理现代化主体体系构建与结构变迁》,《福州大学学报》2016年第5期。
② 郑石明等:《环境治理的多元途径:理论演进与未来展望》,《甘肃行政学院学报》2018年第1期。
③ 昌敦虎等:《我国环境治理的主体、职能及其关系》,《暨南学报》2022年第1期。
④ 向俊杰:《我国生态文明建设的协同治理体系研究》,中国社会科学出版社2016年版,第43页。
⑤ 詹国彬等:《走向环境治理的多元共治模式:现实挑战与路径选择》,《政治学研究》2020年第2期。

域利益调节机制和多方参与的共建共治格局,是跨区域生态环境合作治理的路径选择。① 陈润羊(2022)认为环境治理体系建设需要将问题导向和目标导向结合起来,既立足于对现实问题的改进,又着眼于长效机制的建立,应从环境目标设置、政策评估体系、政绩考评体系、治理工具创新等方面完善生态环境治理体系。②

2. 关于乡村生态环境治理的研究

在乡村生态环境治理存在的主要问题方面,李宁(2018)探讨了社会资本流失背景下农村社区生态环境治理的现实困境,认为乡村社区在转型过程中社区信任衰退、互惠规范断层和社区关系网络转型,引致社区环境治理遭遇集体行动悖论、公地悲剧与治理互动困境等问题。③ 丁颖(2021)认为乡村生态环境治理的现实困境主要表现为政府与村民信任基础不牢固、社会资本参与的互惠规范未建立、社会关系网络的协同作用不明显。④ 赵保海、郑远(2021)认为乡村地区幅员辽阔,污染源复杂,治理难度大,存在资金投入不足,制度供给缺失,治理主体单一等问题。⑤ 文宇、竺乾威(2021)指出,乡村生态环境治理触及共生理论等深层次逻辑,存在环保机制缺陷、环境治理资源匮乏、环保主体失衡问题。⑥ 段晓亮、王慧敏(2022)认为多元主体环境意识淡薄、治理制度体系不完善、粗放型农业经济发展方式未根本扭转,是乡村生态环境治

① 党秀云、郭钰:《跨区域生态环境合作治理:现实困境与创新路径》,《人文杂志》2020年第3期。

② 陈润羊:《我国环境治理的基本关系与完善建议》,《环境保护》2022年第15期。

③ 李宁:《新型农村社区环境治理:现实困境与消解策略》,《湖湘论坛》2018年第4期。

④ 丁颖:《社会资本参与农村环境治理的现实困境与消解策略》,《农业经济》2021年第10期。

⑤ 赵保海、郑远:《生态文明建设视角下农村环境治理问题研究》,《农业经济》2021年第5期。

⑥ 文宇、竺乾威:《农村生态环境共生治理:机理、演进及挑战》,《广西大学学报》2021年第5期。

理面临的主要问题。① 毛渲(2022)以城乡融合为视角,指出乡村生态环境治理中存在资源配置失衡、机制运行不畅难题,制约了乡村生态环境治理成效,成为生态环境层面城乡融合的羁绊。②

在乡村生态环境治理存在问题的成因方面,秦柯(2016)认为治理主体单一、农民环保意识淡薄、农村基础设施不完善、农村环保法律缺失等因素,制约了乡村生态环境治理的成效③。张志胜(2019)将乡村生态环境问题归因于相关主体责任缺失,地方政府"主导者"角色缺位,地方企业不重视生态环境保护等方面。另外,非政府组织参与乡村生态环境治理有限等因素亦不容忽视。段晓亮、王慧敏(2022)认为乡村生态环境治理理念滞后、内生动力不足以及治理技术和成本较高是乡村生态环境治理困境的主要原因。④ 张诚、刘旭(2022)认为乡村环境治理面临着"碎片化"问题,表现在主体、目标、内容和过程四个方面,以专业分工为基础的组织体制、项目制供给方式、运动式推进机制是引发"碎片化"问题的内在根源。⑤

在乡村生态环境治理的对策建议方面,李宁(2019)提出要塑造协同治理文化,构筑乡村环境治理信任机制,构建协同治理组织体系,搭建协同治理信息共享平台。⑥ 温暖(2021)认为应构建系统型乡村生态

① 段晓亮等:《乡村振兴背景下农村生态环境治理的困境与对策》,《农业经济》2022年第4期。

② 毛渲:《城乡融合视角下的农村环境治理体系重建》,《西南民族大学学报》2022年第3期。

③ 秦柯:《我国城乡结合部生态环境治理的路径选择——基于多中心理论的视角分析》,《中南财经政法大学研究生论丛》2016年第1期。

④ 段晓亮、王慧敏:《乡村振兴背景下农村生态环境治理的困境与对策》,《农业经济》2022年第4期。

⑤ 张诚、刘旭:《农村人居环境整治的碎片化困境与整体性治理》,《农村经济》2022年第2期。

⑥ 李宁:《协同治理:农村环境治理的方向与路径》,《理论导刊》2019年第12期。

环境治理体系,以法律手段为基础,健全乡村生态环境保护立法体系和执法体系,强调公众参与和多元共治。[①] 冯旭(2021)认为应健全环境治理多主体合作的法律法规,规范环境治理多主体的权责义务,构建多主体联动协商机制,强化生态环境治理监督检查,建设生态环境治理共同体。[②] 郑泽宇、陈德敏(2022)认为,从目标维度上应建立价值协同机制与诱导动员机制,凝聚治理主体价值目标;从组织维度上应优化政策供给,推动跨界联动式治理;从市场维度上通过市场杠杆配置乡村环境要素资源;从社会维度上应整合社会资本,培育农民主体参与生态环境治理的内生动力。[③]

在乡村生态环境治理方式的选择方面,学者们普遍认为随着乡村环境问题以及环境治理需求的演进,传统政府单一包揽式的生态环境治理方式应向多元主体协同治理方式转变。彭勃、张振洋(2015)认为合作式治理是乡村生态环境治理的最优选择,需要激发各个主体参与的积极性,改变以往运动式治理方式中政府单一主体治理的局面。[④] 吴越、庄斌(2015)认为乡村生态环境治理模式的选择首先在于回归城乡一体化和法治化,应采取城乡一体化的法治的环境治理方式。[⑤] 樊翠娟(2018)提出应构建政府有限主导、市场积极介入、社会精准参与的多中心复合治理方式。[⑥] 鞠昌华、张慧(2019)认为治理主体应多元

---

① 温暖:《多元共治:乡村振兴背景下的农村生态环境治理》,《云南民族大学学报(哲学社会科学版)》2021 年第 3 期。
② 冯旭:《乡村振兴中的农村生态环境治理共同体建设》,《甘肃社会科学》2021 年第 3 期。
③ 郑泽宇、陈德敏:《整体性治理视角下农村环境治理模式的发展路径探析》,《云南民族大学学报(哲学社会科学版)》2022 年第 2 期。
④ 彭勃、张振洋:《国家治理的模式转换与逻辑演变》,《浙江社会科学》2015 年第 3 期。
⑤ 吴越、庄斌:《我国农村环境治理的模式探讨》,《环境保护》2015 年第 17 期。
⑥ 樊翠娟:《从多中心主体复合治理视角探讨农村人居环境治理模式创新》,《云南农业大学学报(社会科学版)》2018 年第 6 期。

化,治理对象应系统化,以促进产业支持下的绿色协调治理、城乡一体化下的统筹治理等乡村生态环境治理方式。① 郑泽宇、陈德敏(2022)从整体性治理视角探析乡村生态环境治理方式,指出根据治理意愿与治理主体的不同,乡村生态环境治理可分为行政型治理、市场型治理、社区型治理三种方式。②

3. 关于乡村生态环境协同治理的研究

张文明(2017)认为生态环境治理是社会治理现代化的重要组成部分,如何有效构建环境治理体系,让政府、企业、社会公众等多元主体,共同参与治理,是实现生态环境治理现代化的要求,也是提升治理能力的关键。③ 王丽琼(2019)引入利益相关者理论,从政府、企业、城市、村民、环保组织、科研院校等利益相关者角度,论述了乡村生态环境协同治理的影响因素,认为应整合分散的力量和资源,克服相互矛盾的机制和冲突的博弈。④ 杨正宏(2020)指出,乡村生态环境的改善,得益于政府、群众、企业、社会团体的协作治理,是政府单一主体治理方式向多主体参与治理转变的结果,但乡村生态环境治理长效机制构建方面,依然有很多困境和挑战亟待解决。⑤ 吕建华、单浩楠(2021)依据协同治理理论,从角色定位和互动合作两个维度分析了乡村生态环境治理主体面临的权责定位不当、互动合作不足等困境及其成

①　鞠昌华、张慧:《乡村振兴背景下的农村生态环境治理模式》,《环境保护》2019 年第 2 期。

②　郑泽宇、陈德敏:《整体性治理视角下农村环境治理模式的发展路径探析》,《云南民族大学学报(哲学社会科学版)》2022 年第 2 期。

③　张文明:《"多元共治"环境治理体系内涵与路径探析》,《行政管理改革》2017 年第 2 期。

④　王丽琼:《乡村振兴视阈下泉州市农村环境多元共治有效路径研究》,《中国农业资源与区划》2019 年第 8 期。

⑤　杨正宏:《我国农村人居环境整治长效机制构建存在的问题及对策》,《乡村科技》2020 年第 8 期。

因,从信任关系、法律保障、信息共享、组织机构等角度,构建了多元主体共治的合作机制,通过加强主体合作促进乡村生态环境治理。[①] 荆蕙兰、邹璐(2022)提出建设乡村生态环境治理共同体的思路,构建乡村生态环境治理的责任共同体、保障共同体、利益共同体和行动共同体,以实现乡村生态环境治理的多元参与、有序推进、利益共享与源头治理。[②]

### (二)国外研究现状述评

国外学者对生态环境治理的研究,是随着工业化进程中生态环境问题的日益严峻而逐渐展开的。其研究主要聚焦于环境治理理论、治理主体参与及治理模式方面。20 世纪 30 年代,庇古在《福利经济学》中指出,环境作为公共产品具有明显的外部性,市场对具有外部性的生态环境问题存在失灵,提出用税收手段实现外部性的内部化,即"庇古税"。20 世纪 60 年代,雷切尔·卡尔森在《寂静的春天》中提出生态环境的治理和保护不只是政府与企业的事情,也是普通大众的事情,开创了生态环境保护与治理的新篇章。罗马俱乐部《增长的极限》一书指出增长存在极限,人口增长、经济失控会引发资源枯竭和环境污染,人类应加强生态保护和治理。西方发达国家城乡一体化程度高,城市和乡村之间的界限较为模糊,学者们对生态环境治理的研究没有明确区分城市与乡村,大多从广义角度探讨生态环境治理问题。

在生态环境治理机制方面,布尔克利、摩尔(2003)强调生态环境治理中参与机制的重要性,认为参与主体对生态环境治理有不同的利

---

① 吕建华、单浩楠:《农村公共环境治理主体合作机制构建》,《环境保护》2021 年第 1 期。

② 荆蕙兰、邹璐:《乡村环境治理共同体的审视与构建——以山东省为例》,《烟台大学学报(哲学社会科学版)》2022 年第 5 期。

益价值与观点,良好的参与机制能够提高生态环境决策质量。① 阿格拉瓦尔、莱莫斯(2007)提出在生态环境治理中激励和约束机制具有重要意义,认为在生态环境治理政策施行过程中公众对治理策略的反应程度与行为方式,会随着激励和约束的调整而变化,对破坏环境的行为给予制度惩罚能提高环境治理成效。② 埃文斯(2012)分析了生态环境治理中集体行动存在的困境,这些困境的存在制约了环境协调合作机制的形成。③ 艾莉森·加什(2017)认为政府部门或公共机构为了实现特定的治理目标,应该与社会非营利机构建立合作机制,为社会参与主体进行公共事务决策和协商,提供良好的环境和保障,从而形成协同参与的合作机制。④

在生态环境治理方式方面,20世纪60年代初,韩国政府推动实施"新村运动",通过资金支持、政策鼓励、发挥多主体作用等手段鼓励农民参与生态环境治理,形成了有效的乡村生态环境治理方式,发挥了政府、市场、农民和民间组织在乡村生态环境治理中的优势,形成了生态环境治理的多主体协作模式。以经济学家埃莉诺·奥斯特罗姆为代表的新制度治理学派,将经济学领域的"多中心性"引入公共领域,发展了"多中心治理理论"。根据这一理论,生态环境治理是系统的复杂工程,需要政府、企业、社会组织以及民众等多主体相互协作,共同承担治理环境的公共责任,以多中心治理模式推动生态环境治理。

---

① 〔美〕布尔克利、摩尔:《参与与环境治理:共识、矛盾与辩论》,《环境价值观》2003年第2期。

② 〔美〕阿格拉瓦尔、莱莫斯:《制造中的绿色革命:21世纪的环境治理》,《环境:可持续发展的战略与政策》2007年第5期。

③ 〔英〕埃文斯:《环境治理》,劳特利奇出版社2012年版,第78页。

④ 〔美〕艾莉森·加什:《连贯的协作治理》,《公共行政管理研究与理论》2017年第3期。

在多元主体协同治理方面,西方学者普遍认为参与主体的多元化,有利于促进生态环境治理效率。塞缪尔·黑斯(1959)认为环境主体在环境治理中存在复杂的利益关系和价值取向,生态环境治理并不是进行简单的公共事务处理,提出解决生态环境治理问题必须依赖于政府、公众以及相关组织等主体共同参与。① 阿伦森(2008)提出由于生态环境治理决策过程具有复杂性,为更好维护多元主体的环境利益,多元主体只有充分参与,才能真正保护自身利益并制定出合理的治理政策。生态环境治理责任不能由政府单个主体承担,应该促进多元主体共同参与。② 阿萨·佩尔松(2009)指出政府应该通过引导作用的发挥,吸引社会组织、公民或者个体发挥作用,提升生态环境治理效率和治理效果。③ 以埃莉诺·奥斯特罗姆(2012)为代表的新治理学派认为,社会自主参与对公共事务治理至关重要,单一政府手段或者单一市场手段均难以成为解决公共事务的唯一手段。④

综上所述,学者们围绕乡村生态环境治理形成了相对丰富的研究成果,为乡村生态环境协同治理研究奠定了文献和资料基础。但是,梳理现有文献发现,学者们对乡村生态环境协同治理展开系统研究的成果相对较少,需要进一步深化和完善。总体来看,现有的研究成果具有以下特点:一是对于乡村生态环境治理的研究,主要分布在对乡村生态环境治理存在的问题、原因及对策方面,对于如何明晰多元主体环境治理权责、如何通过机制创新促进乡村生态环境治理效能提升需要进一

---

① 刘向阳:《环境、权力与政治——论塞缪尔·黑斯的环境政治史思想》,《郑州大学学报》2020年第5期。

② [美]阿伦森:《多层次机构环境治理》,《能源与环境》2008年第6期。

③ [美]阿萨·佩尔松:《环境政策一体化和双边发展援助:政府框架下的国际机遇挑战》,《国际环境协定:政治、法律和经济》2009年第4期。

④ [美]埃莉诺·奥斯特罗姆:《公共事务的治理之道》,上海译文出版社2012年版,第25页。

步深化;二是对于乡村生态环境协同治理的研究,如何在基层党组织的领导下,通过政府主导、多元参与和法治保障,建立起常态化共建共治共享协同治理格局,推动乡村生态环境治理体系和治理能力现代化需要进一步深化;三是现有研究多注重对乡村生态环境协同治理的理论思考,而将理论研究与实证有机结合,对乡村生态环境协同治理现状、成效及制约因素展开系统性调查研究相对欠缺。本书在研究过程中注重将实证研究与规范研究相结合,科学运用文献研究、问卷调查、田野访谈、实地考察等研究方法,不断提升乡村生态环境协同治理研究的现实性和科学性。

### 三、相关概念界定

对相关概念的厘清与界定是社会科学研究的基本前提,下面主要对本书中涉及的乡村生态环境治理、乡村生态环境治理机制、乡村生态环境协同治理等相关概念进行界定。

#### (一)乡村生态环境治理

1. 治理

"治理"主要用于描述与国家公共事务管理相关的活动,适用于经济、政治、文化、社会及生态环境等多个领域。可以从西方治理理论、中华古典文献资料及我国学者有关治理的研究三个层面探究"治理"的内涵。

(1)西方治理理论语境下的"治理"概念

西方治理理论的探索始于 20 世纪 80 年代。1989 年世界银行在《撒哈拉以南非洲:从危机到可持续增长》报告中首次使用了"治理危机"一词,用来描述非洲在现代化进程中面临的主要问题。20 世纪 90 年代,"治理"在政治学、经济学及管理学等领域中被广泛使用,有关

"治理"概念的解释不断丰富起来。詹姆斯·N.罗西瑙将"治理"描述为"一系列活动领域里的管理机制,它们虽未得到正式授权,却能有效发挥作用,治理与统治有重大的区别,治理指的是一种由共同的目标支持的活动,这些活动的主体未必是政府,也无须靠国家强制力实现"①。全球治理委员会认为,"治理是或公或私的个人和机构经营管理相同事务的诸多方式的总和,它是使相互冲突或不同的利益得以调和并且采取联合行动的持续的过程。它包括有权迫使人们服从的正式机构和规章制度,及种种非正式安排。"②

(2)中华古典文献中的"治理"概念

在我国古典文献中较早出现了有关"治理"的表达,这一时期"治理"的内涵主要指向君王对国家的管理与统治,包含了选贤任能、稳定秩序、治理政务等方面。《老子河上公章句》讲到,"谓人君治理人民。"《韩非子》论述到,"其法通乎人情,关乎治理也。"《荀子·君道》讲到,"明分职,序事业,材技官能,莫不治理,则公道达而私门塞矣,公义明而私事息矣。"这里的"治理"体现了对事务与官员安排的规范性要求。《汉书·赵广汉》中提到的"壹切治理"一词,也强调对国家事务的统治管理。《孔子家语·贤君》论述到,"吾欲使官府治理,为之奈何?"表达了以官府作为治理主体发挥统治功能的治理观。《诸葛武侯文集》讲到,"圣人之治理也,安其居,乐其业,至老不相攻伐",强调有贤能的人参与治理的重要性。《后汉纪·献帝纪》讲到,"玄在郡连年,若有治理,迁之,若无异效,当有召罚。何缘无故征乎?"在这里"治理"主要是指向理政的成绩和功绩。从以上的描述可以看出,在中华古典文献

---

① [美]詹姆斯·N.罗西瑙:《没有政府的治理》,张胜军等译,江西人民出版社 2001 年版,第 5 页。

② 全球治理委员会:《我们的全球伙伴关系》,牛津大学出版社 1995 年版,第 23 页。

中"治理"一词充分运用于治国理政的讨论,被赋予了特定的内涵与意义。

(3)国内学者学术研究中的"治理"概念

20世纪90年代开始,我国学者对"治理"的研究陆续展开。徐勇认为"治理是运用权力配置社会资源和协调利益关系,通过运用权力对社会的领导、管理和调节,以达到一定目的的活动"[①]。江必新等人认为"治理强调的不是权力的享有和依附权力而来的统治利益,而是对公共事务的高效、公平处理"[②]。王浦劬将治理归纳为"国家治理、政府治理与社会治理三类,并指出三者之间在本质上具有一致性,强调国家治理的领导力量是中国共产党,治理目标以人民的利益为出发点和价值归宿,治理需遵循依法治国方略"[③]。学者们普遍认为"多元参与""协商合作""公共利益"是"治理"的鲜明特点。

就"治理"概念的演变来看,从中华古典文献资料"治国理政"的解读到学者们就现代善治、法治、民本思想的核心价值观生成,从权威型政府导向的治理模式到多元共治的有益尝试,彰显了"治理"概念内涵的不断拓展与时代化。从国家治理体系和治理能力现代化视角理解这一概念,需要将政府治理、市场治理与社会治理有效融合。综合以上三个方面的探讨,本书认为"治理"在国家、社会、市场以及民众等多元主体之间展开,治理目标在于实现公共利益共享,治理理念强调引导、服务和协商,治理方式为多元主体参与。从本质上讲,"治理"是协调不同利益主体矛盾冲突、推动公共利益最大化的动态发展过程。

---

① 徐勇:《中国农村村民自治》,生活·读书·新知三联书店2018年版,第95页。
② 江必新等:《国家治理现代化比较研究》,中国法制出版社2016年版,第2页。
③ 王浦劬:《全面准确深入把握全面深化改革的总目标》,《中国高校社会科学》2014年第1期。

## 2. 生态环境治理

环境是"围绕着人群的空间及其直接、间接影响人类生活和发展的各种自然因素的总体"①。因为人的存在,环境具有了价值。在本书中,生态环境是指围绕在人类周围的物质世界,主要由山水林田湖草沙及动植物等自然界组成,本质上即人与自然界的关系。随着工业化进程的不断发展,生态环境问题日渐凸显,环境治理成为社会治理的延伸和重要组成部分,在深层次上与社会生产、经济发展、政治生态相关联,涵盖了环境行政和环境规制的演变与变迁。

对生态环境治理的较早探讨始于 20 世纪 70 年代,一般是指"在对自然资源、生态环境的持续开发和利用过程中,环境利益相关者通过协调合作和承担责任,达到经济绩效、社会绩效和环境绩效最大化与可持续发展的动态协作过程"②。"生态环境治理是政府部门、企业部门和公民社会部门等环境福祉利益相关者,根据一定的治理原则和机制进行环境决策,公平和持续地满足生态系统和人类发展目标,从而达到环境绩效、经济绩效和社会绩效最大化和可持续发展的过程。"③生态环境治理包括政府对行政区域的环境管制,社会对环境保护的自主参与,以及市场对环境需求的自我调节等。狭义层面而言,生态环境治理是基于污染现象的存在而付诸的治理。广义层面而言,生态环境治理是在社会活动与社会生产中,谋求经济发展与合理使用环境资源相平衡的系统性、动态化治理过程。

1992 年"地球峰会"的召开,标志着生态环境治理迈入了新的历史阶段,这次会议发布了著名的《里约宣言》,其中第 10 条即著名的 PP10

---

① 《中国大百科全书·环境科学》,中国大百科全书出版社 2009 年版,第 7 页。

② 薛晓芃、张海滨:《东北亚地区环境治理的模式选择——欧洲模式还是东北亚模式》,《国际政治研究》2013 年第 3 期。

③ 朱留财:《现代环境治理:圆明园整治的环境启示》,《环境保护》2005 年第 5 期。

明确声明:环境问题的解决需要所有有关公民的参与。在国家层面,每个人应有适当的途径获得有关公共机构掌握的环境信息,包括关于社区有害物质和环境活动的信息,每个人应有机会参加决策过程,各国应广泛地提供信息,从而促进和鼓励公众了解环境和参与环境事务,应提供包括赔偿和补救措施在内的司法和行政程序。2002 年可持续发展世界首脑会议在南非约翰内斯堡召开,这次峰会通过了《可持续发展世界首脑会议执行计划》,该计划对 PP10 等原则给予肯定和强调,并主张促进新型的良性互动关系形成,即由政府、市场和社会之间形成公私合作伙伴关系。这一理念是对 PP10 的延续和升级,也是对生态环境治理原则的进一步阐释。

综合以上论述,本书将生态环境治理界定为政府、市场、社会组织和公民等多元主体,在遵循生态环境自然规律和经济社会发展规律的基础上,以实现发展的可持续性为目标,综合运用环境法律法规制度、环境税费制度、环境公共服务供给、市场化经济调节等手段,规范、引导、监督、协调经济增长和社会发展与环境保护之间关系的行为与过程。生态环境治理强调环境利益相关者为达到一定的环境绩效、经济绩效和社会绩效,通过明确生态环境决策的参与主体,强化生态环境决策和政策执行的有效性,规范环境权益和环境风险的分配等程序,实现生态环境治理绩效最大化和发展可持续的系统性过程。生态环境治理的关键在于协调多元主体的环境利益与环境风险,在生态环境承载许可范围内推动经济高质量发展,满足人民对优美生态环境的需要。

3. 乡村生态环境治理

在《环境保护法》中,对"生态环境"的描述主要指向森林、水、大气、草原、土地以及矿藏等自然环境。按照这一界定,乡村生态环境主要是指乡村水源、土壤、大气以及生物资源的总和,是乡村居民生产生活、繁衍生息的介质和载体,是乡村经济社会持续健康发展的基础性条件。乡村生态环境不仅包含生活居住环境,还包括农业生产环境,是自然环境与人化环境的总和。乡村生态环境与村民的生产生活息息相关,受乡村区域面积、人口数量、气候地势、温度湿度、经济发展水平等因素的影响,乡村生态环境具有一定的区域差异性、生态脆弱性、修复复杂性。乡村生态环境关乎着农业产业持续发展、农产品质量安全、农民收入增长和农民生活水平等一系列问题,是实现农业农村现代化的重要变量和影响因素,也是乡村全面振兴的重要内容。

可见,乡村生态环境治理既不能单独依靠政府的力量,也不能单独依靠企业市场主体或社会组织发挥作用,需要激发多元主体的环境治理积极性,促进治理主体、治理手段、治理对象和治理机制的有效协同,建立多元主体协同共治的治理新模式。就治理主体而言,包含基层党组织、基层政府、相关企业、环保单位、社会组织和村民;就治理手段而言,包含经济手段、法律手段、行政手段等多种治理手段;就治理对象而言,既包括村容村貌、生活垃圾、污水处理、厕所改造,也包括秸秆焚烧、禽畜养殖以及化肥、农药、地膜过量使用等环境不友好行为;就治理机制而言,主要包含协商共治机制、奖惩激励机制、监督约束机制和绩效考评机制等方面。

**(二)乡村生态环境治理机制**

1. 机制

"机制"作为一个物理术语,指的是机器的构造与动作原理。就本源的概念内涵来看,"机制"包含了机器的组成部分及主要构成,体现着运作的机理与过程,是机器各部件及组成部分的联结与运转方式。在本源含义的基础上,"机制"被引申为有机体的构造及其相互关系,体现着事物各要素之间的协调互动关系,广泛应用于自然科学与社会科学领域。《辞海》将"机制"解释为"有机体的构造、功能和相互关系,如生理机制。或者指一个工作系统的组织或部分之间相互作用的过程和方式,如竞争机制、市场机制"。《牛津百科大辞典》把"机制"注解为构造、结构、技巧和技能。在社会科学领域,"机制"衍生出"保障机制""治理机制""协调机制""激励机制"等多种概念。

诸多学者对"机制"这一概念给出了不同的解释,认为机制作为过程性概念包含了时间与空间多重因素,这些因素与机制的互动会产生社会系统结果,因此因素与机制之间存在依赖性。现有研究一般将"机制"当作传统的制度或工具看待,认为"机制的独特之处在于,它关注的是更为动态的作用过程和方式,机制分析能够提供解释社会变化过程中,相关要素间的联系以及相互作用的因果模型"[①]。国外学者对"机制"也有不同的认识,埃尔斯特认为机制可以实现不同理论模块的组合,完成对复杂现象的解释。诺贝尔经济学奖获得者奥利弗 E.威廉姆森提出了"制度就是治理机制"的观点。结合以上的研究,本书将"机制"界定为多种因素相互影响和作用,以达到某种目标的调节和作用过程。

2. 乡村生态环境治理机制

随着治理研究与治理实践的发展,不同学科对治理问题以及治理机制的研究从宏观逐渐转向中观与微观层面。在经济学领域,治理机制一般与治理结构相对应,指治理主体管理事务呈现的结构关系、有机联系和相互作用,是一种稳定的、规律的运作方式。在治理实践中,治理机制表现为通过规范性的制度及内在化的逻辑,促使治理主体之间形成决策的动态协调过程。治理机制有广义与狭义之分。从广义角度

---

① 王家峰:《制度如何治理:国家治理的机制问题思考》,《江苏行政学院学报》2020 年第 2 期。

来看,治理机制与治理基本同义,治理所涉及的问题实际上也是治理机制包含的问题。从狭义角度来看,治理机制一般是指治理主体与治理客体之间的相互作用与治理目标的实现过程,治理机制具有过程性与互动性的特点。根据以上对"治理"和"机制"概念的理解,本书将乡村生态环境治理机制界定为,多元治理主体围绕乡村生态环境治理的共同目标,进行相互协调与动态协作的治理过程,主要包括协商共治机制、奖惩激励机制、监督约束机制和绩效考评机制等方面。完善的乡村生态环境治理机制,对于乡村生态环境治理效能的提升具有重要的推动作用,能更好地促进环境效益、经济效益和社会效益的有机统一。全面推进乡村振兴应大力创新乡村生态环境治理机制,提升乡村生态环境治理效能,促进宜居宜业和美乡村建设和农业农村现代化。

**(三)乡村生态环境协同治理**

"协同治理"是协同理论和治理理论相结合的产物,是一种以"协同"为内核的治理理念和治理模式,其目的在于通过治理主体"协同发力"来调和不同利益主体之间的矛盾冲突,体现了治理主体的多中心化,强调了各主体、各工作环节间的协作性和联动性。本书中的"协同治理"是指要构建基层党组织、基层政府、乡镇企业、村民和社会组织等多元主体的共建共治格局,强化基层党组织领导作用、基层政府主导作用和市场企业主体作用,以农民对美好生态环境的需要为根本出发点,促进乡村生态环境利益最大化。2023年7月21日习近平总书记在全国生态环境保护大会上强调,生态环境治理是一项系统工程,要处理好"重点攻坚"和"协同治理"的关系,坚持系统观念、重点攻坚,抓住主要矛盾和矛盾的主要方面,同时要强化目标协同、多污染物控制协同、部门协同、区域协同、政策协同,不断增强各项工作的系统性、整体性、协同性。这一重要论述为加强乡村生态环境协同治理提供了根本遵循,有利于协调多元主体的环境利益关系,促进乡村生态环境治理效能的提升。

结合以上的分析和论述,可将乡村生态环境协同治理界定为,基层党组织、基层政府、乡镇企业、村委会、村民以及社会组织等多元治理主体,围绕乡村环境效益、经济效益和社会效益有机统一的治理目标,通过有效协商与合作,综合运用经济、行政、法治手段以及信息技术工具,对环境违法行为进行管控,对影响乡村生态环境的生产生活行为进行调节的动态过程,包含了治理主体、治理手段、治理内容和治理目标等方面的系统性协同。就治理主体协同而言,既包括政府职能部门之间的协同,也包括基层党组织、基层政府、企业主体、村委会、村民及社会组织之间的协同。就治理手段协同而言,包含了行政手段、经济手段、市场手段、法律手段以及信息技术手段及其配合运用。就治理内容协同而言,既包括村庄宜居治理、环境污染治理、环境基础设施建设,又包括完善环境保护制度、公开环境信息以及提高村民环境治理意识,涵盖了生活污染治理、企业污染治理以及农业生产污染治理等多个方面。就治理目标协同而言,需要协调经济效益、社会效益及生态效益的有机统一。总之,乡村生态环境协同治理旨在以高效的环境治理保障农民的环境权益,促进经济社会与生态环境和谐有序发展。具体而言,主要包含以下几个方面的主要内容和特征。

一是治理主体的协同。乡村生态环境协同治理的首要特征是主体多元化,通过基层党组织、基层政府、企业主体、村委会、村民与社会组织,相互协商相互协调促进乡村环境公共事务有效治理。基层党组织发挥总揽全局、协调四方的领导核心作用,通过方向引领和组织动员,促进乡村生态环境治理效能提升。基层政府作为乡村生态环境治理的主导者,应提供充分的环境信息与制度供给,增强环境法律法规保障,加大宣传教育,使多元主体充分了解生态环境治理相关制度并积极参与。企业主体应充分履行环境责任,村委会组织调动乡村资源投入环境治理,村民积极推进生产生活方式绿色转型,通过多元主体平等协商合理分工,共同促进乡村生态环境治理决策的科学化。

二是治理手段的协同。治理手段是多元主体在乡村生态环境治理中使用的工具和方式,伴随政府职能的转变和社会治理理念的转型,乡村生态环境治理手段由传统行政管理转向行政手段、经济手段、法律手段和第三方治理多举并重,在基层党组织领导和基层政府主导下,综合运用这些手段限制损害环境行为,通过统筹规划推动生态宜居乡村建设。行政手段是政府行政权力机构为了达到环境治理目标,采取的直接影响市场主体环境行为的限制性和引导性行政干预方式。法律手段是通过环境法律规定环境权利与义务,以国家强制力推进环境保护和环境治理的方式。经济手段是从影响成本与收益的关系入手,通过市场机制引导经济活动主体进行选择,使经济活动和环境影响达到最优平衡点。第三方治理是相对于政府环境行政主体和排污主体两方而言的,与传统"谁污染,谁治理"方式不同,第三方治理强调"谁污染,谁付费"的市场化治理。

三是治理内容的协同。改革开放以来,在乡村经济社会发展取得重大成就的同时,农民生活垃圾和生活污水的随意排放、农业生产中化肥农药过量使用、秸秆废弃物及畜牧养殖处理不当、乡镇企业污染排放不达标等共同带来了乡村生态环境问题。乡村生态环境协同治理就是对农民生活中产生的生活垃圾、生活污水,农业生产过程中化肥农药过量使用、农药残留及包装污染、农用薄膜秸秆焚烧以及乡镇企业废水废气排放、固体废弃物丢弃、粉尘污染等进行系统性整体性的协同治理。通过村庄清洁、厕所革命、污水治理、拆违治乱、农业生产废弃物资源循环利用和村庄绿化,健全生活垃圾收集转运处置体系,完善"政府主导、市场参与"运行机制,推进生活垃圾就地分类,实现垃圾减量化、无害化、资源化,加大对农药化肥使用以及农膜回收、秸秆焚烧的规范化管理,加强对农民绿色生产方式的经济补贴,强化乡镇企业环境责任,点面结合,多举并重,促进乡村生态环境质量的整体性改善和系统性提升。

四是治理机制的协同。乡村生态环境治理涉及多方利益,具有一定的复杂性和多样性,多元主体协同治理中需要充分发挥比较优势,互相协作,有序参与,组成互补性强、匹配度高的生态环境治理共同体,实现高效的协同治理目标。这就需要构建起相应的治理机制,以保障主体间的有效配合和相互协作。这些机制主要包括协商共治机制、奖惩激励机制、监督约束机制和绩效考评机制。协商共治机制为不同治理主体提供了协商合作机会,奖惩激励机制以激发多元主体环境治理内生动力为目的,通过法规激励、经济激励、道德激励和教育激励,强化多元主体生态环境治理的主体性、能动性和自觉性。监督约束机制是对多元主体生态环境治理行为进行控制约束的过程,能够提升乡村生态环境治理的法制化与规范性,促进乡村生态环境协同治理依法合规进行。绩效考评机制对生态环境治理起到引导和监督作用,通过对乡村生态环境现状、既定环境目标、治理成果进行考评,推动提升乡村生态环境治理效能。

## 四、研究思路、方法与目的

### (一)研究思路

本书始终坚持以马克思主义和中国化马克思主义最新理论成果为指导,以习近平生态文明思想为根本遵循立足于全面推进乡村振兴背景,以提升乡村生态环境协同治理效能为主要研究目标,在综述国内外研究现状和界定相关概念的基础上,综合运用文献研究、调查研究、田间访谈、实证分析与规范分析的研究方法,阐释乡村生态环境协同治理的理论基础、学理渊源、要素构成和基本原则,探究乡村生态环境问题的形成,梳理乡村生态环境治理的发展演变,分析乡村生态环境协同治理的现状、成效与制约因素,探讨乡村生态环境协同治理的主体权责、保障机制和实践路径,旨在构建基层党组织领导、基层政府主导、乡镇企业、社会组织和村民共同参与的乡村生态环境协同治理新格局,促进乡村生态环境治理体系和治理能力现代化。本书遵循界定基本概念、进行理论阐释、明确研究框架、分析制约因素、提出创新路径的整体逻辑思路。

"导论"部分主要阐明研究背景及意义,梳理国内外关于生态环境治理、乡村生态环境治理和乡村生态环境协同治理的相关研究成果,对研究思路、研究目的及研究方法做出说明。在正文部分,首先,阐述乡村生态环境治理的理论依据,分析乡村生态环境问题的形成和乡村生态环境治理的发展演变,探讨乡村生态环境协同治理的必要性和可行性,以及乡村生态环境协同治理的要素构成和基本原则,明晰乡村振兴与乡村生态环境治理的关系。其次,对乡村生态环境协同治理现状展开实证调查,科学设计调查问卷和访谈提纲,以进村入户方式展开调查,通过对调研数据的统计分析和对访谈案例的规范分析,探究乡村生态环境协同治理的成效和制约因素。再次,专章探讨乡村生态环境多元治理主体的权责边界和协同治理机制创新问题,主体权责的明晰是多元主体协同治理的基础前提,有效的机制创新能够为乡村生态环境协同治理提供可靠保障。最后,从优化环境治理法规制度、统筹配置环境治理资源、增强协同治理合力、深化环境数字化治理等方面,提出了提升乡村生态环境协同治理效能的对策建议。旨在以共建共治共享治理格局,推动乡村生态环境治理体系和治理能力现代化,促进乡村全面振兴和宜居宜业和美乡村建设。

（二）研究方法

本书坚持马克思主义立场观点方法,以党的十九大、党的二十大以及历年中央一号文件关于乡村生态环境治理的精神为指导,紧紧围绕"乡村生态环境协同治理"这一主题,溯源乡村生态环境治理的理论基础和发展演变,实证调查乡村生态环境协同治理的现状,总结推广治理成效和基本经验,深入分析乡村生态环境协同治理的制约因素及面临的挑战,明晰乡村生态环境协同治理主体权责,创新乡村生态环境协同治理机制,全面阐述推动乡村生态环境协同治理效能提升的整体性方案。在具体研究中,主要采用了文献研究、调查研究、田野访谈、实证分析、规范分析等研究方法,坚持把调查研究和理论分析相结合,把规范研究与实证研究相结合,把定量分析与定性分析相结合,以有效的研究方法、翔实的调研数据和深入的理论阐释,提升研究的科学性、规范性和严谨性。

文献研究法。利用图书馆国内外期刊数据库、书籍、电子图书以及搜索引擎等工具,查阅中央关于乡村振兴和乡村生态环境治理的重要文献、党的十九大和党的二十大关于乡村生态环境治理的重要精神,以及历年中央一号文件关于乡村生态环境治理的重要表述,掌握期刊论文、理论书籍等文献资料,了解国内外研究进展,形成对乡村生态环境治理研究的基本认识,为研究提供文献支撑。

调查研究法。根据研究目的和调查样本区域的实际情况,制定调查计划、调查问卷和访谈提纲,以问卷调查和田野考察形式了解乡村生态环境协同治理的现状和制约因素,选择基层党组织、基层政府、村委会、社会组织和村民等治理主体进行访谈,与基层政府的相关职能部门如环保局、农业农村局工作人员进行座谈,形成对乡村生态环境协同治理现状的客观认知。

实证分析与规范分析相结合的研究方法。运用实证分析方法,对调查结果进行统计分析,对乡村生态环境协同治理成效进行定量分析。运用规范分析方法对乡村生态环境协同治理主体权责、机制创新和现实路径进行阐述。实证分析和规范分析的结合运用,促使研究过程有理有据并更具科学性。

（三）研究目的

本书以党的二十大"全面推进乡村振兴,建设宜居宜业和美乡村""完善社会治理体系,建设人人有责、人人尽责、人人享有的社会治理共同体"精神为遵循,通过对乡村生态环境协同治理的多维度探讨,推动乡村生态环境治理体系和治理能力现代化,为乡村全面振兴和农业农村现代化提供环境治理支撑。研究的主要目的在于通过建立健全基层党委领导、乡镇政府主导、企业主体、社会组织和村民共同参与的生态环境治理体系,提升乡村生态环境治理效能,促进乡村生态环境治理体系和治理能力现代化。对这一问题的深入研究和探索,不仅关系着农民群众日益增长的优美生态环境需要,也关系着乡村全面振兴和乡村经济社会的可持续发展,更关系着农业农村现代化的实现。具体来说,对乡村生态环境协同治理研究,应达到以下几个方面的主要目的。

第一,满足农民对优美生态环境的需要。进入新时代,农民群众对美好生活的向往,体现出全方位、多元化的显著特征,不仅对政治、经济、社会和文化生活提出了更高的要求,对水资源保障、空气质量、人居环境等环境需要也日益增长。物质文明、精神文明和美好生态环境相协调的宜居宜业和美乡村生活,成为农民群众日益期盼的最普惠的民生福祉。然而,与农民群众期盼不相适应的是,乡村环境问题日渐凸显,垃圾、污水等生活污染,化肥、农药、农膜等农业污染,禽畜粪便造成的养殖业污染与工业企业生产引发的工业污染,相互交织、多重叠加,给乡村生态环境带来了损害,也给农民群众对美好生态环境生活的向往造成了制约,阻碍了人与自然和谐共生的现代化建设。如何化解农民群众日益增长的美好生态生活需要与乡村生态环境不能满足这一需要之间的矛盾,成为乡村全面振兴和农业农村现代化进程中需要迫切解决的重要问题。党的十八大以来,以习近平同志为核心的党中央擘画了生态文明建设的新蓝图,审议通过了《环境保护法修正案》,并把"生态宜居"作为乡村振兴战略的总要求之一,提出推动农村环境整治行动。在这一背景下,本书的首要目的,在于提升乡村生态环境治理效能,更好满足农民群众日益增长的优美生态环境需要。

第二,促进乡村生态全面振兴。乡村振兴战略是促进农业农村现代化的重要举措,"生态宜居"和"生态振兴"构成乡村振兴的关键内容和环境基础。《中共中央国务院关于实施乡村振兴战略的意见》要求,"坚持人与自然和谐共生的基本原则,加强农村突出环境问题综合治理,持续改善农村人居环境,促进农业强、农村美、农民富。"改善农村人居环境,建设美丽宜居乡村,是实施乡村振兴战略的重要任务。以"生态宜居"和"生态振兴"作为乡村振兴的重要内容,充分彰显了党中央对农民群众优美生态环境需要的精准把握和积极回应,以及对乡村生态环境现状的深刻认识和治理决心。本书以马克思主义人与自然关系思想、中华优秀传统自然观、中国特色环境理论和习近平生态文明思想为指导,探究乡村生态环境治理问题,旨在贯彻落实"建设人与自然和谐共生的生态宜居美丽乡村""绿水青山是最公平的公共产品,是最普惠的民生福祉"等重要精神,推动绿色发展理念在乡村落地落实,促进乡村望得见山、望得见水,记得住乡愁,让自然生态美景永驻人间,还自然以宁静、和谐、美丽,筑牢乡村振兴的生态屏障和环境基础。

第三,推动城乡环境融合发展。推动经济社会高质量发展是新发展阶段的重要战略任务,经济社会的高质量发展要求建立起城乡融合发展的体制机制,城市的高质量发展依托乡村安全稳定的生态环境系统,乡村的高质量发展离不开城市资源的持续支持,生态环境系统的整体性与关联性使得城市与乡村成为生态命运共同体,立足城乡资源的融合利用是建立现代乡村生态环境治理体系的支撑与保障。本书以城乡环境利益共生为价值引领,从环境系统的整体性和城乡环境命运共同体出发,对乡村生态环境协同治理展开研究,促进城市环境资源、产品与服务等要素向乡村流动,弥补乡村生态环境治理的资源要素短板,促进生态环境治理资源与服务不断向乡村延伸,提升乡村生态环境治理的基础设施、资金技术和人才质量,推动生态环境治理资源在城乡之间的有序流动和均衡配置,实现城乡生态环境治理资源共建共享,促进城乡经济效益、社会效益与生态效益互促互进、融合协调发展。

### (四)创新之处

本书的创新之处主要有以下三点:一是研究视角。近年来,学者们围绕乡村生态环境治理,展开了一系列研究并取得了一定成果。但是,较少有对乡村生态环境协同治理展开系统性的研究。本书立足全面推进乡村振兴背景,系统梳理和把握党的十八大以来关于乡村生态环境治理的重要文献,以党的二十大及历年中央一号文件关于乡村生态环境治理的精神为指导,构建了基于"为什么—是什么—怎么办"的乡村生态环境协同治理分析框架,探索了乡村生态环境协同治理的理论基础、概念内涵、机制创新与实现路径等,形成了相对完整的研究体系,丰富了乡村生态环境治理体系和治理能力现代化研究的视野,推动了乡村生态环境治理理论和乡村振兴理论研究的创新发展。二是应用了新的研究方法。研究中始终坚持马克思主义唯物史观的基本立场,紧紧围绕"乡村生态环境协同治理"这一主题,采用文献研究、调查研究、田野访谈和实证分析等研究方法,深入走访调研了 D 省 6 县 37 镇,采集调查问卷与案例资料 1532 份,把调查研究和理论分析、规范研究与实证研究、定量分析与定性分析相结合,以有效的研究方法、翔实的调研数据和深入的理论阐释,提升研究的科学性、规范性和严谨性。三是提出了新的学术观点。本书以进村入户的实证调研为基础,通过对调研数据和资料的深入系统分析,提出了以明晰多元主体环境治理权责为基础,以创新协同治理机制为核心,以完善协同治理法规为保障,以统筹配置城乡环境治理资源为动力,以促进生态环境数字化治理为引领,通过治理主体、治理手段、治理内容和治理机制的有效协同,提升乡村生态环境治理效能的系列观点,这些观点和见解为满足农民优美生态环境的需要和宜居宜业和美乡村建设提供了新的思路。

# 第一章　乡村生态环境协同治理的基本问题

在全面推进乡村振兴中，健全基层党委领导、基层政府主导、乡镇企业、村委会、村民和社会组织共同参与的乡村生态环境协同治理体系，是贯彻落实党的二十大精神的必然要求，对于宜居宜业和美乡村建设具有重要的现实意义。本章主要论述乡村生态环境治理的理论依据，考察乡村生态环境问题的形成及乡村生态环境治理的发展演变，阐释乡村振兴与乡村生态环境治理的逻辑关系。马克思主义人与自然关系思想、中华优秀传统自然观、中国特色环境理论、习近平生态文明思想共同为乡村生态环境治理提供了理论指导。对理论依据的阐释、对乡村生态环境问题形成的探究、对乡村生态环境治理发展演变的梳理以及对乡村振兴战略与乡村生态环境治理逻辑关系的探讨，为后续研究奠定了基础，能够促使研究对象更加聚焦和明确。

## 第一节　乡村生态环境治理的理论依据

加强乡村生态环境治理，是建设宜居宜业和美乡村的需要，是满足农民群众日益增长的优美生态环境的需要，也是促进乡村经济社会高质量发展和农业农村现代化的需要。马克思人与自然关系思想、中华优秀传统自然观、中国特色环境理论、习近平生态文明思想共同为乡村生态环境治理提供了理论指导。

## 一、马克思人与自然关系思想

自然是人类赖以生存的基础,人与自然共同构成了整体世界,人类依赖自然界生存,同时人类实践活动也带来了人化自然。马克思在《德谟克利特的自然哲学和伊壁鸠鲁的自然哲学的差别》《1844年经济学哲学手稿》《关于费尔巴哈的提纲》《资本论》中,系统阐述了社会发展中人与自然之间的协调问题,把自然分为自在自然和人化自然,强调人与自然既相互对立又和谐统一。马克思人与自然关系思想,为乡村生态环境治理提供了经典理论上的支撑。

### (一)人依赖自然界生存

"自然界,就它自身而言不是人的身体而言,是人的无机的身体。人靠自然界生活。"①马克思认为人生活在一定的自然环境中,自然环境为人提供生存空间和活动场所,提供空气、水、食物等生活资料,以及煤、石油、天然气等矿产资源。"人本身是自然界的产物,是在自己所处的环境中,并且和这个环境一起发展起来的。"②"没有外部自然界,劳动者就什么也不能创造。"③人的肉体生活和精神生活同自然界相联系,也就是说自然界同自身相联系,因为人是自然界的一部分。自然界的存在是人进行一切实践活动所需要的前提和基础,没有自然界作为支撑,人将无法进行创造历史的社会活动。马克思指出,"从前的一切

---

① 马克思:《1844年经济学哲学手稿》,人民出版社2018年版,第51页。
② 《马克思恩格斯选集》第3卷,人民出版社2012年版,第410页。
③ 马克思:《1844年经济学哲学手稿》,人民出版社2018年版,第45页。

唯物主义的主要缺点是,对对象、现实、感性,只是从客体的或者直观的形式去理解,而不是把它们当作感性的人的活动,当作实践去理解,不是从主体方面去理解。"①同时,认为人是自然界的一部分,具有自然属性。人直接是自然存在物,是受动的、受制约的和受限制的存在物。人是自然界生产的高级动物,具有自然存在物的一般属性。作为自然存在物的一部分,人具有物质性,是自然界生态系统的重要组成部分。此外,自然界也是人劳动的对象,人通过劳动实践改造自然存在物,通过对象性活动创造需要的生存和生活物质条件。人与自然互为对象性,进行着对象性的劳动实践活动,它之所以创造或设定对象,只是因为它是被对象设定的,因为它本来就是自然界。"整个所谓世界历史,不外是人通过人的劳动而诞生的过程,是自然界对人来说的生成过程。所以关于它通过自身而诞生,关于它的形成过程,它有直观的、无可辩驳的证明。"②总之,人因自然而生,是自然界长期发展的产物,没有自然界就没有人本身。

## (二)人类实践活动生成人化自然

马克思不仅看到了自然对人的重要性,也看到了人在对象性活动中把自身力量对象化到自然物中,引起自然变化,形成人化自然的过程。一方面,人通过实践活动改造对象世界,使人的自身力量得到确证,证明人是"类存在物";另一方面,人的实践活动也改变着自然的样貌,使自然具有了人的意志的印记。也就是说,人通过实践活动改变自然界并使自然界为人的目的服务。通过实践活动,人按照需求和目的,把那些天然存在的自然物质要素变成适合于人需要的物质存在。在劳动过程中,自然界打上了人类意志的印记,不断地由"自在的自然"转

---

① 《马克思恩格斯文集》第 1 卷,人民出版社 2009 年版,第 499 页。
② 《马克思恩格斯文集》第 1 卷,人民出版社 2009 年版,第 196 页。

化为"人化的自然",成为属人的存在。与此同时,劳动也改变了人类自身的自然,使人不断从自然奴役中解放出来。在人的劳动实践活动中,人所面对的自然界,不再是"纯粹的自然界",而是被赋予了人的意志和目的的"人的自然界",是在人的实践活动中不断人化的自然,是人的意志的对象物。人通过实践对自然界进行改造,因为"自然界是个有缺陷的存在物,不仅对我来说而且在我看来是有缺陷的存在物,即就其本身说来就是有缺陷的存在物"。① 马克思指出,自然界的人化和人的自然化,辩证统一于人类改造自然的实践中,承认自然界人化,也就意味着承认人的自然化,人与自然彼此相互生成、互为依赖。"被抽象地理解的,自为的,被确定为与人分隔开来的自然界,对人来说也是无。"②人的实践活动带来人化自然,体现了人与自然相一致的本质关系。同时,人身处自然之中,作为自然的组成部分随同自然一体发展,不断实现着人的自然化。马克思关于人与自然相互生成的思想,警示人类不能凌驾于自然之上,人与自然相互依赖、相互生成,共同构成有机的统一体。

**(三)人类实践活动受自然界制约**

自然界不仅为人类提供必要的生活资料,也提供生产经营活动所需的原材料。"没有自然界,没有感性的外部世界,人什么也不能创造。""种种商品,是自然物质和劳动实践两种要素的结合。人在生产中只能像自然本身那样发挥作用,就是说,只能改变物质的形态。不仅如此,人在这种改变形态的劳动本身中还要依靠自然力的帮助。因此,劳动并不是它所生产的使用价值即物质财富的唯一源泉。"③在劳动实

---

① 《马克思恩格斯全集》第3卷,人民出版社2002年版,第337页。
② 《马克思恩格斯全集》第3卷,人民出版社2002年版,第335页。
③ 《马克思恩格斯选集》第2卷,人民出版社1995年版,第121页。

践过程中,人通过主观能动性的发挥改变对象世界,创造向往的物质生活资料。但是,自然界是人类劳动实践的基础,劳动实践的主体、对象、方式和内容都受自然界制约,劳动实践本身也要受自然环境制约。"人对自然的关系直接就是人对人的关系,人对人的关系直接就是人对自然的关系。"①因此,"人在生产中只能像自然本身那样发挥作用,只能改变物质的形态。甚至人创造物质的这种或那种生产能力,也只是在物质本身预先存在的条件下才能进行。"②马克思指出,人类劳动实践过程是人与自然之间的过程,是人以自身的活动来中介、调整和控制人与自然之间的物质变换过程。人类在劳动实践过程中,要遵循自然规律,维护自然界运行秩序,顺应自然界客观规律。恩格斯告诫人们,"我们不要过分陶醉于我们人类对自然界的胜利,对于每一次这样的胜利,自然界都对我们进行报复。每一次胜利,起初确实取得了我们预期的结果,但是往后和再往后却发生完全不同、出乎预料的影响,常常把最初的结果又消除了。因此,我们每走一步都要记住,我们绝不能像征服者统治异族那样支配自然界,绝不像站在自然界之外的人似得去支配自然界。相反,我们连同我们的肉、血和头脑都是属于自然界和存在于自然界之中的。我们对自然界的整个支配作用,就在于我们比其他一切生物强,能够认识和正确运用自然规律。"③人不是改造和驾驭自然的"主人",也不是受制于自然的被动的、无为的"片面人",人与自然在劳动实践活动和自然规律共同作用下,实现着人和自然的双向生成。

### (四)人与自然在社会中统一

马克思认为以劳动实践活动为纽带,人的社会属性得以体现。

---

① 马克思:《1844年经济学哲学手稿》,人民出版社2018年版,第77页。
② 《马克思恩格斯选集》第2卷,人民出版社1995年版,第177页。
③ 《马克思恩格斯选集》第3卷,人民出版社2012年版,第998页。

"自然界对人来说才是人与人联系的纽带。""只有在社会中,人的自然的存在对他来说才是人的合乎人性的存在。"①正是在劳动实践过程中人的自然属性得到实现并通过社会得到认可。马克思强调在社会中人的自然属性、社会属性以及人性得到统一,成为自然界中现实的人。在社会中人的实践活动具有对象性,这个对象的本质是自然界。作为人的对象性存在,人与自然是对象性现实关系,人类所需的生产生活资料均来源于自然,经过人的劳动实践活动,人获得生存需要的产品和物质基础。虽然受自然规律束缚,但是人也"是具有意识的、经过思虑或凭激情行动的、追求某种目的的人"②。当人以科学的态度与自然友好相处的时候,才能正确理解人的生产实践活动受自然制约,才能以尊重自然的态度处理好人与自然的关系。同时,自然是对于人的自然。因为人的存在,自然界得到改造并体现出价值,人"通过土地的耕种和改良,生产食物的劳动生产力有所提高"③。因此,人与自然在社会中统一,社会是人同自然界完成了的本质的统一,是自然界的真正复活。但是,随着资本主义生产方式的发展,"把人和地块连结在一起的便不再是人的性格人的个性,而仅仅是人的钱袋了。"④为了追求更多的剩余价值,人通过劳动使自然界日益受自己支配,人与自然的关系不断异化。马克思指出,自然界是个有缺陷的存在物,自然不会主动站在人的对立面,人与自然关系的异化由人造成,其本质是人与人之间对资源的竞争性争夺。人类对自然的破坏,带来自然对人类的报复,导致环境危机进而制约和限制人类的发展,人与自然的异化关系将在社会主义社会实现和解。

---

① 马克思:《1844 年经济学哲学手稿》,人民出版社 2018 年版,第 54 页。
② 《马克思恩格斯选集》第 4 卷,人民出版社 2012 年版,第 253 页。
③ 马克思:《1844 年经济学哲学手稿》,人民出版社 2018 年版,第 35 页。
④ 马克思:《1844 年经济学哲学手稿》,人民出版社 2018 年版,第 41 页。

马克思关于人与自然关系的思想,阐明了人对自然的依赖,以及人类劳动实践活动应尊重自然,顺应自然,与自然和谐相处的观点。指出自然对人类生产生活的重要性,以及对于社会发展和人的发展的关键作用。这一思想对于乡村生态环境协同治理具有重要的启示意义。其一,乡村生态环境治理在于修复和保护人与自然的相互依存关系,从而获得乡村振兴和持续发展的自然环境条件和发展动力。这一过程中,参与乡村劳动实践的多元主体应尊重自然、顺应自然、保护自然,减少生产生活实践活动对自然环境的破坏,恢复人与自然和谐相处的友好关系。其二,乡村生态环境协同治理要发挥多元主体劳动实践的重要作用,通过实践建立人与自然的对象性现实关系,创造出属于人的自然界。乡村生态环境治理中需要通过宣传教育,明确人与环境的休戚与共和共生共存,激发多元主体环境保护自觉和环境责任意识,在治理实践中推动人与自然的和谐统一,构建人与自然生命共同体。其三,乡村生态环境治理中要加强引导多元主体对自然的节制性索取。自然资源是有限的,人的劳动实践活动会带来自然资源的持续消耗,导致人与自然物质交换链条的中断。尤其是不符合自然规律的生产生活方式,会带来自然的破坏和生态的失衡,只有合理地利用自然资源,才会促进农业生产的高质量发展和乡村经济社会的可持续发展,实现"产业兴旺、生态宜居、乡风文明、治理有效、生活富裕"的乡村振兴目标。

## 二、中华优秀传统自然观

中华优秀传统文化中蕴含着丰富的对于自然的认识和理解,吸收其中的合理因素,能够为乡村生态环境治理提供可借鉴的思路和指导。以儒家、道家为代表的先秦学派重视人与自然关系问题,形成了"天人合一""万物平等""取用有节"等自然观,为乡村生态环境协同治理提供了传统文化上的支撑。

**（一）天人合一观**

"天人合一"观萌芽于儒家学派的孔子,孔子虽未明确提出"天人合一"的表述,但在其思想言行中得到了具体体现。"天何言哉,四时行焉,百物生焉,天何言哉?"①强调四季更替、天道运行是自然界的客观规律,天道就在四季变换、万物生长的过程中。"天何言哉"阐明了自然规律具有不可抗拒的强大力量,万物生长、四季交替都要遵循天道的客观规律,人的生产生活实践都受到自然规律的约束。孔子认为"天"是主宰,应"知天命",即人应该认识、掌握自然界的客观规律,对自然怀有敬畏之心,与自然和谐相处。

孟子把"天"看作自然性质的物体,认为"天"是客观存在的具体事物。"天之高也,星辰之远也,苟求其故,千岁之日至可坐而致也。"②孟子认为天虽然神秘难测、变幻无常,但是也有其固定的客观运行规律,人只要积极主动地去探寻认知,就能够掌握并且遵守这一规律。"天不言,以行与事示之而已矣。"孟子在《中庸》中对人与自然相统一的观点进行了系统阐述,"惟天地至诚,故能尽其性;能尽其性,则能尽人之性;能尽人之性,则能尽物之性;能尽物之性,则可以赞天地之化育;可以赞天地之化育,则可以与天地参矣。"人可以通过人性通达天性,进而达到"天人合一"的境界。

荀子对"天人合一"思想进行了理论升华。"天行有常,不为尧存,不为桀亡。"③荀子认为"天"是自然界的客观存在,发展运行有其自身规律,不以人的主观意志为转移。荀子提出"制天命而用之"的观点,人能够在认

---

① 陈晓芬、徐儒宗:《论语·大学·中庸》,中华书局 2015 年版,第 214 页。
② 杨伯峻:《孟子译注》,中华书局 2008 年版,第 196 页。
③ 王威威:《荀子译注》,上海三联书店 2014 年版,第 135 页。

识自然规律的基础上利用自然规律,从而服务于自身的生存和发展,而不是将人的意志强加于"天",随意改变自然规律。汉代董仲舒认为"天"与人的关系,可以用"以类合之,天人一也"进行概括。

老子立足于自然界万事万物的系统性,阐述了天、地、人以及世间万物之间的客观联系,指出"人法地、地法天、天法道、道法自然"①。"道"作为宇宙唯一的法则,是自然万物的原始面貌。老子认为天、地、人是作为相互关联的统一整体而存在的,人只是广袤复杂的自然界的一部分,人与天地万物有着共同的本源,即"天道"。人与天地万物既然拥有共同的本源、共同的生存发展环境,也就要共同遵循"天道"的运行规律。

庄子继承并发展了老子"天人合一"的思想。"天地与我并生,而万物与我为一。""天地一指也,万物一马也"认为世界上万事万物,包括人都是"道"的产物,是作为有机统一的整体存在。庄子以"鲁侯养鸟"的典故为例,阐明了顺应自然的重要性与违背自然的危害性。鸟"御而殇之于庙,奏九韶以为乐,具太牢以为膳",但却"眩视忧悲,不敢食一敕,不敢饮一杯,三日而死"。应按照鸟的生活习性去养鸟,尊重鸟自身的生活习性,即"栖之深林,游之坛陆,浮之江湖,食之鳅鲦,随行列而止,委蛇而处"。② 中国古代的"天人合一"思想对于乡村生态环境治理具有重要的指导意义,在乡村生态环境治理中应合于自然、顺乎自然、尊重自然,促进人与自然环境和谐共生。

**(二)万物平等观**

儒家学派主张以"仁爱"对待自然万物。孔子坚持"仁"的主张,"己欲立而立人,己欲达而达人,能近取譬,可谓仁之方也已。"③认为真

---

① 冯达甫:《老子译注》,上海古籍出版社 2006 年版,第 60 页。
② 陈鼓应:《庄子今注今译》,中华书局 1983 年版,第 456 页。
③ 陈晓芬、徐儒宗:《论语·大学·中庸》,中华书局 2015 年版,第 72 页。

正的"仁者"凡事能推己及人,并且泛爱众人,广施恩惠于民众。孔子把"仁"的观点推广到自然万物,提出"启蛰不杀,则顺人道;方长不折,则恕仁也"①。孔子将人的内心仁爱推广到自然界的所有生命,把对待动物的态度视为道德问题,尊重自然万物生长规律与内在价值。孟子主张人应怀有恻隐之心,"君子之于物也,爱之而弗仁;于民也,仁之而弗亲。亲亲而仁民,仁民而爱物。"②体现出"仁民""爱物"的思想。汉代董仲舒把道德关爱推广到自然界的一切生命,显示出"博爱"的情怀。张载提出"以心体物""安所遇而敦仁,故其爱有常心,有常心则物被常爱也"。③ 宋代程颢认为"仁者,以天地万物为一体,莫非己也。认得为己,何所不至? 若不有诸己,自不与己相干。如手足不仁,气已不贯,皆不属己。故博施济众,乃仁之功用。仁至难言,故止曰:'己欲立而立人,己欲达而达人,能近取譬,可谓仁之方矣。'欲令如是观仁,可以得仁之体"④。人以关怀之心去爱护万物、保护万物,视天地万物如同自己的身体。

道家提倡"物无贵贱","无贵贱"代表了事物之间的平等关系。老子提出"道"的思想,认为"道"是宇宙万事万物的最终价值源泉,天地万物皆是"道"的产物,共同遵循"道"的运行法则。人也需要按照"道"的法则,尊重"道"的客观规律和一般准则,做到"无为而治"。老子强调的"无为"并非无所作为,而是凡事不加妄为,顺"道"而为。"道"对于万事万物来说,是无贵贱、无差异的存在。庄子吸收了老子"道"的思想,并进行了创新与发展,认为人奴役外物本领的提升,破坏了自然界的秩序与安宁,人应该弃绝"弓、弩、毕、弋、机"等机谋与巧

①　杨思贤:《孔子家语》,中州古籍出版社 2016 年版,第 104 页。
②　方勇:《孟子》,中华书局 2015 年版,第 281 页。
③　张载:《正蒙·中正篇》,中华书局 1978 年版,第 34 页。
④　程颢、程颐:《二程集·遗书》第 2 卷,上海古籍出版社 2000 年版,第 15 页。

诈,遵循大自然固有的客观规律。庄子主张"以道观之,物无贵贱;以物观之,自贵而相贱;以俗观之,贵贱不在己"①,将"人"与"物"置于平等位置。庄子提出"爱人利物之谓仁,不同同之之谓大"②,主张心无偏颇、爱世间万物,将"爱人"与"利物"作为基本的道德要求。万物平等的思想对乡村生态环境治理具有重要的启发,乡村生态环境治理需要遵循系统化、整体性原则,协同推进农业农村现代化与乡村生态环境发展。

**(三)取用有节观**

儒家主张取用适度、崇尚节俭的生态消费观,对自然资源要秉持索取适度、使用节约的态度。孔子提出"君子惠而不费,食无求饱,居无求安"③,体现了"节用"的主张。孟子提出"清心寡欲"的消费观,"养心莫善于寡欲,其为人也寡欲,虽有不存焉,寡也"④,强调过多的物质欲望会使人步入歧途,人应该克制物质欲望的扩张,注重精神的富足,过度膨胀的欲望会无节制地索取自然资源,带来资源枯竭、环境破坏等生态问题。孟子主张"易其田畴,薄其税敛,民可使富也;食之以时,用之以礼,财不可胜用也"⑤。劝谏统治者应当放弃奢侈浪费的行为,节俭不仅能使百姓富裕,还能体现统治者对人与自然的体恤。荀子同样倡导"取用有节","足国之道,节用裕民,而善藏其余;节用以礼,裕民以政。"⑥要使国家富裕,应"开源节流",节省不必要的开支。

道家认为自然万物皆有自身的承载界限,人的行为应适可而止,不能超过自然所能承载的限度。老子主张"天之道,损有余而补不足"⑦。

① 张耿光:《庄子全译》,贵州人民出版社 1991 年版,第 283 页。
② 郭庆藩:《庄子集释》,中华书局 2013 年版,第 368 页。
③ 杨伯峻:《论语译注》,中华书局 2006 年版,第 9 页。
④ 杨伯峻:《孟子译注》,中华书局 2008 年版,第 339 页。
⑤ 方勇:《孟子》,中华书局 2015 年版,第 269 页。
⑥ 王威威:《荀子译注》,上海三联书店 2014 年版,第 125 页。
⑦ 陈鼓应:《老子今注今译》,商务印书馆 2003 年版,第 336 页。

意为无节制的行为会使"天道"遭受破坏和损失,开发和利用自然的首要原则是"知止",即要了解大自然的承受能力,开发力度不能超过自然承受的限度。"祸莫大于不知足,咎莫大于欲得,故知足之足常足矣。""是以圣人去甚、去奢、去泰。"①庄子认为人应该止步于探索未知领域,因为"天下皆知求其所不知而莫知求其所知者,皆知非其所不善而莫知非其所已善者,是以大乱"②。"上悖日月之明,下烁山川之精,中堕四时之施"。由于人们忽视自然规律的行为,导致自然秩序的混乱,不仅遮蔽了日月的光辉、消耗了山川的精华、扰乱了四季的交替,更使宇宙的万物丧失了本性。人类应该在尊重自然规律的前提下,合理开发自然,实现与自然的和谐相处。法家思想中同样蕴含着丰富的勤俭节约、取用有节思想,韩非子提倡勤俭戒奢,"俭于财用,节于衣食",墨子提倡"节用",重视"志功合一"。

　　"优秀传统文化是一个国家、一个民族传承和发展的根本,如果丢掉了,就割断了精神命脉。我们要善于把弘扬优秀传统文化和发展现实文化有机统一起来,紧密结合起来,在继承中发展,在发展中继承。"③中华优秀传统自然观重视人与社会、人与自然的和谐关系,"天人合一"思想、"万物平等"思想、"取用有节"思想共同为乡村生态环境治理提供了传统文化上的支撑。立足新发展阶段推进乡村生态环境治理,需要依据乡村生态环境发展的现实要求,加强对中华优秀传统自然观的创造性转化和创新性发展,赋予其新的时代内涵和现代表达,使之在乡村生态环境治理中进一步发扬光大。

---

①　陈鼓应:《老子注译及评介》,中华书局 1984 年版,第 453 页。
②　陈鼓应:《庄子注译及评介》,中华书局 1983 年版,第 263 页。
③　《习近平著作选读》,人民出版社 2023 年版,第 281 页。

### 三、中国特色环境理论

　　"人们自己创造自己的历史,但是他们并不是随心所欲地创造,并不是在他们自己选定的条件下创造,而是在直接碰到的、既定的、从过去承继下来的条件下创造。"①从"修水利、保水土、防灾害"到"人与自然和谐发展",从"可持续发展战略"到"人与自然和谐相处",再到"人与自然和谐共生"与"人与自然是生命共同体",中国特色环境理论随着新中国成立、社会主义建设初步探索、改革开放和新时代社会主义现代化建设的不断发展而逐渐完善,为乡村生态环境治理提供了理论指导和实践遵循。

　　**(一)环境是发展的物质基础**

　　环境为人类生存和持续发展提供了自然基础,人的劳动和自然界蕴含着主体与客体的能动性统一,两者共同构成了物质财富的源泉,为人类的生存和发展提供了物质前提。毛泽东同志对环境在物质生产中的基础性作用进行了初步探索,强调要辩证地看待人与自然、环境与生产力之间的关系,"人既受制于自然,同时又改造自然。"②要处理好环境保护问题与发展生产的关系,使"河山全都绿起来,要达到园林化,到处都很美丽"③。提出"绿化祖国,水土保持"的总体方略,既要加强水利设施建设与水资源开发,也要加强对黄河、海河、淮河的防治。改革开放以来,邓小平同志立足于我国人口基数大、生产力发展水平低、环境资源缺乏的基本国情,高度重视森林资源、水资源、土壤植被等环境要素对经济的发展作用,"宁可进口一点木材,也要少砍一点树。"④

---

①　《马克思恩格斯全集》第 2 卷,人民出版社 1957 年版,第 341 页。
②　《毛泽东文集》第一卷,人民出版社 1991 年版,第 284 页。
③　《毛泽东论林业》,中央文献出版社 2003 年版,第 51 页。
④　《新时期环境保护重要文献选编》,中央文献出版社 2001 年版,第 27 页。

多次阐述有关发展经济、保护环境、节约资源的相互关系,进一步深化了对环境与生产力关系的认识,明确环境对于经济社会发展的重要基础作用。1979 年 9 月《中华人民共和国环境保护法(试行)》正式颁布,这是我国首次以法律形式明确环境保护的重要意义,要求各级政府及相关部门在制定经济发展规划的同时,必须将环境保护摆在优先考虑的位置。在 1979 年中央工作会议上,邓小平同志强调环境保护不能从局部出发,而应从整体考虑。"环境和自然资源,是人民群众赖以生存的基本条件,是发展生产,繁荣经济的物质源泉。"[①]

**(二)环境影响发展的持续性**

在社会主义建设初步探索过程中,毛泽东同志多次强调自然环境关系和影响着经济发展的可持续性。"天上的空气,地上的森林,地下的宝藏,都是建设社会主义所需要的重要因素。"[②]在全国范围内开展了植树造林、水土保持、根治水害和控制污染活动。改革开放初期,我国经济社会蓬勃发展,良好的自然环境和充足的生态资源对发展的基础性作用更加突出,"中国的持续发展是以发展生产力为基础的发展,归根结底就是要发展生产力,逐步发展中国的经济。"[③]邓小平同志论述了环境与经济发展、环境生产力与社会生产力之间的辩证关系,提出"用发展来改善环境"的战略思想,强调自然开发要坚持科学性与合理性并重的原则。要求"先种草后种树,把黄土高原变成草原和牧区"[④],"应该集中力量制定各种必要的法律,例如森林法、草原法、环境保护法。"[⑤]邓小平同志认为应采用科学技术和法制手段保护环境,以促进

---

① 《新时期环境保护重要文献选编》,中央文献出版社 2001 年版,第 20 页。
② 《毛泽东文集》第七卷,人民出版社 1999 年版,第 34 页。
③ 《邓小平年谱(1975—1997)》下册,中央文献出版社 2004 年版,第 324 页。
④ 《邓小平年谱(1975—1997)》下册,中央文献出版社 2004 年版,第 868 页。
⑤ 《邓小平文选》第二卷,人民出版社 1994 年版,第 146 页。

生产力的发展、改善人民生活。"社会文明发展的程度与法制的健全密切相关,社会需要规范化,环境保护因其所具有的公共性,更需要立法保护的规范化和制度化。"[1]胡锦涛同志在党的十七大报告中提出,"科学发展观以发展为第一要义,核心是以人为本,基本要求是全面协调可持续,根本方法是统筹兼顾"。党的十八大以来,以习近平同志为核心的党中央坚持绿水青山就是金山银山理念,以前所未有的力度全方位、全地域、全过程加强生态环境保护。强调"要正确处理好经济发展同生态环境保护的关系,牢固树立保护生态环境就是保护生产力、改善生态环境就是发展生产力的理念,更加自觉地推动绿色发展、循环发展、低碳发展,决不以牺牲环境为代价去换取一时的经济增长"[2]。"人与自然是生命共同体,人类必须尊重自然、顺应自然、保护自然。人类只有遵循自然规律才能有效防止在开发利用自然上走弯路,人类对大自然的伤害最终会伤及人类自身,这是无法抗拒的规律。"[3]"要像保护眼睛一样保护自然和生态环境。生态环境没有替代品,用之不觉,失之难存。必须站在中华民族永续发展根本大计的高度,坚定不移走生产发展、生活富裕、生态良好的文明发展道路。"[4]

### (三)统筹经济环境协调发展

我国人口多、底子薄,环境资源不足,新中国成立以来相当长的时期内,粗放的经济发展方式与盲目的自然开发,消耗了大量的环境资源,对自然环境造成了一定程度的破坏。江泽民同志曾指出,"我们绝

---

① 《邓小平文选》第二卷,人民出版社 1994 年版,第 168 页。
② 《习近平关于全面建成小康社会论述摘编》,中央文献出版社 2016 年版,第 56 页。
③ 习近平:《决胜全面建成小康社会 夺取新时代中国特色社会主义伟大胜利——在中国共产党第十九次全国代表大会上的报告》,《人民日报》2017 年 10 月 19 日。
④ 《习近平新时代中国特色社会主义思想学习纲要(2023 版)》,学习出版社、人民出版社 2023 年版,第 224 页。

不能走人口增长失控、过度消耗资源、破坏生态环境的发展道路,这样的发展不仅不能持久,而且最终会给我们带来很多难以解决的难题。我们既要保持经济持续快速健康发展的良好势头,又要抓紧解决人口、资源、环境工作面临的突出问题,着眼于未来,确保实现可持续发展的目标。"①在党的十四届五中全会上,江泽民同志提出"可持续发展战略",把可持续发展作为促进经济社会协调发展的重大战略措施。"决不能吃祖宗饭、断子孙路,走浪费资源和先污染、后治理的路子。""实现可持续发展,核心的问题是实现经济社会和人口、资源、环境协调发展。"②因此,统筹经济社会发展与资源环境相协调,推进经济社会可持续发展成为重要的战略选择。进入 21 世纪以来,党中央继续推进经济、资源、环境、人口的协调均衡发展,提出了"全面、协调、可持续的发展观",强调"增长并不等于发展,如果单纯扩大数量,单纯追求速度,不重视人与自然和谐,就会出现增长失调、从而最终制约发展的被动局面"。③ 2005 年中央人口资源环境座谈会上,胡锦涛同志提出"建设资源节约型、环境友好型社会",努力实现"经济发展和人口、资源、环境相协调,不断保护和增强发展的可持续性"。④ 党的十八大以来,以习近平同志为核心的党中央将生态文明建设纳入中国特色社会主义"五位一体"总体布局,坚持节约优先、保护优先、自然恢复为主的方针,污染防治攻坚不断向纵深推进,绿色、循环、低碳发展迈出坚实步伐,加快形成节约资源和保护环境的空间格局、产业结构、生产生活方式。习近平总书记指出,"保护生态环境就是保护自然价值和增值自然资本,就是保护经济社会发展潜力和后劲,使绿水青山持续发挥

---

① 《江泽民文选》第三卷,人民出版社 2006 年版,第 461 页。
② 《江泽民文选》第一卷,人民出版社 2006 年版,第 462 页。
③ 《胡锦涛文选》第二卷,人民出版社 2016 年版,第 105 页。
④ 《胡锦涛文选》第二卷,人民出版社 2016 年版,第 169 页。

生态效益和经济社会效益。"①"把经济活动、人的行为限制在自然资源和生态环境能够承受的限度内,才能给自然生态留下休养生息的空间,实现经济社会发展和生态环境保护协调统一、人与自然和谐共生。"②突出强调经济的持续健康发展以良好的环境保护为基础和前提。

### (四)保护环境就是保护生产力

对经济发展与环境保护关系的思考,在深层意义上就是探寻保护环境与发展生产力的关系。马克思认为自然环境不仅是使用价值生产的物质基础,而且是社会生产力发展的自然根基,创造性地提出了"自然生产力"概念。中国共产党人继承发展了马克思自然生产力思想,形成了具有中国特色的自然环境生产力思想。江泽民同志1996年提出"保护环境的实质就是保护生产力"的科学论断,论述了环境与生产力之间的关系,"环境污染和生态破坏越严重,发展的持续能力也就越低。"③"节约资源和保护环境就是发展生产力。"④胡锦涛同志强调,"破坏资源环境就是破坏生产力,保护资源环境就是保护生产力,改善资源环境就是发展生产力。"⑤党的十八大以来,以习近平同志为核心的党中央对环境与生产力关系的认识进一步深化,指出生态环境保护和经济发展不是矛盾对立的关系,而是辩证统一的关系。良好生态本身蕴含着无穷的经济价值,能够源源不断创造综合效益⑥,强调"要正

---

① 《习近平谈治国理政》第三卷,外文出版社2020年版,第361页。
② 《习近平新时代中国特色社会主义思想学习纲要(2023年版)》,学习出版社、人民出版社2023年版,第227页。
③ 《江泽民文选》第二卷,人民出版社2006年版,第75页。
④ 《江泽民论有中国特色社会主义:专题摘编》,中央文献出版社2002年版,第282页。
⑤ 《胡锦涛文选》第二卷,人民出版社2016年版,第37页。
⑥ 《习近平新时代中国特色社会主义思想学习纲要(2023年版)》,学习出版社、人民出版社2023年版,第225页。

确处理好经济发展同生态环境保护的关系,牢固树立保护生态环境就是保护生产力、改善生态环境就是发展生产力的理念,更加自觉地推动绿色发展、循环发展、低碳发展,决不以牺牲环境为代价去换取一时的经济增长"①。因此,"不能只要金山银山,不要绿水青山,不能不顾子孙后代,有地就占、有煤就挖、有油就采,搞竭泽而渔。"②"绿水青山既是自然财富,又是社会财富、经济财富。"③"绿色生态是最大财富、最大优势、最大品牌"④,"保护生态环境应该而且必须成为发展的题中应有之义。"⑤"经济发展不应是对资源和生态环境的竭泽而渔,生态环境保护也不应是舍弃经济发展的缘木求鱼,而是要坚持在发展中保护、在保护中发展,实现经济社会发展与人口、资源、环境相协调。"⑥

## 四、习近平生态文明思想

生态环境是人类生存和发展的根基,生态文明建设关系人民福祉,关乎民族未来,生态兴则文明兴,生态衰则文明衰。党的十八大以来,以习近平同志为核心的党中央深刻把握生态文明建设在中国特色社会主义事业中的重要地位和战略意义,大力推动理论创新、实践创新和制度创新,创造性提出一系列富有中国特色、体现时代精神、引领人类文明发展进步的新理念新思想新战略,形成了习近平生态文明思想,为新时代生态文明建设提供了根本遵循,为乡村生态环境治理提供了方向

---

① 《习近平谈治国理政》,外文出版社 2014 年版,第 209 页。
② 《十七大以来重要文献选编》上册,中央文献出版社 2009 年版,第 590 页。
③ 《习近平关于社会主义生态文明建设论述摘编》,中央文献出版社 2017 年版,第 23 页。
④ 《习近平关于社会主义生态文明建设论述摘编》,中央文献出版社 2017 年版,第 33 页。
⑤ 《习近平谈治国理政》第二卷,外文出版社 2017 年版,第 392 页。
⑥ 《习近平著作选读》第一卷,人民出版社 2023 年版,第 114 页。

指引和行动指南。

## （一）坚持人与自然和谐共生

人与自然的关系是人类社会最基本的关系，人与自然是生命共同体。当人类合理利用、友好保护自然时，自然会回报人类；当人类无序开发、粗暴掠夺自然时，自然会惩罚人类。"人类发展活动必须尊重自然、顺应自然、保护自然，否则就会遭到大自然的报复。这个规律谁也无法抗拒。人因自然而生，人与自然是一种共生关系，对自然的伤害最终会伤及人类自身。只有尊重自然规律，才能有效防止在开发利用自然上走弯路"[①]。"在整个发展过程中，不能只讲索取不讲投入，不能只讲发展不讲保护，不能只讲利用不讲修复"[②]。乡村生态环境治理中，要坚持走生产发展、生活富裕、生态良好的文明发展道路，坚持节约优先、保护优先、自然恢复为主的方针，像保护眼睛一样保护生态环境，像对待生命一样对待生态环境，加快构建以生态文化、生态经济、生态安全为主要内容的乡村生态环境治理体系，推动多元主体协同共建宜居宜业和美乡村，让农民群众望得见山、看得见水、记得住乡愁，不断满足农民群众日益增长的优美生态环境需要。

## （二）绿水青山就是金山银山

"我们既要绿水青山，也要金山银山。宁要绿水青山，不要金山银山，而且绿水青山就是金山银山。"[③]绿水青山就是金山银山，阐述了经济发展和生态环境保护的关系，揭示了保护生态环境就是保护生产力、改善生态环境就是发展生产力的道理，指明了发展和保护协同共生的

---

[①] 《习近平谈治国理政》第二卷，外文出版社 2017 年版，第 394 页。

[②] 《习近平新时代中国特色社会主义思想学习纲要（2023 年版）》，学习出版社、人民出版社 2023 年版，第 223 页。

[③] 《习近平新时代中国特色社会主义思想学习纲要（2023 年版）》，学习出版社、人民出版社 2023 年版，第 224 页。

新路径。"对人的生存来说,金山银山固然重要,但绿水青山是人民幸福生活的重要内容,是金钱不能替代的""良好的生态本身蕴含着无穷的经济价值,能够源源不断创造综合效益,实现经济社会可持续发展。"①乡村生态环境治理中,要从转变经济发展方式、加强环境污染治理、加快自然生态修复、完善环境治理制度等方面全方位、全地域、全过程开展治理,加快形成节约资源和保护环境的空间格局、产业结构和生产生活方式,引导农民把农业生产生活行为限制在乡村自然资源和生态环境能够承受的范围内,严守乡村生态保护红线、环境质量底线、资源利用上线,"切实做到生态效益、经济效益、社会效益同步提升,实现百姓富、生态美的有机统一,让自然财富、生态财富源源不断带来社会财富、经济财富,让人民群众在绿水青山中共享自然之美、生命之美、生活之美"②。

**(三)良好生态环境是最普惠的民生福祉**

环境就是民生,青山就是美丽,蓝天也是幸福。"良好生态环境是最公平的公共产品,是最普惠的民生福祉"③。发展经济是为了民生,保护生态环境同样也是为了民生。"生态环境是人类生存最为基础的条件,是我国持续发展最为重要的基础"④。"解决好人民群众反映强烈的突出环境问题,既是改善环境民生的迫切需要,也是加强生态文明建设的当务之急,必须积极回应人民群众所想、所盼、所急,大力推进生态文明建设,补齐民生短板"⑤。乡村生态环境治理中,要始终坚持以

---

① 《习近平新时代中国特色社会主义思想学习纲要(2023年版)》,学习出版社、人民出版社2023年版,第225页。
② 《习近平生态文明思想学习纲要》,学习出版社、人民出版社2022年版,第29页。
③ 《习近平生态文明思想学习纲要》,学习出版社、人民出版社2022年版,第35页。
④ 《习近平关于社会主义生态文明建设论述摘编》,中央文献出版社2017年版,第13页。
⑤ 《习近平生态文明思想学习纲要》,学习出版社、人民出版社2022年版,第36页。

人民为中心的发展思想,健全党委领导、政府主导、企业主体、社会组织和公众共同参与的乡村环境治理体系,引导农民自觉统筹农业生产生活生态,重点解决损害群众健康的突出环境问题,促进乡村生态环境治理和发展绿色农业产业有机结合,实现生态文明建设与乡村振兴协同推进,让乡村的天更蓝、山更绿、水更清,再现山清水秀、天蓝地绿、村美人和的美丽画卷。

## 第二节  乡村生态环境问题的形成

随着城市化和工业化的加速发展,环境问题逐渐由城市向乡村延伸,一些农民生活垃圾和生活污水的随意排放、不合理地使用化肥农药、对秸秆废弃物及畜牧养殖处理不当以及乡镇企业污染排放不达标,共同带来了乡村生态环境问题。加强乡村生态环境治理成为关系农业农村可持续发展,促进乡村生态振兴以及农民健康保障的重要命题。本节主要对乡村生态环境问题的形成与现状进行分析。

### 一、农民生活中产生的生态环境问题

#### (一)生活垃圾带来的生态环境问题

随着农民生活水平的不断提升,生活垃圾产生量日渐增长,污染物种类不断增加,成分复杂,量大面广。受资金技术约束、乡村规划前瞻性不足、对村庄环境的长期漠视以及生活垃圾管理回收制度不健全的制约,农民生活垃圾尚未形成完整的分类收集与转运体系,一些村庄就地随意堆放问题比较突出,对村庄生态环境造成了一定的污染。政府倡导的"户分类、村收集、镇转运、县处理"生活垃圾处理模式,虽然在

一些地方取得了好的效果,但这种处理模式对经济条件的依赖性强,具有明显的区域局限性,在转运过程中还可能造成二次污染。调研中发现,垃圾桶安装管护不到位、垃圾收集箱配套设施简单、未设置污水冲洗收集管道等问题比较普遍。同时,随着农村居民生活方式和消费方式的转变,生活垃圾的种类更为复杂,曾经可当饲料喂养畜禽的果皮菜叶、农作物藤蔓都成了垃圾,旧手机、充电线、旧电脑等电子废弃物和食品包装袋垃圾不断增加,加剧了生活垃圾污染环境的速度和程度。

**（二）传统旱厕带来的生态环境问题**

调查中发现,随着厕所改造的持续推进,厕所粪污治理取得了很大成效,户用卫生厕所建设和改造持续推进,新建住房大多配套建设了无害化卫生厕所。但是,蹲坑式旱厕在乡村依然相对普遍,既缺乏隔断措施又无法避免渗漏,粪污管理困难,不具备统一收集粪污及堆肥处理功能。同时,由于旱厕对粪污的处理能力有限,不能及时进行无害化处理,会随着雨水冲刷渗入地下或进入附近水塘沟渠,既阻碍了二次转化利用,又污染了生态环境。调查中 L 县农业农村局王局长表示,随着农村人居环境整治的推进,厕所改造已经广泛开展,卫生厕所成为农民文明健康生活必不可少的基础设施,也是推动乡村生态振兴和宜居宜业和美乡村建设的重要内容,在乡村生态环境治理中要继续巩固改厕成果,引导农民进一步提升环境保护意识,加大户内改厕力度,强化公厕的建设与维护。

**（三）生活污水带来的生态环境问题**

调查中了解到,D 省根据不同区位条件、村庄人口聚集程度、污水产生规模,因地制宜采用了污染治理与资源利用相结合、集中与分散相补充的污水处理模式,推动城镇污水管网向周边村庄延伸覆盖,将水环境治理纳入河长制、湖长制管理,提升了生活污水治理效率。但是,生活污水带来的环境问题依然存在,需要进一步加大治理力度。生活污水主要由农民厨房、生活洗涤和冲洗厕所产生,厨房刷锅洗碗洗菜产生的污水,含有动植物脂肪、碘钠氯等有机元素,使用洗涤剂产生的污水含有磷、钠等化学元素,排放后会加重土壤和水环境负担。与较为完善的城市水环境处理系统相比,乡村地区生活污水管网系统相对滞后,生活污水的收集、处理基础较薄弱。由于缺少生活饮用水源保护和监测预警,水源地水质易受影响,加之生活污水未经有效处理直接排放,造成地表水环境污染,加剧了生活污水带来的生态环境问题。

## 二、农业生产中产生的生态环境问题

在农业生产过程中,化肥、农药、地膜、反光膜越来越受农民青睐,但是,由于使用方法的不科学不合理、回收利用机制的不健全、就近就地资源化利用不完善,造成了回收利用率低和环境污染问题。

### (一)化肥过量使用带来的生态环境问题

化肥的使用对提高农作物产量、提升农业生产能力发挥着积极作用,但是,化肥过量使用不仅会使土壤板结、耕地质量下降,还会使农作物中的硝酸盐含量超标。没有被农作物吸收的营养元素可能进入水体,导致水体富营养化,加剧生态系统失衡。调查中发现,农民对化肥的施用方式及施用量多凭借传统经验确定,底肥主要在耕地翻耕或者旋耕前撒施,追肥则在农作物灌溉时撒施在田表,施肥方式和施用量没有考虑到农作物的生长需求以及土壤已有营养元素状况,由于缺乏科学依据,极易导致化肥过量施用,对土壤和地下水体造成污染。

### (二)农药残留及包装带来的生态环境问题

农药带来的环境问题主要包括农药残留和包装污染两方面,从农药的使用来看,喷洒农药虽然能够有效防止农作物遭受病、虫、草的危害,但是过量的农药不能分解,残留土壤中,会使得土壤肥力减弱,容易造成土壤板结和贫瘠化,残留在农作物及农业产品中,还会造成食品安全问题。从农药包装物来看,由于统一管理的缺乏和环境意识的不足,农药包装物在田间地头丢弃现象比较普遍。调查中发现,虽然部分县镇开展了农药包装物回收试点,但是由于没有建立起购买使用回收的系列配套机制,未能从根本上解决农药残留和包装污染带来的环境问题,农药包装对土壤以及水体造成的二次污染依然存在。

**（三）农膜使用带来的生态环境问题**

塑料农膜地膜的使用,改变了农业生产的温度湿度以及季节性制约,推动了农业生产方式的革命性变革,但是,由此带来的"白色污染"日益严重。调查中发现,农用薄膜因具有增温保湿、抗旱节水、提高肥力、抑制杂草等作用,已成为农业增产的重要支撑,使用量呈现明显增加趋势。调查的县镇在瓜果蔬菜生产中普遍使用了农膜地膜和反光膜。由于塑料薄膜具有漫长的降解周期,常年在土地中残留、积累,不经过科学处理直接丢弃在田间地头,会破坏土壤环境,对土壤的通透性及肥力造成减损。当其含有的有害物质进入土壤后,还会影响农作物的产量和质量,导致农作物产量降低。调查的部分县镇虽然已经制定了农膜回收的相关制度,但是由于资源化再利用技术和机制不成熟,也缺乏废弃农用薄膜田间捡拾农用机械,农用薄膜污染依然是农业面源污染的重要组成部分。

**（四）秸秆焚烧带来的生态环境问题**

农作物秸秆就地焚烧对于农民来说是一种比较方便的处理方式,但是,秸秆在焚烧过程中产生大量烟尘,不充分的燃烧会导致空气中颗粒物增加,造成大气污染。同时,秸秆焚烧也会带来系列循环影响,地表中的微生物受到破坏,腐殖质、有机质被矿化,生物系统平衡被破坏,土壤的物理性状被改变,土壤板结加重,加剧了干旱发生的可能,农作物的生长也会因此受到影响。调查中发现,随着严禁焚烧秸秆政策的实施,秸秆焚烧现象有所缓解,部分县镇还建设起以秸秆为主要原材料的生物质发电厂,在为农民带来经济收益的同时,促进了秸秆的循环再利用,对秸秆不当处理造成的生态环境问题起到了有效的治理作用。

### (五)畜禽养殖带来的生态环境问题

随着农业产业结构的调整优化,畜牧业养殖规模快速发展,受养殖模式、养殖成本等因素的影响,畜禽养殖过程中产生的污水粪便及饲料残渣,不经过科学无害化处理,会对环境造成污染。一是水污染。畜禽养殖场内的牲畜粪便等污染物不及时处理,进入地表或地下水体,会对公共生活用水和河流水体造成污染。同时,畜禽养殖废水富含氮磷钾等有机质,直接排放也会导致水源污染和水体的富营养化。二是空气污染。调查中发现,畜禽养殖在促进农民收入增加中发挥了重要作用。但是,由于规模化畜禽养殖环境相对潮湿,畜禽粪便大量堆积时,有害物质经分解进入大气,既带来空气污染也带来温室效应。三是土壤污染。规模化养殖畜禽粪便排放量大,无法及时被消纳的粪便会造成土壤结构失衡,过度还田施用还会导致土壤中的有机养分过剩,带来土壤盐离子浓度过高,造成烧根、烧苗现象。此外,畜禽养殖饲料添加剂和抗生素的大量使用,使得畜禽粪便中重金属物质残留,施用到农田中会加重土壤污染。

### 三、乡镇企业产生的生态环境问题

乡镇企业的蓬勃发展促进了乡村经济的增长,带动了农民就业和收入增加,为乡村经济社会发展奠定了物质基础,也为乡村产业振兴积累了经营管理上的经验。调查中发现,乡镇企业已从最初的地方特色传统产业,扩展到了建材化工、冶金机械等领域。调查的乡镇企业涵盖了造纸厂、建材厂、印染厂和冶炼厂,这些企业大部分存在设备简陋、生产工艺滞后、可循环利用率低等问题,由于规模小、工艺落后,具有明显的高污染、高能耗特点。在生产经营过程中"三废"的排放带来了环境问题。一是废水排放造成水污染。废水未经处理或简单处理排入河道沟渠,造成河流污染。二是废气排放造成大气污染。由于废气净化设施简陋甚至缺失,乡镇企业废气处理率较低,尤其砖瓦厂、琉璃厂、造纸厂、化工厂等企业,未经科学处理的废气直接排放比较普遍。三是固体废弃物丢弃造成污染。固体废弃物主要来自于建筑业、采掘业、加工业等乡镇企业,由于生产方式落后、设备简单,产生的固体废弃物随意堆放于道路田地和堤坝河流,既占用了田地,又污染了土壤,不仅造成乡村环境脏乱差,还导致土壤肥力下降。同时,粉尘污染也是乡镇企业带来的一种主要环境问题,家具板材、人造石橱柜餐桌、装饰建材等企业都会产生大量的粉尘污染,是乡村生态环境的又一大污染源。

## 第三节　乡村生态环境治理的演变

改革开放以来,我国乡村经济社会发展取得巨大成就的同时,也付出了一定的环境代价,"我们在快速发展中也积累了大量生态环境问题,成为明显的短板,成为人民群众反映强烈的突出问题。这样的状况,必须下大气力扭转"[①]。为此,连续多年的中央一号文件都对乡村

---

① 《习近平著作选读》第一卷,人民出版社 2023 年版,第 604 页。

生态环境治理提出了具体要求。本节主要梳理我国乡村生态环境治理理念、治理主体与治理手段的历史演变与发展变迁，探究乡村生态环境治理发展规律，提升研究的科学性。

## 一、治理理念的变迁

人类文明的发展史就是人类认识与改造自然的发展史，从中华人民共和国成立到中国特色社会主义进入新时代，乡村生态环境治理在战略地位、目标内容和话语表达等方面不断调整，经历了从单一维度到多元维度、从局部内容到全面覆盖、从边缘地带到国之大者的发展演变过程。

新中国成立初期，面对人民日益增长的物质文化需要同落后的社会生产之间的矛盾，国家主要致力于围绕建构社会新秩序开展社会建设，集中力量发展经济，乡村生态环境治理理念呈现单维度自上而下治理的特征。随着国家大规模经济建设的展开，矿产资源滥挖滥采、森林资源锐减、耕地质量下降等问题接踵而来，乡村生态环境问题日益凸显。"高速度、高消耗、高污染、低效益""重经济轻环保"的粗放发展方式，成为明显的短板，难以适应时代发展的要求和人民的期盼。1973年全第一次全国环境保护会议召开，大会制定了《关于保护和改善环境的若干规定(试行草案)》，这是我国第一部关于环境保护与治理的综合性法规。1974年国务院环境保护领导小组成立，初步建立起环境保护与治理的实体管理机构，生态环境治理逐渐成为经济社会建设中亟须关注的问题。这一时期的环境治理理念具有政府单维度自上向下推进的特征。

改革开放和社会主义现代化建设新时期，国家对行政体制与经济体制进行了一系列改革，环境治理理念体现出政府和市场合作的双维度特征。党的十一届三中全会以后,党和国家工作重心转向以经济建设为中心,提出了"三步走"的发展战略,乡村环境治理服从和服务于经济建设和综合国力提升。20世纪80年代至90年代中期,随着城镇化的快速发展,生活垃圾污染逐渐向乡村转移,乡村环境和农田污染渐趋严重,乡村生态环境问题受到党和政府的重视。这一时期,环境治理的话语侧重于强调其对经济发展的重要意义,比如"环境不应是发展经济的负担""保护环境就是保护生产力"。1992年邓小平同志发表了重要的南方谈话,党的十四大提出建立社会主义市场经济体制,改革开放迎来了新的篇章。伴随新一轮经济建设高潮,城市工业"三废"污染、乡镇企业污染、农业自身污染成为乡村主要的三大污染问题。1998年九届全国人大一次会议提出了"环境保护和经济发展同等重要"的重要论断,2002年出台的《清洁生产促进法》对环境污染从末端治理转向全过程控制提出了法律要求,2006年确立了"保护环境与经济增长并重"的方针,在强化相关政策的同时,注重引导市场力量参与环境治理,相继出台了农村环境污染防治和农村环境保护规划纲要,针对生活垃圾污染、土壤污染等具体问题发布了技术政策、防治条例与行动计划,环境治理与经济发展相协调、政府治理与市场参与的合作治理理念逐步形成。

中国特色社会主义进入新时代,以"五位一体"总体布局为统领,"中国要美,农村必须美""望得见山、看得见水、记得住乡愁""人与自然和谐共生"的绿色发展理念成为推动高质量发展的重要指导,协同推进经济社会发展和生态环境保护,环境治理实现了价值转向,环境治理理念趋向成熟。乡村振兴战略将生态宜居作为关键,将"建设宜居宜业和美乡村"作为重要内容,将"农业强、农村美、农民富"作为总体目标追求。党的十八大将生态文明建设纳入"五位一体"总体布局,2018年国家进行了机构和职能改革,将分散于各部门的乡村环境监管指导职责转移至生态环境部,强化了乡村环境治理的专业指导,提高了乡村生态环境治理的效率。2019 年中央一号文件指出:"要着重推进以农村垃圾污水治理、厕所革命和村容村貌提升为重点的农村人居环境整治,发挥农民主体作用,注重实效。"党的二十大报告提出:"要深入推进环境污染防治,持续打好蓝天、碧水、净土保卫战,加强土壤污染源头防控,提升环境基础设施建设水平,推进城乡人居环境整治。"①"要坚持生态惠民、生态利民、生态为民,以解决损害群众健康的突出环境问题为重点,坚持精准治污、科学治污、依法治污,让良好生态环境成为人民幸福生活的增长点。"②加强乡村生态环境治理成为乡村振兴和农业农村现代化进程中的重要命题。

## 二、治理主体的发展

伴随乡村治理体系和治理能力现代化建设的深入推进,乡村生态环境治理经历了从一元主体到二元主体,再到多元主体共治的转变,体现了由单一政府推动到基层党组织领导、基层政府引导、市场主体担当、社会组织带头、农民积极参与的多元主体协同治理的转变,也体现了以人为本的社会治理价值取向与以人民为中心的发展思想。

新中国成立初期,生态环境治理总体上呈现单一行政化主导特征,政府在环境治理过程中拥有决策权。党的十一届三中全会以后,对环境保护重要性的认识不断提升,采用市场化手段解决乡村环境问题成为共识。通过整合部门职能、引入市场机制、提供法律支撑、拓展参与渠道等措施,乡村环境治理的参与主体由传统"一元制"政府主体向政府与市场共同参与

---

① 《习近平新时代中国特色社会主义思想学习纲要(2023 年版)》,学习出版社、人民出版社 2023 年版,第 225 页。
② 《习近平新时代中国特色社会主义思想学习纲要(2023 年版)》,学习出版社、人民出版社 2023 年版,第 225 页。

转变,政府、市场共同参与的"二元制"环境管理模式逐渐形成。1998 年国家环境保护总局成立,设置"农村处"作为乡村环境保护的专职职能部门。2008 年国家环境保护部成立后,乡村生态环境保护工作和生态农业建设由"自然生态保护司"专门负责,农业资源和农业生态建设由农业部负责。为进一步促进市场主体参与到乡村生态环境治理中,2009 年发布了《关于实行"以奖促治"加快解决突出的农村环境问题的实施方案》,旨在进一步吸引社会公众和社会资本参与乡村环境治理。

进入新时代以来,乡村生态环境治理迎来新变革,传统的政府、市场"二元制"主体逐渐向政府、市场与社会"多元制"主体转变。2014 年国务院办公厅印发的《关于改善农村人居环境的指导意见》指出,要"坚持以政府为主导,鼓励社会资本参与,向社会购买服务,尊重农民意愿,动员农民参与,保障农民决策权、参与权和监督权"。2015 年国务院办公厅发布的《关于推行环境污染第三方治理的意见》强调,政府与企业可以向第三方购买环境服务,环境治理实现了由"谁污染,谁治理"向"谁污染,谁付费"的转变。2016 年发布的《全国农村环境综合整治"十三五"规划》,鼓励支持社会资本参与,发挥农村群众主体作用。2017 年党的十九大报告提出"建构政府、企业、社会和公众共同参与的环境治理体系"。乡村生态环境治理形成了政府、市场、社会等多元主体参与的新格局。新格局下,能够更加有效发挥各类主体的比较优势,通过多元治理主体的协商互动和协同参与,维护各类主体环境利益,促进乡村生态环境治理效能的提升。

不同主体在乡村生态环境治理中发挥着不同的作用,多元主体相互协作共同促进了环境效益最大化。就政府而言,一方面是环境治理制度的设计者与执行者,在掌握乡村经济发展规律和环境实际状况基础上,制定出符合乡村实际的环境治理政策,并通过法律程序上升为国家制度,让制度设计最大限度调动市场与社会公众参与环境治理的积极性。另一方面作为乡村环境治理的组织者与领导者,是环境公共服务、环保法规、环保教育的供给者,需要不断优化乡村生态环境治理的宏观制度环境。就企业主体而言,既是乡村环境治理责任主体,按照"谁污染,谁负责"和"谁污染,谁付费"的责任原则,承担污染防治职责,完善环境责任内部管理,推动生产技术转型与绿色升级,将环境负外部性内部化;同时,企业也是环境政策的落实者,推动人与自然和谐共生等绿色发展理念广泛传播,支持乡村环境治理标准的落地实施。就农民和社会组织等社会公众而言,是乡村生态环境治理的主要参与者,有效行使法律赋予的参与权、知情权、建议权和司法诉讼权,积极参与乡村生态环境治理和监督。

### 三、治理手段的拓展

伴随乡村经济社会的持续发展,生态环境问题的复杂性与多样性日渐显现,统筹经济社会发展与环境治理,需要不断拓展生态环境治理手段,丰富乡村生态环境治理政策工具。治理手段的拓展也是推进乡村生态环境治理现代化的过程,不仅能够为生态文明建设赋予新方法,也有助于生态文明建设目标的实现。乡村生态环境治理手段的拓展经历了从以行政手段为主到行政手段与市场手段相结合,再到治理手段多元化的发展演变历程。

从新中国成立到党的十一届三中全会召开,环境管理手段主要以行政管理为主,新中国成立初期动员开展了疏浚河湖沟渠、清除积存垃圾、修缮厕所和下水道等环境治理行动,"清洁"与"卫生"成为这一时期环境治理的主题。20 世纪 60 年代开展了"两管五改"①脏乱差治理

---

① "两管五改"是指管理粪便垃圾、饮用水源,改良厕所、畜圈和禽圈、水井、环境和炉灶。

活动。1974 年国务院成立了环境保护领导小组,初步建立起环境保护与治理的专门管理机构。进入改革开放新时期,乡村环境治理呈现行政手段与市场手段相结合的特点,逐步建立起在职环境教育、高校环境教育以及中小学环境普及教育的环境教育框架,创办了国家级专业环境保护刊物,开展了普遍化、持续化的环境宣传活动,环境标准制度、排污收费制度、环境保护补贴制度、排污权交易制度也相继建立起来。

党的十八大以来,乡村生态环境治理手段更加丰富,逐渐向行政、市场、法治、科技手段相结合的多元共治演变。2018 年国家组建了生态环境部,专职制定并组织实施生态环境政策、规划和标准,负责生态环境监测和执法工作,监督管理污染防治。同时,国家陆续印发了《农村人居环境整治三年行动方案》《农村人居环境整治村庄清洁行动方案》《深入学习浙江"千村示范、万村整治"工程经验　扎实推进农村人居环境整治工作》等系列文件,明确要求从生活垃圾、生活污水、厕所粪污、村容村貌、村庄规划和管护机制等方面开展乡村环境治理。同时,通过有偿购买社会组织绿色服务,进一步提升了环境治理的市场化和专业性,推动了乡村生态环境治理手段的拓展。

乡村生态环境治理手段从最初以行政管理为主,到行政、市场、法治、科技手段多元共用,从"管理"为主到"服务"为主,意味着乡村环境治理重点从传统的行政管制向环境公共服务的供给与保障转型,数字化、信息化手段也在乡村环境治理中广泛应用,完善的信息公开与共享机制逐步建立,促进了乡村生态环境治理信息的公开透明。乡村生态环境治理手段的多元化,一方面彰显了以人民为中心的发展思想,给乡村生态环境治理带来前所未有的动力;另一方面体现了生态环境治理从宏观政策导向转向微观具体实践的特点。由于不同乡村地区自然环境禀赋差异明显,经济社会发展参差不齐,乡村生态环境治理需要根据不同的自然条件和社会条件,立足不同乡村地区资源禀赋和经济发展水平实施差异化方案,进一步提升环境治理手段的适应性。

# 第四节　乡村振兴与乡村生态环境治理

乡村振兴是党的十九大作出的重大战略部署,强调"按照产业兴旺、生态宜居、乡风文明、治理有效、生活富裕的总要求,建立健全城乡融合发展体制机制和政策体系,加快推进农业农村现代化"。一方面,从产业、生态、文化、治理以及民生五个方面推动实施乡村振兴,为乡村生态环境治理提供了重要战略机遇,打造"让生态美起来,环境靓起来,再现山清水秀、天蓝地绿、村美人和的美丽画卷"①。另一方面,乡村生态环境治理是推动实施乡村振兴的必由之路,没有良好的生态环境,产业难以兴旺,生活难以富裕,乡风文明和治理有效也难以实现。因此,必须要牢牢树立人与自然和谐共生的生态文明理念,尊重自然、顺应自然、保护自然,坚持经济社会发展与生态环境保护相统一,创新绿色经济发展模式,做到生态惠民、生态利民、生态为民,满足农民群众对宜居宜业和美乡村的期盼。

## 一、乡村振兴为乡村生态环境治理提供战略机遇

理念是行动的指南,正确的理念引领着实践的良好发展。乡村振兴战略的提出,是以习近平同志为核心的党中央作出的重大战略部署,具有深刻的经济社会基础与现实依据,为推动乡村生态环境治理提供

---

① 《习近平关于"三农"工作论述摘编》,中央文献出版社 2019 年版,第 111 页。

了重要的思想引领和政策支持。这一战略的总体目标是产业兴旺、生态宜居、乡风文明、治理有效、生活富裕。"生态宜居"要求建设"望得见山、看得见水、记得住乡愁"的宜居宜业和美乡村,体现了对新时代农民日益增长的优美生态环境需要的积极回应,以及对乡村生态环境现状的深刻认识。全面推进乡村振兴,需要将乡村生态环境治理作为重要内容,把建设宜居宜业和美乡村转化为多元主体的自觉行动,使多元主体成为乡村生态环境治理的参与者、推动者和受益者,推进人与自然和谐共生的农业农村现代化。

**(一)乡村振兴为乡村生态环境治理提供政策保障支持**

2017 年中央农村工作会议提出,实施乡村振兴战略的目标任务和基本原则,是走中国特色社会主义乡村振兴道路,要以绿色发展引领生态振兴。"实施乡村振兴战略,一个重要任务就是推行绿色发展方式和生活方式,让生态美起来、环境靓起来,再现山清水秀、天蓝地绿、村美人和的美丽画卷。"[①]2018 年中央一号文件提出"推进乡村绿色发展、繁荣兴盛农村文化、构建乡村治理新体系、提高农村民生保障水平"。2021 年《乡村振兴促进法》正式实施,强调"促进乡村振兴应当按照产业兴旺、生态宜居、乡风文明、治理有效、生活富裕的总要求,统筹推进农村经济建设、政治建设、文化建设、社会建设、生态文明建设和党的建设"。党的二十大报告提出,"加快建设农业强国,扎实推动乡村产业、人才、文化、生态、组织振兴,建设宜居宜业和美乡村"[②]。这些政策的出台,一方面对乡村生态环境治理进行了系统规划,勾画了总体框架与实施蓝图,为新时代推进乡村生态环境治理提供了重要的方向引领和强大的政策保障。另一方面,在乡村振兴战略背景下推进乡村

---

① 《习近平著作选读》第二卷,人民出版社 2023 年版,第 90 页。
② 《习近平著作选读》第一卷,人民出版社 2023 年版,第 25 页。

生态环境治理,能够更好补齐乡村经济社会发展过程中的生态环境短板,与"产业兴旺、乡风文明、治理有效以及生活富裕"四大振兴目标同步推进,实现乡村经济社会发展与环境保护协同共进。

**(二)乡村振兴为乡村生态环境治理提供主体力量支持**

党的十八大以来,党中央把生态文明建设纳入"五位一体"总体布局,提出坚持以政府为主导,通过向社会购买服务,鼓励更多社会资本参与生态环境保护。强调生态环境保护是人民群众共同参与建设共同享有的事业,要动员农民群众参与乡村环境治理。《中华人民共和国国民经济和社会发展第十四个五年规划和 2035 年远景目标纲要》提出,要建立健全党委领导、政府主导、企业主体、社会组织和公众共同参与的现代环境治理体系。《农村人居环境整治提升五年行动方案(2021—2025 年)》提出,引导村集体经济组织、农民合作社、村民等全程参与农村人居环境相关规划、建设、运营和管理。随着乡村振兴的全面推进,企业、社会组织、村民等主体参与乡村生态环境治理的积极性与主动性日渐提升,河长制、湖长制、林长制等制度的建立,进一步促进了乡村生态环境的多元共治和互惠共生。各地按照"污染付费、公平负担、补偿成本、合理盈利"的原则建立起市场化治污减排机制,提升了市场主体参与生态环境治理的积极性。总之,乡村振兴推动了乡村生态环境治理主体的多元化,使乡村生态环境问题得到社会的广泛关注与重视,为乡村生态环境治理提供了主体力量支持。

**(三)乡村振兴为乡村生态环境治理提供数字技术支持**

随着互联网、云计算、大数据、人工智能等现代信息技术不断向乡村延伸,乡村社会获得了新的发展动力,建设数字乡村既是乡村振兴的迫切需求,也是推进乡村振兴的强劲动力,为不断破解农村经济社会发展过程中的生态环境问题提供了数字技术支持。《数字农业农村发展规划(2019—2025 年)》提出,要以产业数字化、数字产业化为发展主线,着力建设基础数据资源体系,建立农村人居环境智能监测体系,结合人居环境整治提升行动,开展摸底调查、定期监测,汇聚相关数据资源,建立农村人居环境数据库。《2022 年数字乡村发展工作要点》提出充分发挥信息化对乡村振兴的驱动赋能作用,提升农村自然资源和生态环境监测水平,加强农村人居环境数字化治理。通过持续推行"宽带中国"行动计划,提高 5G、千兆光纤、互联网等网络基础设施的覆盖范围,利用提速降费等优惠措施,保障乡村环境治理数字化系统与设施的高效利用。"数字乡村"战略的落地实施,推动了现代信息技术与环境治理的有机结合,实现了农村人居环境治理数据采集和信息反馈,提高了环保设施设备的远程管理能力。同时,通过建立乡村环境数字化治理平台,导入污水处理、生活垃圾转运等数据,方便了环境数据信息的获取,为乡村生态环境治理提供了数字技术支持。

## 二、乡村生态环境治理为乡村振兴提供现实推动

乡村是生态涵养的重要区域,安全的水源、清新的空气、肥沃的土壤与丰富的矿产资源,为乡村经济社会高质量发展提供保障。"产业兴旺、生态宜居、乡风文明、治理有效、生活富裕"作为乡村振兴战略的总要求,各目标之间互为基础、互相支撑,构成相互联系的有机整体,其中"生态宜居"的目标要求处于目标体系的关键核心地位。只有持续推进乡村生态环境治理,筑牢乡村振兴的生态屏障,使乡村成为"望得见山、看得见水、记得住乡愁"的承载主体,才能不断促进乡村经济社会发展与生态环境发展的深度融合,促进生态环境资源向经济效益价值转化。乡村生态环境治理既是农业农村现代化的题中之义,也是乡村振兴的重要内容。加强乡村生态环境治理能够为乡村振兴提供现实

推动,既有助于宜居宜业和美乡村建设,也有助于推动人与自然和谐共生农业农村现代化的实现。

**（一）乡村生态环境治理是"产业兴旺"的基本要求**

推动乡村振兴战略顺利实施,产业兴旺是基石。乡村产业的发展壮大,能够为乡村全面振兴奠定良好的物质基础,发展乡村产业,既要有速度,更要高质量,实现健康可持续。发展乡村产业不能以破坏生态环境为代价,生态环境本身就是经济,保护生态就是发展生产力。"我国农业正处在转变发展方式、优化经济结构、转换增长动力的攻关期,要坚持以农业供给侧结构性改革为主线,坚持质量兴农、绿色兴农,加快推进农业由增产导向转向提质导向。"①产业兴旺不仅体现在产业数量和规模的增加,更体现在产业内涵的提升、产业发展的绿色化以及农业一、二、三产业的融合上。绿色农业应当成为"产业兴旺"的领跑者。发展农业产业时应秉承人与自然和谐共生的绿色发展理念,尊重自然、顺应自然和保护自然,在进行乡村产业发展决策时,应该将生态环境保护放在首要位置,始终把高质量的生态环境作为乡村产业发展的根基,以乡村环境保护、生态效益提升为导向,充分利用现代农业科技和农业管理,将农业生产、加工、销售各环节紧密联结,形成绿色农业经营体系,促进农业生产、农民生活和乡村生态高质量发展,不断发展壮大基于乡村生态环境保护的农业产业,实现乡村生态环境发展与乡村产业高质量发展相互促进。

**（二）乡村生态环境治理是"乡风文明"的前提条件**

生态兴则文明兴,生态衰则文明衰,适宜的生态环境是文明产生与发展的重要地缘条件,推动乡村生态环境治理则是"乡风文明"的前提

---

① 《习近平著作选读》第二卷,人民出版社2023年版,第87页。

条件。"生态宜居"与"乡风文明"作为实施乡村振兴战略的重要目标，两者互为条件、相互促进。乡村生态环境治理不仅能够改善乡村的环境面貌，形成干净整洁宜人的人居环境，促进乡村经济社会发展，也能够在乡村地区营造文明乡风、良好家风和淳朴民风，焕发出新时代乡村文明新气象。"乡风文明"的培育既是一项长期任务，也是乡村振兴的重点难点。需要深入发展民间艺术、手工曲艺、民俗活动等非物质文化遗产，把中华优秀传统文化和现代文明要素结合起来，赋予中华优秀传统文化新的时代内涵。人能改善和美化环境，环境也能约束人和规范人，促进人的文明化。乡风文明既包含了生态环境的价值属性，也强调了生态环境的自然属性，注重发挥生态环境对人的发展的促进作用，实现人与自然和谐共生。加强乡村生态环境治理，改善农村人居环境，既能满足农民美好生活的需要，又能够通过生态环境的改善，引导和推动农民养成健康、文明、绿色的生产生活方式，推动乡风文明建设，实现乡村经济发展、社会和谐和生态良好的有机统一。

**（三）乡村生态环境治理是"治理有效"的重要体现**

"治理有效"包含了乡村政治、经济、社会、文化、生态等多个方面的有效治理，是乡村振兴战略目标体系的重要构成内容。与乡村经济、文化和社会等方面的治理相比，"治理有效"在环境方面显得尤为重要，这是由乡村生态环境的重要地位决定的。一方面，乡村环境治理主体的多元化，有利于推动治理有效目标的实现。乡村生态环境治理中，县级行政职能部门、乡镇基层党委和政府、社会组织、村委会和村民的共同参与，有利于多元主体协作治理理念的形成和治理能力的提升，能够为乡村治理培育有效的治理主体，提升主体参与治理的能力。另一方面，乡村环境治理手段的多元化，有利于乡村治理有效目标的实现。随着乡村环境治理的持续展开，传统以行政管理为主的治理手段，逐渐转向行政、经济、法治、科技和第三方治理手段的综合运用,这些治理手段的综合运用提升了乡村环境治理效能,促进了乡村生态环境的普遍好转,是乡村治理有效的重要体现。

**(四)乡村生态环境治理是"生活富裕"的基础保障**

"生活富裕"是乡村振兴的立足点和落脚点,需要以产业兴旺为动能,以绿色发展为支撑。"共同富裕是社会主义的本质要求,是中国式现代化的重要特征。共同富裕是全体人民共同富裕,是人民群众物质生活和精神生活都富裕。"[1]乡村丰富的环境资源、良好的生态环境是实现生活富裕的最大优势,乡村生态环境治理是满足农民物质生活和精神生活都富裕的基础保障。没有良好的生态环境,产业难以兴旺,生活难以富裕,乡风文明和治理有效也难以实现。在促进乡村振兴过程中,要把环境治理作为"生活富裕"的应有之义,"既要创造更多物质财富和精神财富以满足人民日益增长的美好生活需要,也要提供更多优质生态产品以满足人民日益增长的优美生态环境需要。"[2]将生态效益、经济效益和社会效益有机结合,推动乡村生态环境治理的常态化与制度化,构建共生共促的生态产业体系,实现乡村生态的经济化和经济的生态化,让农民在获得持续收入增长的同时,也获得良好的生态环境,实现"收入富裕"与"环境富裕"的同步增长,既满足农民对收入增长的需要,也满足农民对优美生态环境的需要。

---

① 习近平:《扎实推动共同富裕》,《求是》2021 年第 20 期。
② 《习近平著作选读》第二卷,人民出版社 2023 年版,第 172 页。

# 第二章 乡村生态环境协同治理的学理阐释

　　改善乡村生态环境,对宜居宜业和美乡村建设、乡村全面振兴和农业农村现代化具有重要意义。深化乡村生态环境治理,需要以习近平总书记关于生态环境治理要处理好"重点攻坚"和"协同治理"关系的重要论述为指导,加强基层党组织、基层政府、乡镇企业、村委会、村民以及社会组织等多元主体的有效合作,协同运用经济、行政、法治手段以及数字化信息技术,对影响乡村生态环境的生产生活方式进行调节,以高效的生态环境治理,推动乡村经济社会发展与生态环境发展相互促进。本章主要对乡村生态环境协同治理的必要性和可行性、协同治理的要素构成以及应该遵循的基本原则进行阐释,对治理主体的协同联动、治理手段的综合应用以及治理对象的统筹兼顾等进行探讨,为乡村生态环境协同治理提供学理上的支撑。

## 第一节 协同治理的必要性

　　进入新时代以来,乡村经济社会发展取得了历史性成就,发生历史性变革,但是"也积累了大量生态环境问题,成为明显的短板。各类环境污染呈高发态势,一段时间内成为民生之患、民心之痛"①。经济、社会、文化等多重因素相互交织、相互作用,生态环境问题呈现出新旧交织的复合型结构特征,制约了人与自然和谐共生现代化的实现。乡村生态环境问题具有的复杂性、艰巨性和长期性特征,决定了治理过程需要大量的资金、技术和人才支撑,加强治理主体、治理手段以及治理目标的有效协同,通过多元参与主体平等协商和密切合作,形成多要素有序耦合的治理合力,共同推进治理目标的实现。

**一、传统行政管控治理模式转型的现实需要**

传统计划经济背景下,环境治理以政府行政管控为主要手段,通过行政、经济和法治手段的应用,对生态环境进行治理。行政管控环境治理模式在环境问题不突出时发挥过重要作用。但是,随着乡村生态环境问题的日益复杂和市场经济的持续深化,这一模式对生态环境治理的制约日益显现。

一方面,单一治理主体下,政府既是环境政策的制定者,又是环境政策的执行者,还是环境治理效果的评估者,其他治理主体被虚化、弱化、边缘化。在自上而下的行政逻辑下,缺乏与其他环境治理主体的协商交流。其一,由于政府既具有公利性也具有自利性,相比于长远的发展规划和战略,更愿意关注短期发展效益和利益,期待用较短的时间让公众看到环境治理带来的变化,以提升公众的满意度和支持率。与政府想要的即时快速治理效果相比,生态环境治理需要付出长期艰辛努力,具有长期性、复杂性特点。在环境治理的长期性与政府目标的即时性相矛盾下,政府并不必然以环境公共利益为目标追求,会产生由于自利带

---

① 《习近平新时代中国特色社会主义思想学习纲要(2023年版)》,学习出版社、人民出版社2023年版,第223页。

来的寻租行为。其二,由于环境公共利益的模糊性和政府自身的自利性,政府会出于政绩评定标准导向,或部门利益最大化影响,忽视环境治理的秩序和公众的环境诉求,凭借行政权力的强制约束,带来环境治理决策上的偏差,以及环境监管覆盖率低、信息反馈滞后等问题。其三,由于环境信息的不对称,单一政府主体难以掌握乡村环境污染源信息状况。相反,在企业、村民和社会组织参与环境信息供给和环境质量监督下,政府可以及时掌握大量的环境信息,单一行政主体决策的治理偏差可以得到有效纠正。此外,由于缺少环境治理的一般性法律规范,行政管控治理也容易产生乱作为、不作为现象,造成乡村生态环境治理的表面化和低效化。政府让渡部分生态治理权力给公众和非政府组织,可以促进共建共治共享生态环境治理新格局的形成,提高乡村生态环境治理效能。

另一方面,单一政府主导模式下,以自上而下的单向维度为主导,行政命令色彩浓厚,治理方式单一,环境利益主体参与作用得不到有效发挥。一是环境治理政策部署上下逐级传递信息,会造成信息在传递过程中失真,影响环境治理决策的执行效果。二是环境治理决策权高度集中,不能及时将治理政策向村民公开,村民以"被通知"的形式,了解环境治理的资金筹集与支出、环境公共设施的投入与使用,知情权、话语权和参与权难以保障,导致环境治理效率低下。三是基层政府在自身财力有限、外在资源参与度不足的情况下,难以保障环境治理经费投入,也无法开展有效的环境保护教育,制约了乡镇企业和村民等环境主体参与乡村生态环境治理的积极性和主动性。

从以上分析可以看出,政府作为公共权力主体,能够通过制度规范对市场主体进行激励约束,推动环境成本的内部化和最小化,在一定程度上有助于解决市场主体效益和社会公共效益对立问题,这意味着政府作为公共权力的拥有者和公共利益的代表者,在调配和运用社会资源方面拥有其他主体无法比拟的优势。但是,政府也会存在短期行为、自利行为和寻租行为,会导致环境治理效率的低下和治理目标的难以实现。为此,中共中央办公厅、国务院办公厅 2020 年 3 月印发了《关于构建现代环境治理体系的指导意见》,明确指出要"构建党委领导、政府主导、企业主体、社会组织和公众共同参与的现代环境治理体系"。由此可见,乡村生态环境治理必须调动基层党组织、基层政府、乡镇企业、村委会、村民和社会组织等主体的参与积极性,促进传统单一行政管控治理方式转型,形成多元共治的乡村生态环境协同治理新格局。

**二、适应环境资源公共性的应然选择**

环境资源是对人类具有现实或潜在使用价值的自然要素的集合,是人类生存发展的重要物质基础,具有公共性、外部性和整体性的典型特征,环境治理是一项庞大复杂的系统性工程,有序有效的环境治理需要激发多元主体的积极参与,综合运用多样化治理手段,统筹配置资金人才技术等治理资源,以相互协作和密切配合协同推进乡村生态环境公共利益目标的实现。

从环境资源具有公共性来看,"良好生态环境是最公平的公共产品,是最普惠的民生福祉。"①环境资源具有非竞争性和非排他性的鲜明特征。非竞争性是指消费者在消费环境资源时,不会减少其他消费者的消费。换句话说,增加消费者数量并不影响其他任何人的环境利益,即增加消费者的边际成本为零。"非排他性"是指一个人在消费环境资源时,无法排除他人同时消费同样的环境资源。环境资源的"非竞争性"和"非排他性"特征,意味着环境资源并不为特定个人或特定

---

① 《习近平新时代中国特色社会主义思想学习纲要(2023 年版)》,学习出版社、人民出版社 2023 年版,第 225 页。

群体独自拥有,而是多元主体共同平等拥有,即任何社会主体都依赖和立足环境资源而生存发展,都承担着对环境进行积极维护的责任。环境资源的公共性保证了社会公众使用消费环境资源的基本权利,但也容易产生"公地悲剧",这就需要多元主体共同承担环境治理责任,共同促进乡村环境的健康发展。因此,共建共治共享协同治理成为乡村生态环境治理的应然选择。

从环境资源具有外部性来看,环境资源同时具有正外部性和负外部性特征。正外部性,是指主体的环境治理行为给外部带来利益却得不到相应补偿。正外部性的存在,会导致公众和企业等市场主体虽然具有环境治理的认识,但因为得不到利益上的补偿而减少环境保护和治理的实际行动。负外部性是指主体的环境破坏行为给外部带来负面影响却不承担相应成本。负外部性的存在,会带来环境问题制造者的投机行为,逃避承担环境责任或随意破坏生态环境。因此,必须坚持"谁污染,谁付费"和"谁受益,谁补偿"相结合的原则,引导环境外部性问题内部化。即生态环境保护行为产生正外部性时,应通过建立生态环境补偿制度,以弥补主体环境保护和环境治理产生的成本,从而达到正向激励的目的。反之,当产生负外部性时,应通过建立生态环境损害赔偿制度要求付费赔偿,促使主体加强环境保护和治理。因此,需要建立起沟通协商、监督问责、激励约束等相应机制,通过多元主体相互协作,促进环境外部性问题内部化。

从环境资源具有整体性来看,生态环境是一个涉及面广、内容繁多,各元素相互交织的整体性系统,环境问题是多种因素共同作用的结果,政府产业规划布局不合理、生态环境法律法规不完善、生态环境监管责任落实不到位、企业盲目追求利润最大化都会带来环境问题。环境资源的整体性特征既体现在空间区域分布的不可分割性,也体现在环境问题产生原因的相互关联性。因此,环境治理不是单一部门或单一主体能够独立完成的,需要不同部门齐抓共管,多元主体相互配合,遵循整体性和系统性要求,由多元主体相互协商、协同推进,共同推动乡村天更蓝、山更绿、水更清,环境更优美。

### 三、推动乡村治理现代化的必然要求

党的十八届三中全会首次提出了"社会治理"这一概念,"管理"与"治理"虽然只有一字之差,但其内涵和方式却有很大的不同,社会治理更强调治理主体多元化和治理过程民主化,强调人民对治理的参与。从党的十九大报告强调"推动社会治理重心向基层下移",到十九届四中全会提出"建设人人有责、人人尽责、人人享有的社会治理共同体",再到十九届五中全会提出"建设基层治理共同体",党的社会治理理论不断丰富、深化和创新,为加强和创新乡村生态环境治理提供了理论指导和现实遵循。推进乡村生态环境治理体系和治理能力现代化,需要以党的十九大以及十九届四中、五中全会关于"治理重心下移"和"建设治理共同体"的精神为指导,构建党建引领、多元参与、责任共担、成果共享的乡村生态环境共建共治新格局。

首先,以基层党组织为领导的乡村生态环境协同治理,有利于强化基层党组织的领导力,推动形成"一核多元"的现代乡村生态环境治理体系。乡村生态环境协同治理遵循社会治理现代化的基本要求,在基层党组织全面领导下,通过协商合作引导多元主体参与乡村生态环境治理,"不仅契合社会逐步走向多元化和复杂性的内在要求和发展趋势,更重要的在于它是一种解决集体行动困境的重要办法"①,通过更

---

① 王帆宇:《生态环境合作治理:生发逻辑、主体权责和实现机制》,《中国矿业大学学报(社会科学版)》2021 年第 3 期。

为开放、广阔的治理平台来有效地实现治理目标。在这一治理实践中,通过坚持和加强党的全面领导,确保基层党组织"总揽全局、协调各方"领导核心地位,形成强大的乡村生态环境治理领导力,充分发挥基层党组织整合乡村社会资源、协调各方力量的作用,将党的全面领导的制度优势转化为乡村生态环境治理效能,把党的创新理论转化为乡村生态环境治理的生动实践,推进乡村生态环境治理现代化。

其次,以多元主体相互协作为基础的乡村生态环境协同治理,有利于实现以人民为中心乡村治理的价值取向。推动构建共建共治共享的乡村生态环境治理新格局,就是要走好新时代群众路线,始终坚持一切为了人民、一切依靠人民,把以人民为中心的社会治理价值落地生根。"如果经济发展了,但生态破坏了、环境恶化了,大家整天生活在雾霾中,吃不到安全的食品,喝不到洁净的水,呼吸不到新鲜的空气,居住不到宜居的环境,那样的小康、那样的现代化不是人民希望的。"[1]"要加大环境督查工作力度,严肃查处违纪违法行为,着力解决生态环境方面突出问题,让人民群众不断感受到生态环境的改善。"[2]乡村生态环境协同治理是对以人民为中心发展思想的生动诠释,是提升乡村环境治理效能的动力导向,以多元主体积极性和主动性的发挥,凝聚智慧、汇聚力量,促进乡村环境治理效能提升。这一过程是对坚持"一切依靠人民,一切为了人民"治理理念的具体实践,对于促进乡村治理体系和治理能力现代化具有重要意义。

最后,以增权赋能为鲜明特征的乡村生态环境协同治理,能够激发多元主体参与治理的积极性和主动性,形成"协商在民,协商为民"的

---

[1]　《习近平著作选读》第一卷,人民出版社 2023 年版,第 604 页。
[2]　《习近平谈治国理政》第二卷,外文出版社 2017 年版,第 67 页。

良好乡村生态环境治理氛围。纵观乡村社会治理的实践进路,伴随着行政体制改革持续推进,政府职能加速转化,乡镇政府由"管理"向"服务"转变,乡村社会力量的治理话语权不断扩大,农民的主体地位得到尊重,多元合作、平等协商理念逐渐贯穿了乡村公共事务治理全过程,体现了治理主体的多元化转变和治理理念的服务化转型。加强乡村生态环境协同治理,能够有效推动党和国家治理理念在乡村落地,增强政府治理同社会调节、村民参与的良性互动,既能够促进环境治理目标的实现,也推动了治理重心不断向基层下移,提升了多元主体的身份认同和治理参与权认可,促使治理主体自觉承担环境责任,深化与其他主体合作,实现主体权责一致,互利互惠,共同绘就乡村生态环境治理最大同心圆。

## 第二节　协同治理的可行性

随着"人人有责、人人尽责、人人享有"基层社会治理共同体建设实践的不断深入,健全党委领导、政府主导、企业主体、社会组织和公众共同参与的乡村生态环境协同治理体系,成为乡村生态振兴和宜居宜业和美乡村建设的应然趋势。政府职能转变带来的环境政策优化、多元主体治理能力的提升、数字化治理技术的发展,共同为乡村生态环境协同治理奠定了基础。

### 一、政府职能转变与环境政策优化

党的十八大以来,政府职能改革深入开展,通过"推出一千五百多项改革举措,重要领域和关键环节改革取得突破性进展,主要领域改革的主体框架基本确立"①。通过统筹考虑政府机构设置,科学配置党政部门及内设机构权力,明确各级职责,深化简政放权,创新监管方式,推进了行政审批制度改革,增强了政府公信力和执行力,深化了政府"放管服"改革,加快了政府职能转变,政务服务更加标准化、规范化、便利化,人民满意的服务型政府逐渐建立起来。为进一步适应国家治理现代化的需要,"大部制"改革对政府职能和部门设置进行了深化调整,经过"加强改革顶层设计,敢于突进深水区,敢于啃硬骨头,敢于涉险滩,敢于面对新矛盾新挑战,冲破思想观念束缚,突破利益固化藩篱,坚决破除各方面体制机制弊端,各领域基础性制度框架基本建立,许多领域实现历史性变革、系统性重塑、整体性重构"②。部分行政职能交由市场以及社会自主治理,激发了市场主体活力,顺应了全面依法治国和法治政府建设的要求,推动了国家治理体系和治理能力现代化,服务型政府逐渐建立起来。

服务型政府意味着政府的工作重心,从传统的社会管制转向公共服务的供给与保障,根据市场以及社会需求提供良好服务成为政府的重要职责,强调立足人民群众和社会公众利益,关注社会公众合理需求,注重以人为本的治理。不断增强公众民主参与度,是服务型政府的主要特征和基本要求,强调通过拓宽民众参与渠道,保障公民监督权利,发挥民主参与在决策议事中的应有作用,促进多元化治理。与此同时,市场在资源配置中的决定性作用进一步加强,市场主体参与治理的地位进一步明确,资源配置依据市场规则、市场价格和市场竞争实现效益最大化,国家治理体系进入多中心时代。

---

① 习近平:《决胜全面建成小康社会　夺取新时代中国特色社会主义伟大胜利——在中国共产党第十九次全国代表大会上的报告》,人民出版社 2017 年版,第 4 页。

② 习近平:《高举中国特色社会主义伟大旗帜　为全面建设社会主义现代化国家而团结奋斗——在中国共产党第二十次全国代表大会上的报告》,人民出版社 2022 年版,第 9 页。

与此同时,随着生态文明建设被纳入中国特色社会主义"五位一体"总体布局,政府对环境治理高度重视,在环境保护和环境治理制度方面不断优化,环境保护督察制度、环境法律制度、环保信用评级制度陆续出台,加强了对企业等市场主体环境责任的考核,推进了企业生态化、低碳化、绿色化经营。就环境督察问责制度而言,各级政府加大了环境保护监督检查,推进生态环境督查的常态化、规范化。就环境保护法律制度而言,新《环境保护法》对乡村生态环境治理作了指导说明,要求各级政府加强对农业环境的保护,加强农业污染源监测的部门统筹。同时,各级地方政府全面贯彻新发展理念,在环保基础设施建设和环境治理资金支持上加大了力度,一方面通过政府专项资金、专项补贴和奖励政策加以奖补,另一方面积极鼓励企业和社会资本投资乡村环境治理基础设施,对开展清洁生产的企业予以信贷支持和税收优惠,对生产排污企业征收高额污染治理和环境修复费用。总之,政府职能的转化和环境治理政策的完善,为多元主体参与乡村生态环境治理,承担环境责任,提供了良好的外部条件,奠定了制度上的保障。

## 二、多元主体治理能力增强

自党的十九届四中全会提出"建设人人有责、人人尽责、人人享有的社会治理共同体"以来,多元共治的乡村治理体系逐渐建立起来,基层党组织、基层政府、乡镇企业、社会组织、村委会和村民主体的治理意识不断提升,治理能力不断增强,乡村治理体系与治理能力现代化持续推进,为乡村生态环境协同治理提供了能力上的保障。

从基层党组织来看,在推动乡村振兴中,基层党组织治理能力普遍增强。"办好农村的事,要靠好的带头人,靠一个好的基层党组织。要抓住健全乡村组织体系这个关键。发挥好农村基层党组织在宣传党的主张、贯彻党的决定、领导基层治理、团结动员群众、推动改革发展等方面的战斗堡垒作用。"①党的基层组织扎根乡村,直面村民,以党建引领乡村振兴,显现出与其战斗堡垒地位相匹配的重要价值。全面推进乡村振兴中,农村基层党组织发展引领力、协调组织力、民主决策力得到有效提升。调查中发现,通过建立健全乡镇两级党委书记抓农村基层工作责任清单,强化乡镇党委书记和党委领导班子成员包村联户,推行村党组织书记、村委会主任"一肩挑",村"两委"成员交叉任职等措施,农村基层党组织的引领力和组织力普遍提升,基层党员干部意识普遍增强,对乡村振兴战略、乡村环境治理要求的知晓度大幅提升。部分基层党组织还推行了村级小微权力清单制度,战斗堡垒作用发挥良好,党员联系群众密切,党群关系和谐,基本形成了村党支部凝聚党员、党员带动群众、群众监督基层党组织的闭环式党群关系架构。基层党组织治理能力的增强,为乡村生态环境协同治理提供了组织保障。

从企业主体来看,随着中国特色社会主义市场经济体制的不断完善,市场在资源配置中的决定性作用日益加强,价格机制、竞争机制以及产权机制等市场机制,促进了企业生产选择的理性化。同时,企业协调党政关系、政企关系以及企社关系能力增强,企业治理结构和治理水平进一步完善。此外,随着环境问题的加剧、新发展理念的贯彻落实和生态文明建设的持续深入,企业愈发意识到环境质量对企业经济效益的影响,清洁生产及主动削减污染排放的意愿和能力增强,积极履行环境责任,自觉推动生产方式绿色转型,主动平衡经济利益与生态环境社会效益,在发展战略上也更加注重企业公众形象,与政府、社会组织之间相互协调、相互配合更加通畅,环境治理合作趋于深度化,由"环境

---

① 《习近平著作选读》第二卷,人民出版社 2023 年版,第 94 页。

问题制造者"向"环境治理倡导者"积极转变。

从村民主体来看,随着城乡融合的持续推进,城乡要素资源流动加速,加之信息化数字化的广泛普及,农民的视野不断开阔,思想观念和行为选择更具时代性和开放性,参与乡村公共事务意识不断提升,参与乡村经济发展和乡村环境治理自觉进一步增强。此外,在乡村生态振兴和生态宜居乡村建设过程中,村民环境意识逐渐觉醒,对自身环境权益和环境公共事务的关注度提升,改善环境的意愿愈发强烈,注重自身环境知情权、参与权、表达权与监督权的行使,不仅在政策制定中希望体现自身环境利益诉求,也期待在政策执行环节发挥环境监督作用,提升生态环境保护和治理的运行效率与透明度,为乡村生态环境协同治理提供了基础性主体力量。

从社会组织来看,随着政府职能的转型,社会组织逐渐成为社会治理的重要力量。社会组织一般不以营利为目的,主要从事各种志愿性公益活动,具有民间性和自治性。随着农村土地流转制度和集体产权制度改革的加速推进,农民专业合作社、家庭农场和"公司+农户"等新型经营主体蓬勃发展。在此背景下,农民组织化程度日益提高,农民的集体精神和集体意识焕发出来,社会组织在乡村治理中扮演越来越重要的角色。一是通过参与集体经济决策、乡村产业发展以及环境整治等与村民利益相关的公共事务,社会组织民参与乡村公共事务的主动性增强。二是通过把农民组织团结起来,构建合作协商平台,使得农民的利益诉求找到了表达途径,与村"两委"、乡镇政府进行协商对话的社会效果明显,参与乡村公共事务协商的积极性提高。三是通过有效协调农民的诉求和行为,将分散性、碎片化的参与转化为组织化、规范化参与,引导农民加入各类行业协会和专业群体,社会组织成为农民与政府之间的沟通桥梁。农村社会组织纽带桥梁作用的发挥,夯实了乡村生态环境协同治理的社会力量。

### 三、数字技术的广泛应用

大数据、云计算、人工智能、区块链信息技术的快速发展,改变了人们的生活方式和交往方式,为推动社会治理革命性变革和高质量发展提供了重要引擎。顺应数字时代发展和乡村全面振兴要求,2021 年中央一号文件提出"实施农村人居环境整治提升五年行动"及"数字乡村建设发展工程"。2022 年中央一号文件强调"大力推进数字乡村建设,以数字技术赋能乡村公共服务,推动'互联网+政务'向乡村延伸覆盖"。《数字乡村发展战略纲要》提出,"着力发挥信息化在推进乡村治理体系和治理能力现代化中的基础支撑作用,繁荣发展乡村网络文化,构建乡村数字治理新体系。"[①]党的二十大报告提出,要健全现代环境治理体系,推广数字化治理方式,提升环境基础设施建设水平,有效推进农村人居环境治理。随着一系列相关政策的出台,推动乡村数字化建设取得了明显成效,为数字技术赋能乡村生态环境协同治理提供了技术支撑。

一方面,乡村数字化基础设施更加完善。一是物联网、大数据、人工智能、区块链等信息系统融入乡村建设速度加快,光纤与 5G 网络覆盖范围更加宽广,乡村电子政务、网络商务和农技信息服务普遍推广。二是数字技术在乡村产业、仓储物流、水利灌溉方面的应用更加广泛,卫星遥感技术、无人机、高清远程视频监测系统在规模化农业生产中大量应用,跨乡镇、跨部门的数据共享平台逐渐建立,相关信息可以通过各端口进入数据共享平台,实现了信息资源的开放共享。三是乡村地

---

① 《数字乡村发展战略纲要》,人民出版社 2019 年版,第 76 页。

区数据资源与信息技术安全得到加强,基层政府积极拓展与网络服务运营商、科研院校的合作,数据采集与共享、数据风险与信息管理更加规范,乡村信息基础设施安全维护有了坚实保障。另一方面,农民的信息化能力有所提升。调查中发现,各县镇依托农技推广中心,通过专班集训、网络信息专题讲座、在线网上学习、现场观摩示范等方式,积极开展大数据治理培训,提升农民获取信息和处理信息能力,鼓励农民应用信息化软件,借助网络平台更加便捷获取相关信息。大量实效性培训的开展,提升了农民信息化、智慧化技术应用能力。

同时,以数字技术推进乡村生态环境协同治理具有鲜明的优势。一是能够重建人们对环境的认知。以往人们对环境的认知依赖直观感受获取,这种方式下获取的环境信息不能准确反映环境质量真实状况,数字化的发展使得复杂的环境信息可以转化为计算处理后的数字符号和直观画面,人们基于数字化环境质量信息更容易达成共识,有利于形成共同的环境治理计划与目标。二是能够重塑多元主体的环境行为。随着数字化信息技术的广泛应用,政府环境执法监督可以从线下转到线上,从环境污染发生之后的事后执法,转变为基于数字观测和比对的预防性执法。三是能够促进环境信息的及时公开与跨时空共享。环境信息数字化打破了时空限制,畅通了信息传播渠道,加速了跨时空扩散,方便多元主体在不同时空即时获取信息,拓展了环境信息的传播区域与覆盖范围,使得多元主体跨时空沟通交流成为可能,增强了环境保护监测监管、风险预警和联合执法能力。四是能够拓宽环境治理主体范围。数字技术在环境治理中的广泛应用,为解决日益复杂的环境问题带来新的机遇,多元主体能够依托数据信息获取治理上的优势,通过数字技术跨时空参与环境治理。在此背景下,参与环境治理的主体范围得以不断扩大,为乡村生态环境协同治理提供了信息获取和主体参与上的便利。

总之,随着政府职能的转变和环境政策的优化,多元主体治理能力的不断增强以及数字化技术的广泛普及,为乡村生态环境协同治理提供了政策环境、主体能力以及信息技术上的支撑。加之《环境信息公开办法(试行)》《关于推进环境保护公众参与的指导意见》《环境影响评价公众参与办法》等鼓励公众参与环境治理文件的出台,以及"建设社会治理共同体"精神的落地见效,共同为乡村生态环境协同治理奠定了可行性基础。

## 第三节　协同治理的要素构成

乡村生态环境协同治理是基层党组织、基层政府、村委会、乡镇企业、村民以及社会组织等多元治理主体,综合运用经济、行政、法治等手段以及数字化信息技术工具,对造成乡村生态环境破坏的违法行为进行管控,对影响乡村生态环境质量的生产生活方式进行调节,促进环境效益、经济效益和社会效益有机统一的系统性、整体性过程。治理过程的顺利开展和治理目标的实现,需要将治理主体、治理手段和治理机制等要素有效协同。

### 一、治理主体

#### (一)基层党组织

"乡镇党的委员会和村党组织是党在农村的基层组织,是党在农村全部工作和战斗力的基础,全面领导乡镇、村的各类组织和各项工作。"[1]

---

① 《中国共产党农村基层组织工作条例》,中国法制出版社 2019 年版,第 1 页。

《乡村振兴战略规划(2018—2022年)》指出:"坚持党管农村工作。毫不动摇地坚持和加强党对农村工作的领导,健全党管农村工作方面的领导体制机制和党内法规,确保党在农村工作中始终总揽全局、协调各方,为乡村振兴提供坚强有力的政治保障。"《关于加强和改进乡村治理的指导意见》指出,"建立健全党委领导、政府负责、社会协同、公众参与、法治保障、科技支撑的现代乡村社会治理体制""完善村党组织领导乡村治理的体制机制"。2022年中央一号文件提出:"充分发挥农村基层党组织领导作用,扎实有序做好乡村发展、乡村建设、乡村治理重点工作,推动乡村振兴取得新进展、农业农村现代化迈出新步伐。"2023年中央一号文件强调,健全党组织领导的乡村治理体系,强化农村基层党组织政治功能和组织功能,强化县级党委抓乡促村责任,深入推进抓党建促乡村振兴。这些重要论述,彰显了农村基层党组织在乡村治理和乡村振兴中的领导地位,在乡村生态环境治理中,农村基层党组织对其他主体起着领导和引领作用。

### (二)基层政府

"政府"这一概念可以从狭义和广义两个角度来理解,狭义上的政府主要指国家行政机关。广义上的政府指向与国家机器职能相对应的所有国家机关,包含立法机关、行政机关、司法机关、军事机关等。根据权责职能的不同,可以分为中央政府和地方政府。中央政府是指国务院及其所属部门,负责统领全国经济、政治、文化、社会、生态等方面的行政事务。中央政府对环境保护起统领作用,其主要职责是构建生态文明体系,推进生态文明体制改革,防范生态环境风险,提高环境治理水平,全面推动绿色发展。地方政府包括省、市、县、镇四级人民政府。地方政府主要负责执行中央政府制定的环境政策,对所辖行政区域的环境承担保护责任。《环境保护法》第六条规定:"一切单位和个人都有保护环境的义务。地方各级人民政府应当对本行政区域的环境质量负责。"政府在农村环境治理中发挥主导性作用,中央政府主要负责治理制度和治理政策的顶层设计,地方政府负责环境治理政策的具体执行和落实。就中央政府而言,主要提升环境治理制度和政策的科学性和适用性。就地方政府而言,主要提高对乡村生态环境治理的思想认识,充分理解中央政府的整体规划并贯彻落实。同时,地方政府各职能部门也是重要的主体,通过整合部门资源,加强环境治理部门间的有效协同。

乡村生态环境治理一般由县级政府和乡镇政府具体执行,因此本书使用"基层政府"这一概念,基层政府主要指县级政府和乡镇政府,包含县级政府和乡镇政府各职能部门。其中,县级政府是市级政府与乡镇政府、行政村联系的中间桥梁,主要负责县级辖区内行政事务。乡镇政府是我国行政体制中最基层的行政机关,管理乡镇区域内的行政工作,负责落实国家方针政策和履行基本治理职能。在乡村生态环境治理中,县级政府和乡镇政府共同制定辖区内环境治理规划,提供资金、技术、信息支撑,不断满足农民群众日益增长的优美生态环境需要,推动乡村环境治理,改善乡村生态环境,促进生态宜居美丽乡村建设。基层政府在乡村生态环境治理过程中发挥主导作用,负责统一组织、系统规划和实施落实。

### (三)社会组织

社会组织又称"非政府组织""非营利组织""志愿组织"等。党的十六届六中全会通过的《中共中央关于构建社会主义和谐社会若干重大问题的决定》,首次提出和使用了"社会组织"这一概念,并对社会组织的培育发展和监督管理问题进行了系统论述。一般而言,社会组织分为广义与狭义两种类型,广义社会组织是指除政府及营利组织之外的其他社会中介性组织。狭义社会组织指纳入民政部门登记注册的社会团体、民办非企业单位和基金会等组织。从服务社会角度来看,社会组织主要指开展各种志愿性、公益性活动的非政府组织。农村社会组织主要指由农民自发成立创建的,活动范围在乡村地区,参与主体为农民,以维护乡村公共利益和农民权益为主要目标的非政府、非企业组织。农村社会组织将分散的村民组织在一起,改善了农民原子化分散状态,解决了组织化程度低下问题,具有灵活性高、组织性强、与农民融合度深等特点,可以有效凝聚和组织其他主体参与乡村环境治理,是乡村生态环境协同治理的重要推动力量。

### (四)乡镇企业

乡镇企业的快速发展,促进了乡村经济增长,增加了地方政府财政收入,提高了农民收入,带动了乡村产业发展。作为经济活动的主要参与者,乡镇企业发展也带来了乡村环境污染的风险和隐患,既是污染排放的行为主体,也是环境治理的责任主体,担负着不可推卸的环境责任。只有充分激发乡镇企业参与环境治理的积极性,发挥环境治理的主体性作用,使环境责任意识内化为企业价值追求和生产经营自觉,才能有效提升环境治理效能。乡村生态环境治理中,亟须统筹企业发展与乡村环境保护协调发展,引导乡镇企业追求经济利益的同时兼顾生态效益,履行环境责任。这既关系到乡镇企业的可持续发展,也关系着乡村经济的高质量发展,影响着乡村生态振兴和乡村全面振兴。当前,应按照"谁污染,谁治理"或"谁污染,谁付费"原则,加强乡镇企业环境履责,承担环境污染治理责任,将环境负外部性内部化。同时,加强环保部门和社会组织对乡镇企业环境履责的常态监督。按照《企业事业单位环境信息公开暂行办法》,乡镇企业需要在资源开发与利用、废气废水废渣排放等环节及时公布环境信息。

### （五）村民委员会

村民委员会是村民自我管理、自我教育、自我服务的基层群众性自治组织,村民委员会下设人民调解、治安保卫、公共卫生等委员会,负责组织协调本村的公共事务和公益事业。村民委员会每届任期五年,届满应当及时举行换届选举,成员可以连选连任,向村民会议、村民代表会议负责并报告工作。村民委员会是乡村生态环境治理的基础性力量,具有不可替代的环境治理优势。一方面,村民自治组织具有灵活性和创造性。村委会不属于政府体制,与由上到下、由外到内的政府体制相比,村委会贴近乡村现实,了解当地环境状况,能够提出符合当地实际的环境治理策略,也能够针对本村生态环境问题提出适合的解决方案。另一方面,村委会对分散污染源治理具有规模上的效益优势。无论是禽畜粪便、农户生活污水,还是"村村点火、户户冒烟"的工业污染,"各自分别处理"效率较低,通过村委会"集中治理"可以降低治理成本。村委会还可以通过加强德治推动乡村生态环境治理,环境意识一旦成为村民公德,个别村民破坏生态环境的行为就会受到其他村民的共同谴责,环境制度和规则在村集体层面容易被认同,成为共同遵守的行为准则。发生环境问题时,由村委会组织农户进行环境维权还可以降低维权成本,有效维护农民环境权益。

### （六）村民

村民是居住并受行政村组织管理的具有农业户籍的自然人。"居住"和"拥有农业户籍"是村民的鲜明特征。村民是村民自治的主要主体,村民不仅是环境治理的受益者,更是环境治理的参与者、建设者和监督者。在乡村生态环境治理中,要全方位、多形式加强宣传教育,以多样化方式提升村民环境意识,鼓励村民参与环境治理决策,成为乡村生态环境治理的执行者和监督者。同时,也要加强村民与基层党组织、基层政府、乡镇企业、社会组织及村委会的有效协作,共同促进乡村生态环境的永续发展。

## 二、治理手段

治理手段是指多元主体在乡村生态环境治理中使用的工具和方式,一般包括行政手段、法律手段、经济手段和第三方治理等。多元治理主体综合运用这些手段限制损害环境的活动,通过统筹规划和多举并重促进环境质量提升。

### (一)行政手段

行政手段是政府行政权力部门为了达到环境治理目标,采取的直接影响市场主体环境行为的限制性和引导性行政干预方式。政府行政权力部门是环境行政手段实施的行政主体,经济活动主体的环境行为是环境行政手段的约束对象,维护公共环境利益是环境行政手段的主要目的。从是否具有强制性划分,环境行政手段分为命令控制型和经济激励型两种类型。命令控制型行政手段是指政府通过立法或规章制度的形式确定环境政策目标,并以行政命令的方式要求企业和个人严格遵守,对于违反环境法律规定的企业和个人给予相应处罚的制度安排。限期治理、"三同时"制度①、环境影响评价、环境标准、查封扣押、限产停产、行政拘留、关停并转、环境行政督察等工具,属于典型的命令控制型行政手段。

经济激励型行政手段是以市场为导向,通过价格、税收、收费、补贴、信贷等方式,引导环境参与主体对环境污染行为进行有效控制的方

---

① "三同时"制度是指建设项目中防治污染的设施,应当与主体工程同时设计、同时施工、同时投产使用。防治污染的设施应当符合经批准的环境影响评价文件的要求,不得擅自拆除或者闲置。

式。经济激励型行政手段又分为经济激励型、信息规制型和协商式行政手段。经济激励型行政手段主要包括排污权交易、环境税、减免优惠、环境补贴、生态补偿等。信息规制型行政手段是指为了实现环境治理目标而利用信息方式进行规制的手段，主要包括环境监测、环境认证、企业环境信息强制公开、环境行政黑名单等。协商式行政手段是行政主体通过协商沟通和参与合作等柔性方式，在协商合作的基础上间接推动环保政策、环保法规及相关标准的贯彻和落实，环境行政约谈是主要的协商式行政手段。环境行政约谈是指为了防止环境污染的发生或扩散，在行政相对人已经或者将要出现环境违法行为时，通过对话协商机制，用约请谈话的方式对环境参与主体进行警示、教育和监督，以此促进社会公众自觉改进环境行为，提高环境守法意识，自觉承担环境保护责任。

**（二）法律手段**

法律手段是通过法律规定环境权利与义务，以国家强制力推进环境保护和环境治理的方式。环境法律是环境权利义务和规则制度的载体，以国家强制力约束企业主体、社会组织和社会公众执行环境保护制度，承担环境保护责任，履行环境保护义务。1973 年通过的《关于保护和改善环境的若干规定》是我国第一个具有法规性质的环境保护文件，1979 年《环境保护法（试行）》的颁布标志着我国运用法律手段保护和治理环境的开始，经过长期的发展完善和不断创新，我国已经形成了以宪法为根本，以环境保护法律为核心，以环境法规、地方性环境法规、部门环境规章为补充，以刑法为最终保障的比较完善的环境法律体系。1983 年 12 月召开的第二次全国环境保护会议，明确将环境保护确定为基本国策，随后《海洋环境保护法》《水污染防治法》等一系列环境保护法律出台。这一时期，环境治理以行政约束为主、以经济调节为辅,环境标准制度、建设项目环境影响评价制度、排污许可证制度、"三同时"制度、限期治理制度陆续建立起来。

以党的十四大确立社会主义市场经济体制改革目标为分水岭,突出了经济方式对环境行为的调节,排污收费制度、排污交易制度、企业环境目标责任制度、排放水污染物许可证制度相继建立,《大气污染防治法》《水污染防治法》《海洋环境保护法》等法律进一步完善,《固体废物污染环境防治法》《环境噪声污染防治法》《清洁生产促进法》《环境影响评价法》《放射性污染防治法》等法律法规陆续出台。2003 年以来,契合可持续发展、科学发展和绿色发展理念,我国环境法律的立法从防治污染转变为保护优先,陆续对《宪法》《环境保护法》《刑法》进行了修订,制定了《循环经济促进法》《环境保护税法》《土壤污染防治法》等环境法律法规,环境治理从行政主导转变为各类主体的合作共治,环境治理的市场化特色更加鲜明。生态补偿、生态修复、环境税、公益诉讼等一系列制度的实施,使得环境法的内容更为完善、可操作性更强,适应了生态文明建设对法律法规制度供给的需求。

### (三)经济手段

环境治理具有典型的外部性特征,需要运用经济手段使外部不经济内在化。《中国 21 世纪议程——中国 21 世纪人口、环境与发展白皮书》明确提出,要通过调整各种经济政策,使市场价格准确反映经济活动造成的环境代价,运用经济手段和其他面向市场的方法促进可持续发展。在乡村生态环境治理中需要将政府干预和市场调节相结合,综合运用多样化手段共同促进乡村环境治理目标的实现。随着我国市场经济体制的不断完善,以市场化为基础的环境治理经济手段被广泛应用,市场在环境治理资源配置中发挥了决定性作用。经济手段是从影响成本与收益关系出发,通过市场机制引导经济主体进行选择,使资源开发和环境影响达到最优平衡点,以此提高环境治理效率。经济手段的基本特征是从经济利益角度协调污染方和被污染方的经济关系,达到限制不利于环境的行为和调动保护环境积极性的目的。经济手段为环境参与者提供了多种选择,环境参与主体通过成本与收益的比较,可以选择成本既定时的环境效益最大化,也可选择环境效益相同时成本的最小化。即通过经济利益的调节,引导经济活动主体对成本收益进行理性选择,从而改变环境行为决策,引导经济活动主体处理好经济发展同环境保护的关系,树立起"保护环境就是保护生产力,改善生态环境就是发展生产力"的理念。经济手段形成了市场化的激励约束机制,调节着经济主体的环境行为。

排污收费、环境税和排污权交易是最常用的经济手段。排污收费是按照"谁污染,谁付费"的原则,由相关部门对利用环境资源作为排污、纳污和净污场所,引起环境污染性损害的行为收取费用的环境治理手段。排污收费强调污染环境应承担责任,其目的是通过经济杠杆作用促使污染者控制污染排放。环境税是政府为实现特定环境目标而征收的一系列税种的统称。在征收环境税时,可以对污染行为征税促使污染者减少污染,也可以对有利于防止污染的行为给予优惠,激励保护环境。排污权交易是在环保部门的监督管理下,排污企业之间以排污权指标为标的进行的交易活动。排污权交易主要包括两个环节,一是政府管理机构确定污染控制总量,并向企业发放排污许可证,企业根据排污许可证向特定地点排放特定数量的污染物,即实行排污许可制度。二是排污许可证赋予的排污权可以通过市场交易。由于排污许可证所允许的污染物排放总量是有限的,排污权通过市场自由交易,从治理成本低的企业流向治理成本高的企业,有利于整个社会以最低成本实现污染物总量的减排,促进环境治理目标的实现。

### (四)第三方治理

党的十八届三中全会通过的《中共中央关于全面深化改革若干重大问题的决定》首次提出了环境"第三方治理"这一概念,指出要在促进环境保护市场发展的基础上,进一步建立并完善排污权、碳排放权交易和节能量交易等制度,健全环境保护的市场化机制,吸引社会资本投资环境保护领域,推行环境第三方治理模式。2015年国务院办公厅发布了《关于推行环境污染第三方治理的意见》,提出要以工业园区、环境公用设施等领域为重点,以市场化、专业化、产业化为导向,建立健全第三方治理市场,并对第三方治理的内涵作出了具体规定,指出第三方治理是相对于传统治理模式下政府环境行政主体和排污主体两方而言的。2017年环境保护部出台了《关于推进环境污染第三方治理的实施意见》,传统"谁污染,谁治理"模式只涉及排污企业和环境行政主体两方主体,第三方治污企业参与环境治理后,在环境治理系统中就有了排污企业、环境行政主体和第三方治污企业三方主体,因此治污企业被称为"第三方",第三方治理强调"谁污染,谁付费"的市场化调节。

根据委托主体的不同,第三方治理可以分为"企业与企业合作"和"政府与企业合作"两种方式。"企业与企业合作"下委托治理方为排污企业,排污企业需要和第三方治污企业签订环境治理民事合同,并委托第三方治污企业进行污染治理。"企业与企业合作"模式又分为"建设运营"和"委托运营"两种方式,"建设运营"方式下,排污企业与第三方治污企业彼此相互独立,排污企业产生污染物后,将污染物委托交付给第三方治污企业展开治理,第三方治污企业持有污染治理的专用设备并对污染物进行治理。"委托运营"方式下,排污企业自行控制污染物,治污设备所有权归排污企业,第三方治污企业仅负责管理设备,进行治污运营管理。"政府与企业合作"方式由环境行政主体即政府部门委托第三方治污企业进行环境治理,政府部门由单一的监管者转变为合同的当事方。该种方式下又有"特许经营"和"政府购买环境服务"两种方式。"特许经营"是指治污企业通过招投标等方式获取环境治理服务权利,并通过和政府部门签订协议获得授权,从而成为提供环境治理服务的特许经营者。政府购买环境服务属于 PPP 模式,政府和社会资本以合作协议的方式提供公共环境治理。《关于在公共服务领域推广政府和社会资本合作模式的指导意见》规定,政府购买环境服务和社会资本签订协议,其和社会资本法律地位平等、权利义务对等,合作协议要明确规定双方权利义务,由政府按约定支付相应费用,治污企业提供环境治理服务。

### 三、治理机制

#### (一)协商民主机制

"协商民主是中国社会主义民主中独特的、独有的、独到的民主形式。有事好商量,众人的事情由众人商量,是人民民主的真谛。在人民内部各方面广泛商量的过程,就是发扬民主、集思广益的过程,就是统一思想、凝聚共识的过程,就是科学决策、民主决策的过程,就是实现人民当家作主的过程。"[1]新《环境保护法》设立了信息公开和公众参与专章,专门阐述了鼓励社会公众参与环境保护的原则。新《环境影响评价法》指出,应鼓励有关单位、专家和公众参与环境影响评价,编制机关应当认真考虑有关单位、专家和公众对环境影响报告草案的意见。作为国家根本法的《宪法》为公众参与环境治理提供了合宪性基础。新《环境保护法》设信息公开和公众参与专章,体现了对公众参

---

① 《习近平新时代中国特色社会主义思想学习纲要(2023 年版)》,学习出版社、人民出版社 2023 年版,第 176 页。

与环境保护的高度重视。新《环境影响评价法》具体规定了建设项目实施对环境造成不良影响时，公众表达意见和建议的方式。这些都为环境治理中协商民主机制的构建提供了广泛的、全面的法律保障。环境治理协商民主机制是指在乡村生态环境治理中，基层党组织、基层政府、乡镇企业和公众代表就乡村生态环境治理中的相关问题，公平公正地按照程序规范进行平等协商，达成环境治理共识的过程和方式。这一机制能够通过协商达成环境共识，形成环境认知的最大公约数，优化公众环境保护决策参与权，有效回应多元环境主体的不同利益诉求，实现环境决策的民主化和科学化，维护环境的公平与正义。

环境协商民主机制一般包括环境协商之前的准备、环境协商活动的开展和协商结果的处理三个方面的内容和基本程序。环境协商前期准备是指通过大量的实地调研和对环境状况的了解，向社会公众广泛征集环境协商议题，并参照议题的重要程度和迫切性，明确协商议题准备进行协商与沟通。环境协商前期准备为协商的顺利开展奠定基础。环境协商活动的开展一般是在明确核心协商议题之后，依据实际环境信息及专家意见制作议题手册，明确参与协商人数，选择协商会场，制定协商议程并开展协商讨论的过程。通过参与协商讨论，多元主体提出环境利益诉求并对他人的意见进行反思，从而达成环境议题共识。环境协商结果处理阶段的主要任务是形成环境协商结论报告，告知协商参与主体并对协商结论进行处理及反馈。环境协商民主机制的不断健全，能够促进形成基层党组织、基层政府、村委会、社会组织及农民等多元主体共同参与的环境治理共同体，促进乡村环境事务作出更加科学合理的判断与决策，提升乡村生态环境治理的人民性，促进乡村生态环境治理效能的提升。

### （二）监督约束机制

为促进乡村生态环境协同治理依法合规、公平公正,还需健全监督约束机制,对基层党政权力运行、乡镇干部作风和环境治理决策进行监督,提升乡村生态环境治理的科学性和规范性。健全监督约束机制,需要创新监督体系,拓宽监督渠道,完善监督机制,为推进乡村生态环境有效治理提供监督保障。当前,乡村的监督组织主要包含三种类型,即不直接参与具体环境治理的县及县以上国家政权组织,直接对环境治理进行指导的县级职能部门、乡镇政府,以及自我监督的村级自治组织和普通村民。这3类监督主体各自有相应的职责范围和权利义务,对乡村环境治理监督发挥着不同的作用。同时,受信息化网络化影响、政务公开的不断扩大和民众参与环境治理意识的增强,现代传媒舆论监督也对乡村环境治理起着监督作用,多种监督方式相互补充、相互促进。

县级以上国家政权主要指中央、省级和省辖市三级,这三级国家政权不直接对乡村生态环境治理进行具体指导,对环境治理的监督影响主要通过制定法律法规和规章制度,以制度维护乡村环境治理秩序。全国人大及其常委会制定的法律、国务院的行政法规、省市人大制定的地方性法规,以及各级政府制定的各项政策,都对乡村生态环境治理起着监督约束作用,乡村生态环境治理需要在法律和制度框架内依法依规进行。省级地方行政建制为了推进乡村生态环境治理的有序化,一般会在《宪法》和新《环境保护法》框架下,发布切合本地实际的地方性法规和规章,对乡村生态环境治理监督起到调控和指导作用。县级政权是直接面对农村基层、功能完整、机构健全的地方政权实体,其主要任务是将国家和省市的法律、法规文件进一步具体化,提升操作性和应用性。

　　基层党组织作为乡村生态环境治理中的领导角色,会结合乡村发展实际和乡村环境治理目标,对环境治理的指导原则、主体内容、方式方法进行明确,分阶段、分步骤对治理规范进行统筹,按照法律法规和规章制度指导村"两委"展开环境治理,提升乡村环境治理的规范性。乡镇政府是与乡村建立直接互动关系的政府部门,承担着政策落地实施和向上级政府部门反映乡村问题的职责,负责对乡村发展进行具体指导,与乡村环境治理关系最为直接。乡镇政府作为乡村环境治理的指导者,是乡村环境治理过程中公共资源的主要提供者,也是治理成效的主要考核者,在乡村生态环境治理中发挥着主导作用。村支部委员会和村民委员会既是乡村环境治理的主要参与者,也是乡村环境治理中民主监督的组织者和实施者,接受村民监督和自我监督。村务公开是乡村环境治理监督的有效途径,也是村民参与监督的主要形式。《中华人民共和国村委会组织法》对村务公开的形式、内容作出了明确规定,村务公开是村民自治得以落实的重要保障,村干部负有保障村务公开的责任和义务。在村民自治过程中,村民既是自治主体,也是监督主体;既通过村民代表会议等形式参与环境治理,也对村委会和村民代表的环境治理行为进行直接监督。村民民主评议是监督的主要方式,主要通过村民会议和村民代表会议审议村委会及其成员的工作,督促村委会及其成员规范治理行为、改进工作方式。健康文明、风清气正的乡村环境监督生态,能够为乡村环境治理提供良好的外部环境,确保国家环境政策部署得到全面有效地贯彻落实。

### (三)奖惩激励机制

　　奖惩激励机制是为了满足乡村环境发展的良好秩序和实现可持续发展目标,通过利益引导,将环境治理与乡村发展密切结合,促使企业主体、社会组织和农民等环境主体主动参与环境保护的制度体系。奖惩激励机制一般包含经济型激励、权利型激励和奖励型激励。经济型激励是将环境主体的环境行为与经济效益相联系,以经济利益激励约束环境主体行为,来实现环境治理目标的激励方式。按照激励主体的不同,经济型激励可以分为政府主导和市场主导两种类型。政府主导型激励是政府通过征收相应的环境税费、财政补贴和金融支持,影响环境行为主体的行为选择。市场主导型激励通过排污许可证交易制度和押金退款制度等市场规律,影响环境行为主体行为选择。排污许可证交易制度要求环境行为主体按照排污许可证的要求排放污染物,减少排污带来的排污许可结余可以进行交易以获取经济利益。押金退款制度的目的在于激励潜在的污染者,采取措施避免污染发生,以押金返还方式激励环境行为主体加大环境保护。权利型激励通过调整权利义务关系,激励环境行为主体保护环境。权利激励包括赋予特定主体权利和赋予一般主体权利。研究环保新技术的个人或团体可以获得环境专利权,属于赋予特定主体权利。环境参与权、环境知情权针对的是广大公民,属于赋予一般主体权利。新《环境保护法》将"公众参与"作为环境保护的原则,在环境法中加强公民环境权的落实,赋予了环境行为主体环境治理更多权利。奖励型激励是对环境友好行为给予物质和精神上的褒奖,环境友好行为包括环境举报和环境贡献,环境举报奖励主要是对举报环境违法行为的单位和个人给予奖励,环境贡献奖励主要激励环保科学技术研发和环保公益活动。不同激励机制交叉重叠综合应用,能有效促进环境奖惩激励机制目标的实现。

### (四)绩效考评机制

绩效考评机制是运用科学的方法、标准和程序,设计考评指标和考评方案,以规范的考评程序对多元主体参与环境治理的效果进行考核评价,并通过绩效诊断和反馈进一步促进环境治理。环境绩效考评涵盖了政府环境职能履行情况、不同部门环境治理改善情况、治理组织及其人员的绩效水平等。环境绩效考评机制包括考评主体、考评指标和考评内外部环境等要素,其中考评主体在绩效考评中处于核心地位,负责考评过程的规划设计及相关各方的关系协调,是治理绩效信息的"收集者"和治理绩效评价的"研判者",考评主体的行为选择会影响绩效考评结果。通过对环境治理效果的阶段性评估,描述环境的变化及发展形势,提高社会公众的环境意识、评价环境治理效果。绩效考评机制以环境保护为导向和约束,将环境发展转化为可操作的具体考评指标,贯穿到考评的目标、标准和方法中,提高多元主体对环境保护和治理的重视。

在具体实施中,环境绩效考评机制需要重点解决好对环境问题的识别。环境问题的识别是对环境评价指标体系进行构建的过程,根据构建的指标体系开展数据的收集和考评标准的设置。绩效考评指标体系的科学性决定了绩效评价的成效。乡村环境绩效考评指标体系需要针对乡村环境的突出问题,反映当前和未来一段时间乡村环境治理的发展趋势。指标体系的构建一般要遵循可操作性原则和因地制宜原则。可操作性原则是指乡村环境绩效考评指标,必须针对乡村环境实际设置,协调考评指标理论评价上的重要性与实际操作上的可行性,将现行通用的统计指标与污染控制专项、连片综合整治、清洁生产等关联紧密的指标相结合,考虑环境绩效评估指标的可靠性和灵敏性,及时跟踪和体现乡村环境变动情况。因地制宜原则是在评价指标选择时要结合各地乡村发展的实际情况。由于我国乡村地域宽广,不同区域乡村经济发展水平不同,生态环境治理的重视程度和组织程度不一,环境问题形成的原因错综复杂。因此,在制定环境绩效考评机制时,应考虑到各地乡村的现实条件,体现各区域乡村的差异性。

# 第四节  协同治理的基本原则

随着新时代我国社会主要矛盾的转变,农民对优美生态环境的需要不断增长,对环境治理提出了更多新期盼。立足宜居宜业和美乡村建设的目标要求,结合乡村生态环境问题的复杂性、多样性和交互性特点,乡村生态环境协同治理需要遵循合法性、民主性和科学性的基本原则,保证乡村生态环境治理的有序进行和治理目标的有效实现。

## 一、依法治理原则

依法治理是乡村生态环境协同治理应该遵循的基本原则,乡村生态环境治理必须以相应的法律法规为依据,严格按照相关法律法规进行,遵守法律法规的规定,引导多元主体树立法治思维和法治意识,在法律允许的范围内开展环境治理,履行环境义务。党的十八届四中全会明确指出,全面依法治国是坚持和发展中国特色社会主义的本质要求和重要保障。乡村生态环境依法治理的核心,是运用法治思维和法治方式推进乡村生态环境治理创新,依靠法治来凝聚基层党组织、基层政府、企业主体、社会组织和农民等多元主体共识,约束多元主体治理行为,促进多元主体各负其责、相互协作。依法治理主要包括治理程序合法、治理权限合法、治理手段合法和治理主体合法四个方面,要求程序公正、主体清晰、程序规则和治理行为符合法律要求。治理主体必须严格依照法律规定,不能创设任何权利,不得在法定规定范围外行使权力,任何违反法律的行为必须追究,并对相关主体和工作人员进行相应的法律制裁。

按照依法治理原则,乡村生态环境协同治理中涉及的多元主体,必须按照法律的规定和要求,纳入具体的法律规范,治理行为只有在合法性的前提下,才能保证产生的治理效果与多元主体的环境利益一致。行为的合法性分为形式合法与实质合法两部分,形式合法指的是相关行为与具体法律规定的一致性,即通过合乎法律的具体规定,确立相关行为本身的合法性。实质合法则不仅要求主体的行为同法律规定一致,而且要求符合绝大多数主体的利益。形式合法是乡村生态环境治理的前提基础,实质合法是乡村生态环境治理效能的根本保障,通过法治保障功能的发挥,增强乡村生态环境治理主体间的协同,发挥法治固根本、促效能、利长远的重要作用,保障治理主体参与乡村生态环境治理的规范有序和有法必依。

## 二、协商治理原则

协商治理原则是乡村生态环境协同治理应遵循的主要原则,乡村生态环境问题具有的复杂性和多样性,使得政府单一主体在环境治理过程中面临诸多困境,通过多元主体的平等协商,引导不同主体的环境主张达成共识,能够实现最广泛的环境利益,增强治理过程的透明度和公正性。这就要求农村基层党组织、基层政府、村委会、村民、企业等环境利益相关者在治理中互相配合、有效协作,发挥各自比较优势,协同推进乡村生态环境治理。基层政府要制定明确的协商规则,积极整合人力物力和资金资源,激发多元主体参与环境治理积极性,发挥有效的引导协调作用。村委会与村民具有信息优势,更为了解乡村环境问题的现状和根源。多元主体通过平等协商,将政府部门的顶层设计与非政府主体的治理优势相结合,提升乡村生态环境治理的科学化和民主化。

从本质上讲,乡村生态环境协同治理是多元主体通过平等协商的方式实现对乡村环境的合作治理。"在现代国家,经济、社会的多元分化是内在的必然,这种必然趋势使得现代国家在创造多元一体的同时,也在孕育和发展着一体多元。所以,要保持多元能够一体地存在于现代国家与社会之中,除了需要统一的法律和制度规范之外,还需要协调与协商,以便使多元的利益和要求能够获得协调,形成共识。"①协同的实现既依赖于多元主体间的协商合作,又有赖于民主的途径与方式。由于多元主体拥有的资源和能力具有差异性,在乡村环境协同治理中发挥的功能和作用具有互补性,这种差异性和互补性使得环境协同治理的整体效益得以最大化。乡村生态环境协同治理的顺利进行,需要主体间身份的平等、治理过程的协商和治理方案决策的民主,在基层党组织的领导下,坚持构建程序合理、环节完整的协商民主,不断拓宽基层党组织、基层政府、企业主体、社会组织和农民的协商渠道,在环境治理方案决策前和决策实施过程中进行广泛协商,通过主体间的协商与体现民主的制度设计,使多元主体充分沟通,促进彼此相互约束和相互制衡,实现环境治理目标。

协商治理原则不仅意味着乡村生态环境治理是政府和社会公众的协同治理,而且意味着政府权力的行使必须向公众公开,在信息公开的基础上,社会公众充分参与和监督。协商治理以尊重多元主体的环境利益为支撑,要求多元主体在公平公正价值指引下,对乡村环境治理问题进行平等对话。多元主体应在明晰权利与义务关系基础上相互合作,以平等身份共同参与治理,通过平等协商促进公共环境利益的实现,促成多元主体的结构性功能由分散走向整合,以此构建和谐共生的

①　林尚立:《政治建设与国家成长》,中国大百科全书出版社 2008 年版,第 185 页。

环境治理共同体。按照协商治理原则,乡村生态环境治理应充分考虑企业主体、农民以及社会组织的环境利益诉求,调动多元主体参与治理的积极性和主动性,做到信息公开、民主决策和民主监督。信息公开不仅是宪法和法律规定公众参与和监督权力行使的必要条件,也是开展协同治理的前提和基础,在乡村生态环境治理中应健全信息披露制度,通过报刊广播、电视网络、微信微博等渠道,及时准确公开环境信息和治理要求。民主决策对于保证乡村环境治理的公正性起着关键作用,通过汇聚多元主体的治理智慧,提出科学合理的治理方案。民主监督属于非制度性监督,以公众监督和举报反馈形式,保障多元主体的环境知情权、参与权和监督权,促进环境行政主体行使环境利益。

### 三、系统治理原则

党的二十大报告指出:"推进美丽中国建设,坚持山水林田湖草沙一体化保护和系统治理,统筹产业结构调整、污染治理、生态保护、应对气候变化,协同推进降碳减污、扩绿增长,推进生态优先、节约集约、绿色低碳发展。"[①]由于乡村环境问题形成具有复杂性,这就要求在乡村生态环境治理中坚持系统治理原则,树立整体性思维,全方位、全地域、全过程地系统协调环境治理中的各种问题,从整体出发协同系统各个要素与环节,用系统论的方法处理生态环境治理中的问题,对生活污水、生活垃圾、面源污染等协同治理,以更好满足农民群众对优美生态环境的需要。

系统治理原则,是指在乡村环境治理过程中,保证被决策系统内外

---

① 习近平:《高举中国特色社会主义伟大旗帜　为全面建设社会主义现代化国家而团结奋斗——在中国共产党第二十次全国代表大会上的报告》,人民出版社 2022 年版,第50 页。

联系处于被关注和考虑范围的原则,强调环境决策时要统筹兼顾整个系统及构成的相关环节的整体性,避免作出顾此失彼的不合理决策。系统治理原则不但可以衡量环境决策是否整体最佳,而且可以考虑是否与它相处的环境协调一致,要求把决策对象视为一个系统,以系统整体目标的优化为导向,协调各分系统的相互关系。按照系统性原则,乡村生态环境治理中既要坚持整体参与,提升乡村环境治理的人民性,又要坚持统揽全局,统筹考虑乡村环境中的各种问题,进行系统化、整体化治理。乡村生态环境治理是多元主体共同参与的治理系统,宜居宜业和美乡村建设是共建共治共享的事业,每个主体都是乡村生态环境的保护者、建设者和受益者,因此要坚持基层党组织全面领导,基层政府发挥主导作用,企业主体落实环境责任,村委会组织引领带动村民,把乡村生态环境治理内化为环境主体的价值共识,外化为自觉共同行动,促进乡村环境系统化治理。

协同思维是乡村生态环境系统治理的关键,要善于运用辩证方法观察问题、分析问题和解决问题。从自然环境的整体性角度看,要在乡村生态环境治理中坚持山水林田湖草沙是生命共同体的理念,在资源开发与环境建设时注重山水林田湖草沙各个要素之间的整体性联系。从人与自然关系角度看,处理好人与自然的关系是系统化治理的关键所在。历史和现实表明,人类对自然的开发和利用不能超过环境承载力,乡村生态环境治理需要协同经济发展利益与生态环境利益,引导多元主体改变生产生活方式和经济发展方式。一方面,要提倡简约适度的生活方式,综合运用经济、行政、法治、市场等手段协同治理生活污水、土壤污染、空气污染,引导环境行为主体倡导简约适度、绿色低碳的生活方式,倡导绿色消费。另一方面,要坚持山水林田湖草沙一体化保护和系统治理,全方位、全地域、全过程加强乡村生态环境治理,推动形成绿色发展方式和生活方式。

### 四、科学治理原则

科学治理是乡村生态环境协同治理应该遵循的重要原则,乡村生态环境治理必须符合客观规律,以科学的理论为指导,运用科学的治理手段,遵循科学的决策方法,提高环境治理的质量和效率。科学治理的关键是将尊重科学体现在乡村生态环境治理决策全过程。一方面,要做好环境决策的前期准备。要深入农民群众和乡村基层调查研究,获得真实信息和数据,保证决策建立在客观数据和客观事实基础上。建立科学的决策信息系统,保证决策者能够对信息进行有效处理。另一方面,要展开科学的决策程序。决策程序是决策的实质性和决定性步骤,决策前获得的数据信息只有通过相应的决策程序,才能产生科学的决策方案。在具体决策中,应首先根据数据信息形成不同的决策预案,通过对这些预案的讨论和评估比对,形成相对满意的决策结论。对于专业问题的认知和专业技术的应用,还需要组织相关领域专家进行专门的技术咨询和论证。为了保证决策的科学性,还应对决策程序进行监督,对决策失误进行问责。

依据科学治理原则,乡村生态环境治理中需要加强对科学技术成果的应用,以信息通信技术和大数据技术,改变环境治理主体之间的互动关系和互动模式,打破治理主体协同合作的时间和空间限制,促进环境治理的跨时空交流互动。由于不同主体对环境问题有不同的利益诉求,这一过程既是多元主体环境利益与治理理念碰撞的过程,也是多方协商形成环境共识的过程。落实科学治理原则,就需要增加乡村生态环境协同治理的制度供给,完善环境治理制度配套,强化环境治理制度执行,让制度成为乡村生态环境治理的刚性约束。一是建立健全环境信息公开制度,基层政府、乡镇企业等多元主体应及时公开环境行为和环境质量信息,形成常态化定期公布的环境信息发布机制,为多元主体沟通协商和参与治理提供信息上的保障。二是创建乡村生态环境长效监管制度。对影响环境的违法违规行为"零容忍",建立网格化环境监管体制,细分各类主体环境责任,严格监管污染物排放,强化对违法排污行为的执法监察和专项督察,禁止无证排污和超标准、超总量排污,建立生态保护修复和污染防治区域联动机制。三是完善环境权益保护制度。及时准确披露各类环境信息,保障环境知情权,规范环境资源利用权,完善环境信访投诉平台,健全举报、听证、舆论和公众监督等制度,深化对多元主体环境权益的保护。

# 第三章　乡村生态环境协同治理现状实证调查

　　乡村生态环境治理是全面推进乡村振兴的重要内容和关键环节，连续多年的中央一号文件强调"要坚决打好污染防治攻坚战，着力解决农村地区突出的环境污染问题，促进人与自然和谐共生，推动生态环境治理体系和治理能力现代化"。在基层党组织、基层政府、企业主体、村民和社会组织等多元主体的协同联动下，共建共治的乡村生态环境治理格局逐渐形成。当前乡村生态环境协同治理的现状如何，取得了怎样的成效，还有哪些需要解决的问题，对这些问题的回答是深化乡村生态环境协同治理的前提，也是进一步提升治理效能的客观依据和现实基础。本章主要依据 Bryson 跨部门协作模型要素制作调查问卷和访谈提纲，选择 D 省的 6 个县 37 个镇，对相关主体进行深度调研访谈，客观了解乡村生态环境协同治理的现状和面临的主要挑战，为后续研究提供客观依据和分析基础。

# 第一节 样本说明与数据来源

## 一、调研目的

乡村生态环境治理具有的公共性,意味着参与治理主体应具有广泛性。换言之,由于乡村生态环境治理涉及多元主体的环境利益与环境责任,因而需要加强协商统筹,建立多元主体协同参与的环境治理机制,促进乡村生态环境高质量发展。本次调研主要通过问卷调查、田野考察、人员访谈方式展开,通过调研获得第一手资料,运用 Bryson 跨部门协作模型对这些资料进行分析,进而探究乡村生态环境协同治理的有效性及影响因素,了解乡村生态环境协同治理的现状、成效以及面临的主要问题,调研期待达到以下目的。

第一,了解样本地区生态环境协同治理的现状。按照 Bryson 跨部门协作模型的五重维度与乡村生态环境治理不同主体的实际情况,制定具有客观性、科学性以及可操作性的调查问卷,科学编制调查问卷和访谈提纲,通过广泛的调研了解乡村生态环境协同治理现状。

第二,评估样本地区乡村生态环境协同治理的有效性。对回收的调研问卷进行数据整理和统计分析,结合实地考察和多主体访谈,对乡村生态环境协同治理取得的成效及面临的挑战进行探究和研判。

第三,优化乡村生态环境协同治理机制及路径。根据样本地区的数据分析,对基层党组织、基层政府、企业主体、社会组织和农民等治理主体参与环境治理提出优化建议,促进多元治理主体、治理手段、治理内容的有效协同,推动宜居宜业和美乡村建设。

## 二、调研地点

通过大量查阅文献和反复论证,实证调查选择了 D 省的 6 个县的 37 个镇展开。D 省地处黄河中游,地势南北较高、中间较低,有山地、高原、盆地和平原等多种地形,地跨黄河、长江两大流域,总面积 20.56 万平方千米。其中黄河流域 13.33 万平方千米,占全省总面积的 64.8%;长江流域 7.23 万平方千米,占全省总面积的 35.2%。截至 2021 年 4 月,D 省下辖 10 个地级市,1 个副省级市、31 个市辖区、7 个县级市、69 个县。行政区划面积 205624.3 平方公里。南北相距大约 878 公里,东西相距大约 517 公里。南北气候差异较大,平均降水量 676 毫米,降水南多北少。林地面积 12266.65 千公顷,森林面积 8533.32 千公顷,森林覆盖率 41%。截至 2021 年末,常住人口 3954 万人,其中农村人口 1438 万人,占全省人口的 36.4%。2021 年全年生产总值 29800.98 亿元,比 2020 年增长 6.5%。其中,第一产业增加值约 2409.39 亿元,增长 6.3%。全年农村居民人均可支配收入 14745 元,比上年增加 1429 元,增长 10.7%。① D 省高校和科研机构众多,形成了高端能源化工、装备制造、航空航天、电子信息、汽车制造、新材料等产业体系。

乡村生态环境治理方面,D 省坚持分类推进,因村因户施策,推进生活垃圾、污水治理和厕所革命,提升生活污水和生活垃圾治理水平。2021 年在 6 个县实施以改厕为主的乡村环境治理,推动改厕重点县及示范县建设,全年共改造完成卫生厕所 63 万座。D 省注重以试点示范推进乡村治理现代化,重视加强基层党组织建设,推荐并被认定为国家

---

① 数据来源:D 省《2021 年国民经济和社会发展统计公报》。

乡村治理试点县区 5 个、示范镇 3 个、示范村 31 个,村支书、村主任"一肩挑"比例达 91.17%。全面落实"四议两公开"①制度,推广"群众说事、法官说法"经验,推行村规民约,改革婚丧礼俗,开展道德评议,推进移风易俗,定期举办农民丰收节、农歌大赛、农民运动会等公共文化活动。总之,D 省农村人口比重大,农业产值占比高,属于典型的农业大省,以 D 省所辖县镇作为调查样本具有代表性和普遍性。

### 三、调研方法

调研主要采用问卷调查法、田野访谈法和实地观察等方法。在设计调查问卷和访谈提纲时应用了德尔菲技术,经过多轮意见征询和调整修正后,形成具有客观性、科学性和操作性的调查问卷和访谈提纲。调查以了解乡村生态环境协同治理现状为逻辑起点,以 D 省 6 个县 37 个镇为样本,主要采用田野考察、交流问答、个人访谈、问卷调查的调研方式,采集反映乡村生态环境协同治理的相关指标,探究乡村生态环境协同治理的现状、成效及面临的主要问题。在分析调研数据时,主要运用 Bryson 跨部门协作模型,实效评估影响乡村生态环境协同治理的主要因素,据此优化乡村生态环境协同治理机制及路径。

### 四、调研技术路线

调研的展开以大量文献的阅读和与专家的交流访谈为基础,按照 Bryson 跨部门协作模型的要素构成,设计调查问卷和访谈提纲,展开实地调研,经过问题识别、模型构建和模型验证等环节,对获取的调研数

---

① "四议两公开"中的"四议"是指村党支部会提议、村"两委"会商议、党员大会审议、村民代表会议或村民会议决议;"两公开"是指决议公开、实施结果公开。"四议两公开"是基层党组织领导下的村级民主自治机制,村级重大事项必须在村党组织领导下,按照"四议""两公开"的程序决策实施。

据进行统计分析,在此基础上,形成对乡村生态环境协同治理现状、成效及制约因素的客观认知。文献的充分准备、向专家的交流学习以及分析工具的合理选择,提升了调研的科学性,增强了问题研究的客观性和严谨性。具体调研技术路线如图3-1所示。

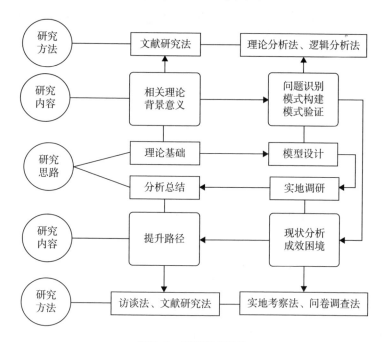

**图3-1　调研技术路线**

# 第二节　研究模型与调研设计

## 一、研究模型

本书在分析过程中采用了Bryson跨部门协作模型,该模型主要用来描述跨部门协作的构成要素及过程,模型构建基于初始条件、过程要素、结构要素、约束条件和治理效果等5个方面的指标,5个方面又由相应的具体指标构成。借助 Bryson 跨部门协作模型,对乡村生态环境协同治理的有效性、影响因素及存在问题展开分析,具有较高的契合性和科学性。

从科学性来看,首先,Bryson 模型具有全面性特点。该模型既考虑到主体协同之前的初始条件,又考虑到主体协同中的过程和结构要素,同时也能够分析制约协同治理的约束条件,并正确评价协同发生后的治理效果,覆盖了跨部门协同治理的全过程。其次,Bryson 模型具有系统性特点。模型将动态的过程要素和静态的结构要素相结合,既考虑达成协议、制订计划、建立信任等多个方面的动态活动,又考虑参与成员、治理结构等静态要素,为实现协同治理提供系统性方案。最后,Bryson 模型具有开放性特点。这一模型一般选择弹性与再评估作为考察治理效果的重要影响因子。弹性要求协同治理过程要根据现实状况,适时作出调整和改变,当反馈的内容与预期产生偏差时,及时调整治理方式和协同策略,实现协同过程的有序运行。再评估则能够定期对协同治理结构作出反馈,促使多元主体及时了解和把握协同治理效果,通过弹性与再评估机制,保障多元协同治理的实效性和治理效能。

从契合性来看,乡村生态环境问题具有复杂性,农民生活污染、农业生产污染和工业企业排放的污染物相互交织,使得乡村环境问题错综复杂。乡村生态环境治理的复杂性对协同治理提出了更高要求。Bryson 模型契合了乡村生态环境协同治理研究对于分析工具的要求。首先,乡村生态环境协同治理需采用系统性协同方案。Bryson 模型从起始条件单元到治理效果单元,有效模拟了乡村生态环境协同治理的整体脉络,为解决多元主体协同治理提供了相对完整的思路。其次,乡村生态环境治理需采取灵活的协同手段。Bryson 模型具有不断评估调整的闭环结构,能够对协作中的突发事件作出及时调整和优化,保证整个协作过程有条不紊运行,有效解决由乡村环境问题的不确定性引起的协同治理困境。最后,乡村生态环境治理需坚持可持续性的协同原则。Bryson 模型的评估分析过程既要考虑协同治理的现实效果,也要兼顾协同治理的后续影响,以保障多元主体协作的持续性,有助于推动建立乡村生态环境协同治理的长效机制。

## 二、调研设计

### (一)基于 Bryson 模型制作调查问卷

1. 起始条件

表 3-1 起始条件问题

| 题号 | 调查问题表头 |
|---|---|
| Q1 | 您认为近几年来村庄的生态环境得到显著改善了吗? |
| Q2 | 您参与过村庄生态环境治理活动吗? |

村庄生态环境整体状况是起始条件中的首要因素,村庄生态环境现状直接影响乡村生态环境治理主体之间协同度的发挥,研究中用 Q1 测量该变量。村民参与是影响乡村生态环境治理效果的重要因素,当村民参与度较低时会影响乡村生态环境协同治理的效果,研究中用 Q2 测量该变量。

2. 过程要素

表 3-2 过程要素问题

| 题号 | 调查问题 |
|---|---|
| G1 | 您认为只依赖政府就可以治理好环境污染吗? |
| G2 | 您认为政府应在乡村生态环境治理中承担主导作用吗? |

| 题号 | 调查问题 |
|------|----------|
| G3 | 您会通过合法渠道举报环境污染问题吗？ |
| G4 | 您认为在生态环境治理中政府占有更多调配资源的权力吗？ |
| G5 | 您是主动参与村庄生态环境治理的吗？ |

在过程要素中，当决策者认为单一政府主体治理难以达到预期目标时，便需要在治理过程中调动其他主体共同参与，研究中用 G1 测量该变量。政府主导是完善协同过程的重要途径，为了明确政府在乡村环境治理中的地位和角色，研究中用 G2 测量该变量。合法渠道举报是乡村生态环境依法治理原则的集中体现，也是化解乡村生态环境协同治理矛盾的主要影响因素，研究中用 G3 测量该变量。政府作为乡村环境治理的主导者，在乡村生态环境协同治理中起着统筹规划的作用，其对资源的有效配置影响乡村生态环境治理的整体效能，研究中用 G4 测量该变量。单一行政管控下的乡村环境治理强调自上而下的引导，而协同共治则强调各主体自下而上的参与，更注重参与的主动性，研究中用 G5 测量该变量。

3. 结构要素

表 3-3　结构要素问题

| 题号 | 调查问题 |
|------|----------|
| J1 | 您与其他治理主体之间建立了良好的沟通合作机制和渠道吗？ |
| J2 | 您认为政策法律的完善能够约束环境污染行为吗？ |

了解受访者在乡村生态环境治理中是否建立良好的沟通合作机制

和渠道,有助于厘清不同主体以何种方式推动乡村生态环境协同治理,研究中用 J1 测量该变量。乡村生态环境协同治理的稳定运行以合法性的保证为前提,而合法性主要以相关政策和法律法规为指导,研究中用 J2 测量该变量。

4. 约束条件

表 3-4　约束条件问题

| 题号 | 调查问题 |
| --- | --- |
| Y1 | 您认为村委会在村庄生态环境治理中主动作为了吗? |
| Y2 | 您与环境治理中的其他主体之间沟通顺畅吗? |
| Y3 | 您与乡镇政府在生态环境治理上有着共同的认识吗? |
| Y4 | 您认为各主体在村庄生态环境治理中权责明确吗? |

村委会作为农村基层自治组织,负责村集体的自我管理和自我服务,乡村环境是影响村民生活质量的重要因素,考察村委会在乡村生态环境协同治理中职能的发挥,能反映出基层环境服务的能力,研究中用 Y1 测量该变量。组织的严密或松散程度会对治理产生不同的影响,通过考察受访者对多元主体环境治理相互联系及协同程度的感知,可以反映乡村生态环境治理协同机制的发挥程度,研究中用 Y2 测量该变量。环境利益存在分歧时不同治理主体有自利的倾向,各参与主体的利益诉求差异较大时,有破坏协作的可能,研究中用 Y3 测量该变量。通过了解受访者对于不同主体及自身环境责任的感知,可以判断各主体权责职能分配现状,研究中用 Y4 测量该变量。

5. 治理效果

表 3-5　治理效果问题

| 题号 | 调查问题 |
|------|----------|
| X1 | 您认为多元主体协同共治有利于村庄生态环境改善吗? |
| X2 | 您愿意主动维护多元主体协同治理环境的关系吗? |
| X3 | 您是否认识到生态环境保护的重要性? |

对乡村生态环境治理效果的评估需要考虑多阶影响因素。一是通过治理模式的有效性进行评估,研究中用 X1 测量该变量。二是通过调查各主体是否具有维护该协同关系的意愿,以预估下一阶段的治理效能,研究中用 X2 测量该变量。三是通过了解受访者在乡村生态环境治理中是否建立起环保意识,以判断下一阶段治理中的主体参与意愿,研究中用 X3 测量该变量。

（二）基于 Bryson 模型设计访谈提纲

为了对乡村生态环境协同治理进行深入的了解,提升调研的科学性和客观性,调研过程将问卷调查与访谈调查相结合,访谈的对象主要包括基层党组织成员、环保局和乡镇政府工作人员、村委会、村民、乡镇企业等。由于调查涉及的地域宽广,不同地域风土人情、民风民俗和地方方言差异较大,采访开始前对调查中涉及的专有名词进行了专门的说明和解释,经过反复沟通确保受访对象对调研问题的理解和明了,在采访交流中也进行了一定的地方化语言处理。同时,调查者也进行了大量的实地考察,走访了调查区域的村庄、田野、河湖,深入田间地头和农业产业园区了解农户化肥农药农膜使用情况、农药化肥包装物回收情况、农膜销售和回收利用情况,参观了解畜禽养殖场废弃物资源化利用情况,考察农民绿色生产生活方式及其影响因素,具体调研访谈提纲如下所示。

1. 以基层党组织为调研对象,调研访谈提纲设计如表 3-6 所示。

表 3-6　基层党组织访谈提纲

| 题号 | 访谈问题 |
|---|---|
| 1 | 您对基层党组织在环境治理中的主要职责是否了解? |
| 2 | 在生态环境治理过程中,基层党组织具体采取哪些措施发挥"总揽全局、协调各方"的领导作用? |
| 3 | 您认为基层党组织在环境治理中的引领力如何? |
| 4 | 您认为多元主体在生态环境协同治理过程中存在的主要问题是什么?为什么会存在这些问题?应该如何解决? |
| 5 | 环境治理工作的下一步安排是怎样的? |

2. 以基层政府为调研对象,调研访谈提纲设计如表 3-7 所示。

表 3-7　基层政府访谈提纲

| 题号 | 访谈问题 |
|---|---|
| 1 | 请您介绍一下辖区环境治理的整体状况 |
| 2 | 请问在开展环境治理工作时是如何做好宣传和管理工作的? |
| 3 | 基层政府在乡村生态环境治理中是如何协调各部门之间关系的? |
| 4 | 在国家环保政策落实过程中是否遇到困难?遇到哪些具体的困难? |
| 5 | 辖区生态环境治理工作的下一步安排是怎样的? |

3. 以县级环保局为调研对象,调研访谈提纲设计如表 3-8 所示。

表 3-8　环保局访谈提纲

| 题号 | 访谈问题 |
|---|---|
| 1 | 请介绍一下环保局的主要职能及部门设置 |

| 题号 | 访谈问题 |
| --- | --- |
| 2 | 请问各部门开展环保工作的程序是怎样的？部门之间是如何联动的？ |
| 3 | 请问环保局如何与其他职能部门进行协同？ |
| 4 | 请问在日常开展工作中存在哪些方面的主要挑战？ |
| 5 | 请谈一下近一年来的环境治理工作成效及下一步的工作计划 |

4. 以村委会为调研对象,调研访谈提纲设计如表3-9所示。

表3-9　村委会访谈提纲

| 题号 | 访谈问题 |
| --- | --- |
| 1 | 当前村里生态环境治理整体情况如何？ |
| 2 | 塑料农膜、反光膜的使用是一次性的吗？村里是如何处理这些农膜的？ |
| 3 | 对于环境公共事务,村里是怎样进行商议分配和协调的？ |
| 4 | 在生态环境治理过程中,是否有村民不理解不配合工作的情况,这种情况下怎样跟村民协商沟通？ |
| 5 | 村庄生态环境治理下一步的工作安排是什么？ |

5. 以村民为调研对象,调研访谈提纲设计如表3-10所示。

表3-10　村民访谈提纲

| 题号 | 访谈问题 |
| --- | --- |
| 1 | 您认为近年来环境的变化主要体现在哪些方面？您对环境的变化满意吗？ |
| 2 | 村里日常的环境保护是怎样安排的？您有没有参与过村庄环境治理？ |
| 3 | 当您在参与环境治理中遇到困难时有没有合适的反映渠道？您认为这些渠道能有效解决您遇到的困难吗？ |
| 4 | 您认为乡村生态环境有什么问题相对比较严重？对于这些问题村委会是否已开始着手解决？ |
| 5 | 您对村庄生态环境治理有什么建议和展望？ |

6. 以乡镇企业为调研对象,调研访谈提纲设计如表 3-11 所示。

表 3-11 乡镇企业访谈提纲

| 题号 | 访谈问题 |
|---|---|
| 1 | 请您介绍一下企业概况和采取的主要环保措施与制度规定 |
| 2 | 生产过程中产生的工业废气废水废料是如何处理的? |
| 3 | 环境监测的相关制度是如何安排和落实的? |
| 4 | 在当前企业发展中,环境主体责任落实情况怎样,还存在什么困难,需要怎样的政策支持? |
| 5 | 请问公司产品是否符合环保要求,取得了哪些环保成效? |

# 第三节 调研数据统计分析

## 一、调查样本的描述性分析

对调查对象的性别、年龄、职业和学历等基本信息进行描述,以了解样本的主要构成情况,为数据的进一步分析提供基本参考。

表 3-12 性别分布表

| 选项 | 频数 | 百分比 |
|---|---|---|
| 男 | 281 | 55.31% |
| 女 | 227 | 44.69% |
| 本次有效填写人数 | 508 | 100% |

根据表 3-12 所示,样本中男性占总样本的 55.31%,女性占总样本的 44.69%,该样本在性别分布上较为均衡。

表 3-13　年龄分布表

| 选项 | 频数 | 百分比 |
|---|---|---|
| 18 岁及以下 | 0 | 0% |
| 19—30 岁 | 16 | 3.15% |
| 31—40 岁 | 73 | 14.37% |
| 41—50 岁 | 138 | 27.17% |
| 51—60 岁 | 161 | 31.69% |
| 61 岁及以上 | 120 | 23.62% |
| 本次有效填写人数 | 508 | 100% |

根据表 3-13 所示,大部分调研对象的年龄主要集中在 41—60 岁之间,40 岁以上的调查对象数量占总样本量的 82.48%,40 岁以下的调查对象占 17.52%。

表 3-14　职业分布表

| 选项 | 频数 | 百分比 |
|---|---|---|
| 乡镇政府工作人员 | 38 | 7.48% |
| 村委会工作人员 | 95 | 18.70% |
| 普通农村居民 | 307 | 60.43% |
| 乡镇企业工作人员 | 37 | 7.29% |
| 环保企业工作人员 | 31 | 6.10% |
| 本次有效填写人数 | 508 | 100% |

根据表 3-14 所示,调研对象大部分为普通农村居民,占样本总量的 60.43%。乡镇政府工作人员占 7.48%;村委会工作人员占 18.70%;乡镇企业工作人员占 7.29%。

表 3-15　文化程度分布表

| 选项 | 频数 | 百分比 |
|---|---|---|
| 小学及以下 | 158 | 31.10% |
| 初中 | 148 | 29.13% |
| 高中 | 76 | 14.96% |
| 专科 | 79 | 15.56% |
| 本科 | 39 | 7.68% |
| 硕士及以上 | 8 | 1.57% |
| 本次有效填写人数 | 508 | 100% |

根据表 3-15 所示,样本中的调查对象主要集中在高中及以下学历,占总样本数的 75.19%,专科以上学历的调查对象占总样本数的 24.81%。

## 二、总体数据描述性分析

由表 3-16 中的平均值可知,调查问卷中初始条件为 81.77,治理效果为 86.94,以上数据说明乡村生态环境治理的成效较为显著,村民的环保意识逐步增强。结构要素为 70.81,相比初始条件和治理效果相对较低,但对乡村生态环境协同治理具有正向影响作用,这说明国家政策法律法规的完善对乡村生态环境协同治理具有重要影响。但是,从过程要素仅为 53.39、约束条件仅为 42.19 的平均值可以看出,以上两个因素是乡村环境协同治理中的主要制约因素。

表 3-16　调查问卷数据统计

| 变量 | 初始条件 | 过程要素 | 结构要素 | 约束条件 | 治理效果 |
|---|---|---|---|---|---|
| Min | 50 | 40 | 30 | 30 | 60 |
| 1stQu | 60 | 48 | 70 | 40 | 86.67 |

| 变量 | 初始条件 | 过程要素 | 结构要素 | 约束条件 | 治理效果 |
|---|---|---|---|---|---|
| Median | 90 | 56 | 70 | 40 | 86.67 |
| Mean | 81.77 | 53.39 | 70.81 | 42.19 | 86.94 |
| 3stQu | 100 | 56 | 80 | 45 | 86.67 |
| Max | 100 | 100 | 100 | 100 | 100 |

数据分析表明,乡村生态环境协同治理中存在村民的主体性作用发挥不足、环境维权意识较低、主体间沟通合作渠道不完善、环境治理权责不清晰等问题。基于这些问题,需要进一步调动多元主体参与乡村生态环境治理的积极性,完善环境治理法律法规,明晰环境权责,优化沟通合作渠道,建立健全协同治理机制,推进乡村生态环境协同治理效能进一步提升。

## 三、相关分析

表 3-17　相关分析结果

| | | 起始条件 | 过程要素 | 结构要素 | 约束条件 | 治理效果 |
|---|---|---|---|---|---|---|
| 起始条件 | 相关性 | 1.000000 | -0.439657 | 0.204276 | -0.439657 | 0.628678 |
| 过程要素 | 相关性 | -0.490881 | 1.000000 | 0.048681 | 0.329989 | -0.424929 |
| 结构要素 | 相关性 | 0.204276 | 0.048681 | 1.000000 | 0.059328 | 0.098229 |
| 约束条件 | 相关性 | -0.439657 | 0.329989 | 0.059328 | 1.000000 | -0.017553 |
| 治理效果 | 相关性 | 0.628678 | -0.424929 | 0.098229 | -0.017553 | 1.000000 |

如表 3-17 所示,起始条件、结构要素与治理效果之间呈正相关关系,过程要素、约束条件与治理效果之间呈负相关关系。这样的结果支持了以下三个方面的基本判断:一是起始条件与治理效果的相关程度最高,说明目前乡村生态环境基础条件相对良好。二是约束条件与结构要素之间的相关程度较低,说明受宣传偏差、相关制度制定情况等因

素的影响,乡村生态环境治理的制度设计、法律法规以及环境权责等需要进一步加强。三是过程要素负相关程度为低度相关,说明治理困境与各主体的行为选择存在相关性。

## 四、回归分析

### (一)多元回归分析

表 3-18　多元回归分析结果

| 模型 | 回归系数 | 标准差 | $t$ | 显著性 |
|---|---|---|---|---|
| 常量 | 65. 97386 | 4. 36898 | 15. 101 | 0 |
| 起始条件 | 0. 14377 | 0. 2204 | 6. 522 | 0 |
| 过程要素 | 0. 09610 | 0. 03241 | 2. 965 | 0.003172 |
| 结构要素 | 0. 20629 | 0. 05452 | 3. 784 | 0.000173 |
| 约束条件 | -0. 11793 | 0. 06764 | -1. 743 | 0.081877 |

表 3-18 对起始条件、过程要素、结构要素以及约束条件对治理效果的影响进行了回归分析,从表中呈现的数据可以看出,起始条件自变量的标准化回归系数为 0. 14377,回归系数 $t$ 检验为显著 $p<0.05$。过程要素自变量的标准化回归系数为 0. 09610,回归系数 $t$ 检验为显著 $p<0.05$。结构要素自变量的标准化回归系数为 0. 20629,回归系数 $t$ 检验为显著 $p<0.05$。约束条件自变量的标准化回归系数为 -0. 11793,回归系数 $t$ 检验为不显著 $p>0.05$。以上数据说明起始条件、过程要素、结构要素对治理效果都有着正向影响,并且影响效果明显。约束条件对治理效果存在着负向影响,但效果并不显著。根据多元回归分析结果可知,应该进一步提升多元主体对乡村生态环境治理的认知,健全多元协同治理机制,提高村民参与环境治理的意识和能力,促使约束条件向

乡村环境治理推动力转变。

## （二）拟合优度检验（表3-19）

表3-19　拟合优度检验

| 模型 | R 方 | 调整后的 R 方 | F 值 | df1 | df2 | 显著性 |
|------|------|--------------|------|-----|-----|--------|
| 1 | 0.09676 | 0.08958 | 13.47 | 4 | 503 | 0 |

从以上分析可知,将初始条件、结构要素、约束条件、过程要素作为自变量,将治理效果作为因变量进行相关性分析和线性回归分析,从相关分析得到的建模公式为:治理效果 = 65.97386 + 0.14377×初始条件 + 0.09610×结构要素 + 0.20629×约束条件 − 0.11793×过程要素,其中初始条件、结构要素、过程要素 $p<0.05$,表明这三个要素对治理效果存在显著的影响,说明协同过程越完善,治理结构越合理,乡村生态环境协同治理的有效性越高。约束条件为 −0.11793 且 $P>0.05$,对治理效果具有不显著的负向影响,这也表明了乡村环境协同治理所面临的挑战:一方面,乡村环境治理主体的治理理念存在偏差、利益诉求呈现出多元化特点,达成环境治理共识比较困难;另一方面,乡村生态环境协同治理组织体系不健全,协同治理保障机制不完善,缺少全局性的制度安排和综合评价指标体系,多元主体协同参与乡村生态环境治理的保障机制不健全,资金投入和人才配备不充足。

根据调研数据统计分析结果,随着环境治理的持续深入,乡村生态环境治理效果逐渐显现,农业产业形态更加丰富,不同产业主体、技术管理人才、环境监管部门以及农村基层自治组织,在乡村生态环境治理中有了不同程度的介入,基层党组织、环保部门、基层政府以及社会组织和村民等主体,共同在乡村生态环境治理中发挥了积极作用,基层党组织发挥组织引领的核心领导作用,基层政府通过创新机制、制定政策、财政支持、强化监管等发挥主导作用,企业承担环境主体责任促进环境质量的改善,村民参与环境治理的广度和深度逐步扩大,社会组织积极搭建乡村生态环境协同治理平台,乡村生态环境协同治理的格局基本形成,乡村生态环境质量有了明显改善。

# 第四节　典型案例及启示

乡村生态环境治理是乡村生态振兴的重要抓手,也是全面推进乡村振兴的重要任务。调查中发现,通过各地积极实践探索,在推动多元主体协同治理乡村生态环境中,涌现出一批顶层设计指导好、多元主体沟通畅、环境治理效果佳的生动案例,有效破解了乡村生态环境治理的难点痛点问题,具有较强的借鉴性和推广性,本节主要对其中的典型做法进行梳理分析。

## 一、"党建引领型"治理方式

以 F 县为代表,在推动乡村生态环境治理中,积极发挥基层党组织对环境治理的引领作用,探索出党建引领下的"一核多元"环境治理方式。F 县总面积 676 平方公里,总人口 24.8 万人,辖 6 镇 1 个街道办114 个行政村,是国家卫生城市,国家首批全域旅游示范区,全国绿化模范单位。F 县按照"党建引领、因地制宜、示范带动、整体推进"的思路,扎实开展乡村生态环境治理工作,以生态振兴助推乡村全面振兴。全县 6 个村被命名为省级美丽宜居示范村,10 个村被评为国家森林乡村,2021 年荣获 D 省农村人居环境整治三年行动先进集体。F 县在强化镇村党组织核心领导下,推行了环境治理的乡村户长制。乡村户长的职能,涵盖了从环境卫生管理到环境政策宣传和环境信息收集与反映的宽广范围,在乡村生态环境治理中取得了良好的效果。"党建引领型"环境治理模式注重加强基层党组织建设,通过发挥基层党组织战斗堡垒作用,完善党组织领导下的环境治理,以此理顺乡村环境治理主体之间的关系,引领和带动多元主体协同共治。具体实践中,各村庄采取的举措和重点不尽相同,但都有效促进了乡村生态环境治理效能的提升。以强化党建引领推动乡村生态环境协同治理方式总结起来有以下三个特点。

一是推动基层支部核心化。F县定期召开县镇村党委书记、党支部书记会议,对乡村生态环境治理进行专题协调,通过"周督查、月调度",充分发挥基层党支部环境治理的引领作用,强化"党的一切工作到支部、党的一切工作靠支部"工作理念,在制度上加强支持保障,推动治理资源向基层投入、政策向基层倾斜,按时足额拨付村级党组织运转经费,加强"三会一课""固定党日""远程教育学习"等制度的落实。

二是促进宣传引导常态化。充分发挥村级广播和远程教育站点平台作用,建立环境治理村党支部书记宣讲制度,把环境政策以及关系村民切身利益的环境事务宣传到乡村每一角落,凝聚乡村环境治理合力和乡村振兴动能。

三是加强村情民意畅通化。在推动乡村环境治理过程中,全面实施"户长制",每10户推选一名户长,融合村民代表、网格员等主体,形成以户长为责任人的"环境责任片区",构建全域"环境工作网格",通过建立公众号、微信群、QQ群公布举报电话和举报信箱,升级改造村级党组织"问题墙、回音壁",组织开展"环境治理、人人有责"宣讲活动,听取群众呼声,反馈村民意见,广泛收集村民关注的环境事务,及时化解村民环境诉求,推动了环境问题的有效解决。

"党建引领型"环境治理方式,通过在村民小组中建立由党员带头、村民代表和各类人员广泛参与的环境户长制度,将党组织的引领和村民自治与环境协同治理融为一体,通过构建"村到组、组到户、户到人"的三级党建网格来传递各类环境信息,征求村民意见,凝聚环境共识,在平等协商对话中强化党组织环境治理引领作用,强调通过党建引领来发动广大群众参与环境治理,通过密切党群关系实现环境治理过程的有效联动。村党支部书记环境政策宣讲制度的建立和落实、基层党组织环境治理引领体系的建设,打通了环境信息传递和沟通的渠道,有利于将党的环境治理政策及时传递给群众,也有利于广大群众及时向身边的党员和党组织反映环境诉求,激活了村民在环境治理中的积极性和主动性,发挥了村民自治的作用。"三会一课"和"固定党日"等制度的落实,营造了相对宽松的沟通氛围,有利于在畅所欲言、充分讨论的基础上达成环境共识,促进了村民自己的事情自己商量着办,实现了由管理到治理、由传统到现代、由单一主体到多元主体的转变。这些机制运行的制度化和长效化,不仅有利于形成群众认可、运转有效、依法依规的乡村环境治理原则和规范,也有利于形成可复制推广的环境治理经验,推进乡村生态环境协同治理格局的形成和乡村生态振兴。

## 二、"政府主导型"治理方式

以 M 县为代表,在推动乡村生态环境治理中,以制度建设为保障,以统筹协调为方式,形成了"政府主导型"多元协同治理方式。M 县位于秦岭南麓,全县总面积 1970 平方公里,辖 9 镇 86 个行政村,总人口10.2 万人,森林覆盖率 91.23%,林木绿化率 92.97%,素有"绿色宝库""天然氧吧"之美誉,是国家级生态文明建设示范县,首批"两山论"实践创新基地。M 县在乡村生态环境治理中,坚持以习近平生态文明思想为指导,突出政府环境权责的落实。在政府主导推动下,坚持多元协同共治,注重统筹整合环境治理资源,协调推进生态振兴与产业振兴,突出生态资源向生态产品的转化和生态产品价值的实现,坚持以生态促发展的振兴之路,为乡村生态振兴和县域经济环境协调发展提供了可资借鉴的经验。"政府主导型"环境治理方式具有以下四个特点。

一是有效发挥政府主导作用。M 县在推进环境治理过程中,积极完善制度设计,搭建协商协作平台,引导环境监督保障,以顶层设计和统筹全局推动多元主体的有效参与。环境治理实践中,以协商机制替代行政命令,通过多种渠道和途径吸引公众参与,成立"美丽乡村建设"工作领导小组和专项行动组,实行县级领导、县级部门与创建镇村结对共建制度,积极探索村企合建、市场运作、民间参与相融合的治理模式,开展"美丽家庭""美丽庭院"创评活动。

二是注重加强制度建设。M 县将环境共建共治共享理念贯穿环境治理全过程,由环保局牵头,制定了《乡村绿色发展指南》《农村生活垃圾分类处理实施办法》《农村生活垃圾分类处理规范》《农村餐厨垃圾资源化处理指南》《M 县生态保护红线勘界定标方案》,设立组建乡村绿色发展委员会,在县镇村党组织领导下,由村委会、乡镇企业、社会组织和村民等代表组成专门队伍,常态化加强对乡村环境的检查监督和治理。同时,探索推行企业环境污染责任保险制度,将企业环境污染损害风险纳入保险机制,推动企业积极合作、参与治理。

三是推动考核指标绿色化。构建以绿色发展为主导的绩效考核指标体系,生态环境指标权重占乡镇党政实绩考核 40% 以上,形成相对完备的"指导、考核、奖惩"体系。

四是创新公众参与治理方式。鼓励社会公众以组织化形式参与环境治理,不同主体的环境利益诉求和治理建议均依托组织反馈,提高参与治理效率。此外,通过赋权于公众,提升公众在环境治理中的话语权。

政策制度的完善、考核体系的优化、公众话语权的提升,共同促进M县党政主导、部门配合、社会支持、群众参与的环境治理工作机制形成。在引导社会力量有序参与方面,探索出"集体出资、政府招标、公司运作、部门监管、群众监督"的治理路径。在资金投入方面,一方面发挥财政投入在环境治理中的主导和引领作用,按照"渠道不乱、用途不变、整合使用"的要求,整合相关涉农资金,完善财政、投资和产业政策,健全多元主体引入机制。另一方面创新金融服务体系,建立由地方财政奖补资金担保、农村信用社专款专贷的融资模式。在多元主体协同治理方面,以村"两委"为中心,搭建协商共治平台,充分收集民情民意,及时作出决策部署,形成民主评议、民主监督、民主管理的共治机制。建立县、镇、村三级联动体系,县级层面成立督查考核办公室,镇级层面将治理任务细化分解到具体责任人,行政村层面实行"第一责任人"制,建立月检查监督、交叉轮换和预警通报等调度机制,实现动态监测,共同促进环境治理效能提升。

### 三、"市场驱动型"治理方式

以H县为代表,在推动乡村生态环境治理中,积极发挥市场在资源配置中的决定性作用,形成了"市场驱动型"多元协同治理方式。H县位于关中平原,县域总面积676平方公里,辖6镇2个街道办114个行政村,户籍总人口23.77万人,其中城镇人口10.59万人,乡村人口13.16万人。H县按照"特色引领、因地制宜、示范带动、整体推进"的思路,以建设生态文化旅游名县为目标,大力实施"旅游立县、产业强县、文化兴县、生态美县"四大战略,推动县域经济、社会、生态高质量协调发展。在乡村生态环境治理中,坚持市场化运作,以市场为纽带,带动多元主体共同参与治理,取得了环境治理的显著成效,荣获"中国最具特色旅游休闲度假城市""中国最美山水文化旅游城市""全国休闲农业和乡村旅游示范县"等称号。辖区内的 6 个村被命名为省级美丽宜居示范村,10 个村被评为国家森林乡村,2021 年荣获 D 省农村人居环境整治三年行动先进集体。H 县"市场驱动型"环境治理方式具有以下三个特点。

一是企业环境主体责任明确。按照"谁污染,谁治理""谁破坏,谁恢复"的环境治理原则,H 县强化企业环境责任,推进环境治理市场化试点,加大生态保护修复投入,明确乡镇企业在环境治理中的责任和义务,不断健全环保税费制度,以市场化手段引导企业生产设备及工艺技术改造升级,推进低碳节能环保生产。

二是对环境治理企业政策支持力度大。发挥财政支持作用,减轻环境治理企业税收负担,提供绿色贷款低息补贴和优惠贷款,由财政对绿色贷款利息给予补贴。鼓励商业银行通过推行绿色发展债券等方式为环境治理企业筹集资金。

三是建立了吸引社会资本参与环境治理的机制,推行环境第三方治理。根据不同的治理责任主体,采用不同的第三方治理方式。对于以政府为治理责任主体的污染治理,采用政府购买服务的环境绩效合同管理模式。对于政府与企业共同承担治理责任的工业园区,委托第三方治理企业进行集中治理。H 县率先探索应用城乡一体化环卫PPP模式,引入第三方治理企业治理全县城乡生活垃圾,实现了垃圾治理的市场化外包,建立起"统一保洁、统一收集、统一转运、统一处置"的城乡生活垃圾一体化处理体系,有效打破了部门壁垒、资金壁垒及城乡区域壁垒,促进了城乡环境的一体化融合发展。

"市场驱动型"环境治理方式下,第三方治理企业发挥了积极的治理作用。第三方治理以"谁污染,谁付费"为原则,是市场调节环境治理的重要手段。第三方治理的引入,一方面使得 H 县政府在投入规模较小的条件下,履行环境公共服务供给和监督管理的责任,减轻了排污企业环境责任压力,提高了治污效率,激发了民间投资活力,拓展了环保企业发展空间,提升了环保产业经济增长动力,推动了经济结构调整和产业转型升级。另一方面提升了环境污染治理效果和环境民主监管效率,缓解了排污企业环境矛盾,促进了经济、社会与环境的和谐发展。H 县"市场驱动型"环境治理方式,不仅有利于实现环境治理的专业化,保持环境质量稳定,又有利于转变政府职能,提高政府行政监管效率,促进环境效益、经济效益和社会效益的有机统一。第三方治理的发展壮大,为有为政府与有效市场的有机结合奠定了客观基础,也为推进乡村生态环境治理市场化提供了条件,为社会资本进入乡村生态环境治理市场提供了可能,开辟了市场化环境治理的新业态,有利于丰富环境治理手段,促进多元主体治理参与,形成多元共治的乡村生态环境治理格局,也有利于促进乡村环境治理效率的提升。

## 四、"协商共治型"治理方式

以 L 县为代表,在推动乡村生态环境治理中,积极调动多元主体通过平等协商参与环境治理,形成了"协商共治型"环境协同治理方式。L 县位于黄土高原沟壑区,全县辖 8 镇 1 个街道办 196 个行政村,总人口 20.18 万人,其中农业人口 11.15 万人,总面积 1805 平方公里,耕地 66 万亩。L 县坚持以高质量发展为主线,以增加农民收入为核心,以提升乡村环境治理效能为突破,探索出一条产业多元融合、生态宜居宜游、治理精细高效的乡村生态环境治理新路径。荣获全国乡村建设评价样本县、全国村庄清洁行动先进县、全国乡村振兴示范县称号。在推动乡村环境治理中,L县坚持推进基层民主协商,激发基层群众参与协商的积极性,培育基层群众参与环境治理的内生动力,以民主协商为主线,形成了人人有责、人人尽责的协同共治机制,推动环境治理重心下移,实现了经济发展与环境治理的双提升。一方面,推进水土保持、固沟保源和河湖整治,落实河长制、林长制,实施黄河西岸生态走廊、煤矿塌陷区治理等工程,恢复湿地1.8万亩,治理水土流失面积40平方公里,建成森林乡镇6个、森林村庄26个,森林覆盖率达86.52%。另一方面,全面开展"六改"提升和"五美"①庭院创建活动,建成市级以上美丽示范宜居乡村39个、样板村56个,打造美丽庭院5.6万户。建立垃圾填埋场5个、垃圾收集点15个,全县生活垃圾有效治理率达95%,79个村建成污水管网和处理设施,污水有效治理率达47%。完成旱厕改造8万余户,卫生厕所普及率达93%。在坚持推进乡村绿色发展中,实现了百姓富、生态美的有机统一。"协商共治型"环境协同治理方式具有以下三个特点。

一是营造环境协商的民主氛围。受文化水平和价值观念的影响,农民在公共事务治理中呈现"不会说""不敢说""不愿说"状态。L县通过阳光环境决策,让环境决策制定、实施以及评估公开透明,及时回应村民的环境诉求,重视解决村民的环境疑虑,形成政府和村民良性互动的协商对话格局,为村民参与环境治理起到了推动作用。

二是搭建环境协商和环保监督平台。通过墙体画、微信群、公示栏、画册等方式宣传参与基层协商规范,以"进社区、走住户、访店主"

---

① "六改"是指改水、改厕、改灶、改线、改院、改墙;"五美"是指卫生清洁美、摆放整齐美、布局协调美、低碳节能美、行为文明美。

形式,广泛开展环保宣传,建立民情恳谈、居民论坛、乡村论坛、村民大会等渠道和平台,在微博、微信等网络平台开设"环境共监督"有奖征集栏目,征集公众关心关注的环境问题,共同致力于环境的监督和治理效能的提升。三是健全村民参与激励机制。通过经济利益补偿、精神荣誉褒奖和行政手段约束相结合等措施,激发鼓励环境友好生产生活行为,增强公众参与环境治理自觉。

L县"协商共治型"环境治理方式,坚持以人民为中心发展思想为指导,秉承环境正义的价值追求,在环境治理和政策制定中,兼顾多元主体环境利益,鼓励多元主体充分表达环境利益诉求,通过民主协商达成环境治理共识。在环境协商共治过程中,L县以满足群众对优美生态环境的需要为协商目标,通过开展"巷道会""板凳会""田间地头会"等多种形式的环境协商,将尊重基层群众的创新智慧和强化环境协商的顶层设计相结合,推动多元治理主体之间理性对话,促进了环境基层协商的制度化、规范化和程序化,保障了基层党组织、基层政府、乡镇企业、社会组织以及村民等多元主体的实质性协商,提高了环境治理效率。同时,环境协商治理以"有事好商量,众人之事,众人商量"为根本遵循,为多元主体提供了民主参与和平等协商平台,不断创新环境协商方式,健全协商程序,尊重了多元主体的知情权、参与权和监督权,保证了最广泛主体参与乡村生态环境治理,增强了乡村环境治理凝聚力,拓展了协商民主的形式,有效推动了环境污染治理和人居环境建设,还乡村以青山绿水,优化了乡村环境,满足了村民对优美生态环境的需要,为乡村生态环境治理提供了新的样板,为促进乡村生态环境治理现代化提供了可资借鉴的经验和重要的启示。

# 第四章　乡村生态环境协同治理的成效分析

　　生态环境是人类赖以生存和发展的基础,推动乡村经济社会发展过程中,要正确处理经济发展和生态环境保护的关系,促进生态效益、经济效益和社会效益的有机统一。这既是全面推进中国式现代化建设的内在要求,也是中华民族永续发展的千年大计,对乡村生态环境治理起着重要的统领和指导作用。近年来,各地乡村高度重视生态环境治理,以贯彻落实新发展理念为主线,以解决群众反映强烈的环境问题为重点,不断推动经济社会发展的绿色转型,初步构建起基层党委领导,基层政府主导,乡镇企业、村委会、村民和社会组织共同参与的乡村生态环境协同治理格局,基层党组织、基层政府与其他治理主体的协同合作逐渐加强,多元主体环境治理意识逐步提升,环境治理手段日渐多元,数字化治理方式广泛应用,乡村生态环境质量明显改善。

## 第一节　治理主体环境意识增强

　　笔者在实地调研和访谈中明显感受到,社会公众普遍认识到生态环境保护的重要性,83.75%的受访对象认识到保护环境就是保护家园,75.28%的受访对象参与过环境治理,多元主体的环境意识逐步增强,多元协同治理格局初步形成,乡村生态环境治理总体趋势向好发展。

## 一、基层党组织环境治理领导作用明显

近年来,基层党组织坚持以绿色发展理念引领乡村振兴,增强乡村生态环境保护和治理的引领力。一方面,坚持将"生态宜居"作为新时代乡村经济社会发展的目标要求,坚持经济建设与环境保护并重,引导农民尊重自然、顺应自然和保护自然。在推动生态宜居乡村建设中,充分发挥了基层党组织的"头雁"作用和党员的模范带头作用,以党组织为核心,多元主体共同参与乡村环境治理的机制、平台和格局初步形成,基层党组织环境治理能力和水平有所提升。另一方面,基层党组织积极推动环境保护和治理宣传,加强村民环境友好绿色生产生活方式的培养,通过对村民生态保护意识和技能的培训,引导村民自觉践行"人与自然和谐共生"理念,推动农业生产方式和生活方式绿色转型,调动村民参与环境治理的积极性。在 D 省调查中了解到,各地基层党组织以创建生态旅游示范镇村为抓手,持续深化林长制河长制改革,推进山水林田湖草沙综合治理,引导村民做大做强绿色产业,构建循环产业模式,走生态产业化、产业生态化协同发展的路子,将生态文明理念和环境治理效果纳入村干部职责范围,推进形成乡村"特色在生态、优势在生态、出路在生态"的发展共识,实现生态质量和经济效益双提升,把严格保护环境、科学利用环境和合理开发环境有机结合起来,整合优化环境资源,探索环境保护和治理的科学举措,促进了环境治理质量的进一步提升。同时,积极建立常态化环境监督机制,实施建设项目差别化环保准入制度,对能源消耗大、可能造成污染的建设项目实行环

保一票否决制,统筹运用环境法律、行政监管和经济激励引导手段,全面推进农业生产生活中的污染治理,强化村民畜禽养殖环境监管,要求各类养殖场配齐配足与养殖规模相适应的粪污处理和资源化利用设施,常态化开展专项整治行动,促进了经济效益、社会效益和环境效益的协同发展。

## 二、基层政府环境治理力度加大

在乡村生态环境治理中,县级政府和乡镇政府共同制定辖区内乡村环境治理规划,提供资金、技术、信息支撑。调研发现,D 省各县区基层政府将环境治理纳入乡村振兴重点工作,以污染防治攻坚行动、人居环境整治、环保督察整改等重点工作为抓手,多举并重推动乡村环境治理。一是探索乡村生态环境治理协调统筹机制。各地基层政府积极成立县镇村主要负责人参与的生态环境保护委员会、污染防治攻坚指挥部、环境保护督察整改工作领导小组等乡村环境治理统筹协调组织架构,县级环境保护局分设环境管理股、生态监测股、监察室、法规宣传股、环境测评股、环境监察大队、环境监测站等职能科室,积极推动环境治理工作有效落实,环保职能和机构设置得到优化。日常统筹协调中,基层党委和基层政府负责牵头组织,生态环境局、农业农村局等相关职能部门统筹协调,共同推动形成环境治理合力。二是强化乡村生态环境治理制度保障。围绕乡村振兴和生态宜居乡村建设,各县镇出台了系列政策文件,以完善的制度建设推动环境治理。比如,M 县出台了《M 县关于加强乡村振兴重点工作实施方案》《M 县关于全域推进人居环境整治实施方案》《M 县美丽乡镇建设攻坚行动方案》《M 县生态环境保护"十四五"规划》等。三是加强农业生产生活绿色转型技术推广。各地积极制定实施了《种植业面源污染防治办法》《化肥减量使用条例》《畜禽养殖废弃物资源化利用方案》等制度性文件,引导农民化肥农药使用量零增长,提高农膜回收利用率。同时,运用 PPP 模式吸引社会资本参与乡村环境治理,大力培育市场化环境治理主体,面向社会公众积极宣传环境政策,提升环境保护意识和环境治理参与意识。在访谈中,M 县环保局严局长谈道:"环保局会常态化开展环境知识宣讲,组织'六进'活动①,虽然环保局工作人员比较紧张,但是我们会克服各种困难,利用网格化管理系统,将宣传责任落实到人,选取不同的时间和地点,将'六进'活动办好,使得环境知识宣传更加有效。"

### 三、乡镇企业积极承担环境责任

乡镇企业的快速发展,促进了乡村经济增长,增加了地方财政收入,提高了农民收入,带动了乡村产业发展。但是,作为经济活动的主要参与者,乡镇企业也是污染排放的行为主体,在促进乡村经济发展的同时,也带来了生态环境污染的风险和隐患。调查发现,大多数乡镇企业认同保护环境就是保护生产力、改善环境就是发展生产力,乡镇企业环境保护的理念和企业文化逐步建立起来。在调查的乡镇企业中,83%的企业能够自觉参与乡村生态环境治理,将环境责任内化为企业价值追求和生产自觉,统筹企业发展与环境保护,在追求经济利益的同时兼顾环境效益,履行企业环境责任,按照"谁污染,谁负责"原则主动承担污染防治的相应职责,将环境负外部性内部化。同时,乡镇企业也能够自觉遵守各地政府的环境要求,在资源开发与利用、废气废水废渣排放方面及时公布信息,接受环保部门和社会组织的常态监督。同时,各地乡镇企业积极进驻工业园区,通过工业园区集中配套污染治理设

---

① "六进"活动是指环境知识宣讲进社区、进学校、进企业、进村庄、进机关、进家庭。

施、统一规范污水粉尘排放标准等,提升污染防治能力。部分规模大、实力强的乡镇企业还主动升级改造环保工艺,积极推行清洁生产,助力改善区域生态环境。顺应乡村生态环境治理市场化改革,部分乡镇企业也积极探索市场化治理方式,以向第三方治污企业付费的形式购买环境服务,弥补自身在资金设备、技术人员等方面的环境治理短板。

### 四、村委会和村民积极参与环境治理

随着乡村振兴的全面推进,村民和村委会作为生态环境的受益主体和环境治理的应然主体,环境意识和治理能力日益提升,参与乡村生态环境治理的积极性和主动性有所增强,在环境信息交流和民意征集方面发挥了积极作用,成为乡村生态环境治理的重要基础性力量。一是主动参与生产生活方式绿色转型。一方面,作为农业生产主体,村民积极推行绿色种养模式,主动调整种养殖方式和结构,减少禽畜污粪、秸秆焚烧、化肥农药和地膜污染。笔者在访谈中了解到,D省的农药农膜经营者,大部分都安装了农药农膜废弃包装回收台账信息系统,主动回收化肥农药等农资包装废弃物。另一方面,作为乡村生产生活主体,更多村民参与到乡村环境治理中,组建了巷道保洁员队伍,专人负责看护污水处理设施,定时检查生活污水接入设施状况,保障巷道的整洁干净和污水处理的正常运行。二是积极发挥环境监督作用。随着网络的广泛普及和环境信息的及时公开,村民和村干部对环境信息的知情权逐步扩大,环境权益意识和监督意识不断增强,参与环境治理的积极性提高,监督环境治理的渠道逐步扩展。M县环保局严局长讲道:"近年来受理的畜禽养殖、农药化肥、大气污染等乡村环境方面的信访案件逐渐增加,反映出村民生态环境意识的增强和环境治理自觉性的提升。"三是探索环境事务民主决策机制,不断拓展公众参与乡村环境治理的

新渠道。除了在环境事务决策过程中设置听证环节外,还注重发挥村委会在环境治理中的组织协调作用,带动村民参与环境治理决策,以村民小组为单位推进"三清理三拆除三整治"①工作,针对乡村环境治理中出现的问题,推行"四议两公开"②工作法,强化环境协商和民主决策,凝聚环境共识,共同解决乡村生态环境治理中的难点问题。

## 第二节　环境治理手段渐趋多样

调查发现,各地综合协同运用行政手段、经济手段、法治手段和第三方治理等方式,严格限制损害环境行为,推动生活垃圾和污水处理,化肥农药使用量得到有效控制,农膜回收利用逐渐扩大,村庄环境更加干净整洁有序,生态宜居乡村建设成效显著。

### 一、以行政手段发挥政府主导作用

行政手段是政府行政权力机构为了达到环境治理目标,采取的直接影响市场主体环境行为的限制性和引导性行政干预方式。以行政手段进行环境治理,政府相关部门是环境行政主体,经济活动主体的环境行为是环境行政手段的约束对象,维护社会公众公共环境权益是环境

---

① "三清理"指清理村巷道及生产工具、建筑材料乱堆乱放,清理房前屋后和村巷道杂草杂物、积存垃圾,清理沟渠池塘溪河淤泥、漂浮物和障碍物。"三拆除"指拆除危房、废弃猪牛栏及露天厕所茅房,拆除乱搭乱建、违章建筑,拆除非法违规商业广告、招牌等。"三整治"指整治垃圾乱扔乱放,整治污水乱排乱倒,整治电力线、电视线、通信线三线乱搭乱接。

② "四议两公开"是指村党组织领导下对村级事务进行民主决策的一套基本工作程序,是基层在实践中探索创造的一个行之有效的工作方法。"四议"是指村党支部会提议、村"两委"会商议、党员大会审议、村民代表会议或村民会议决议;"两公开"是指决议公开、实施结果公开。

行政手段的主要目的。调查中发现,乡村生态环境治理中主要运用了强制性行政手段和非强制性行政手段。强制性行政手段主要有三种,即环境行政处罚、环境行政检查和环境行政许可。环境行政处罚主要是相关环境行政部门以法定程序为依据,在权限范围内对违反环境法律法规的个人或单位进行行政制裁,环境行政处罚具体包含警告、罚款和滞纳金。环境行政检查是应用最广的环境行政手段,主要是环境行政主体在法定权限内对环境行政检查对象进行资料收集及事实调查的行为,以了解和判断个人及企业遵守环境法律法规的情况。环境行政许可是环境相对方向环境行政主体提出可能对环境产生有害影响的事项申请时,环境行政主体给予许可或否定的行政行为。非强制性执法手段包含环境行政指导、环境行政奖励、环境行政合同三种主要方式。环境行政指导是环境行政主体在法定权限内,对环境行政相对方采取的劝告、指导等符合法律准则的非强制性行政手段。环境行政奖励是环境行政主体按照法律规定赋予环境行政相对方精神、物质等方面的权益,从而起到激励环境行为的行政行为。环境行政合同是环境行政主管部门同个人或企业基于协商签订的约束双方环境义务及权利的协定。此外,调查的部分县镇在实践中还运用了行政调解、扶持资助等其他环境治理手段。

## 二、以法律手段发挥制度规范作用

法律手段是通过法律规定环境权利与义务,以正式制度推进生态环境保护和环境治理的方式。环境法律是环境权利义务和规则制度的载体,以国家强制力约束企业主体、社会组织和社会公众执行环境保护制度,承担环境保护责任、履行环境保护义务。党的十八届四中全会首次提出"用严格的法律制度保护生态环境",要求加快建立法律制度,强化环境法律责任,提高环境违法成本。2014 年新修订的《环境保护法》,对污染防治和生态保护领域根本问题和基本制度进行了宏观性规定,强化了地方政府对行政区域内环境质量负总责的责任规定,设立专章规定"信息公开和公众参与",鼓励和支持更多主体参与环境治理。调查中发现,为预防环境违法行为发生,警示威慑违法者,各县镇依法运用了责令停产、停业整顿、吊销执照及行业许可证等处罚手段,敦促环境违法行为者进行改正。也有县镇对辖区内污染水源和污染大气的生产设备进行了强制拆除,以 F 县 L 镇为例,先后开展了 4 次小塑料生产取缔活动,环保执法机关按照新环境保护法"拆除设备、断电停水、清除原料、清理场地"的标准,联合行动小组依法强制拆除了塑料生产设备,并依法对企业法人进行传唤,严肃追究其法律责任。此外,为推进生态环境保护总体目标以及专项行动计划的实现,部分县还对乡镇政府行政负责人进行了环保督政约谈,促进环境责任的有效落实。

## 三、以经济手段发挥激励约束作用

环境治理具有典型的外部性特征,需要通过调用各种经济杠杆,促使市场主体根据经济杠杆导向主动调控环境行为,从而达到环境保护和经济发展相协调的目的。经济手段一般通过对损害环境行为加以限制,对保护环境行为加以奖励,调整环境行为主体的经济利益关系,建立起促进经济与环境协调发展的激励约束机制。调查中发现,各县镇从影响成本与收益的关系入手,结合本地实际应用了排污收费、排污权交易、先押金后退款、政府拨款和环境税等经济手段。针对大气、水、固废、噪声等领域的生态环境问题,H 县将排污浓度与排污总量相结合,综合运用静态收费和动态收费,对开发者加以监督约束,以经济手段促进了企业负外部性行为内部化。在植树造林、废弃产品回收再利用以及复垦等环境治理中,先押金后退款措施被广泛应用。先押金后退款是在植树造林、复垦等开发行为发生之前,先按照规定缴纳押金,若开发者做到了对生态环境的保护则返还押金;若开发者未按要求保护环境则扣留其押金。同理,若对废弃产品回收再利用避免了二次污染,也可以退还其押金。在区域大气和流域污染总量控制方面,排污权交易逐渐被应用。具体实践中一般会在特定区域内设定污染物排放总量标准,控制区域内污染源的排污量,允许各污染源的排放量进行市场化交易,达到减少排污总量的目的。对经济上不盈利的环境保护项目,各县镇还利用财政补贴形式促进环境保护项目的有效实施。此外,各县镇还根据可用环境资源的数量和质量,在区分环境友好产品和环境不友好产品的基础上,征收差别化的自然资源税,以此提高资源的利用率和环境效益。

## 四、以第三方治理发挥社会资本作用

第三方治理是排污主体通过缴纳约定费用,委托专业环境公司进行环境治理的市场化手段。第三方治理一般是在政府主导下,通过第三方进行有偿治理,达到降低治理成本,提升治理资源使用效率和保护环境的目的。第三方治理是环境治理的制度性创新,也是推进环境治理市场化的主要切入点。这一治理手段下,排污主体通过缴纳或支付费用,与专业环境公司达成合作协议,对生产经营行为带来的生态环境问题进行治理。传统"谁污染,谁治理"模式下只有环境行政主体和排污主体两方,治污主体参与环境治理后,在环境治理系统中就有了排污企业、第三方治理企业和环境行政主体三方主体,因此治污方被称为"第三方",第三方治理强调"谁污染,谁付费"。调查中发现,各县镇在环境治理中积极采用了第三方治理手段。以 M 县为例,该县已经拥有工业园区环境管家、环境咨询服务公司、工业园污水处理厂等 16 家专业化第三方治污企业,2022 年为排污企业提供服务 28 次,有效推动了M 县生态环境治理。该县绿园环保有限公司 2015 年成立,主要业务包含工业环境治理、城乡环境治理、土壤环境修复、固废处置与新能源开发、智慧环卫、环境服务等。2022 年 7 月,D 省环境保护督察组来 M 县进行环境保护督察,发现某工业园存在未建设污水处理设施,废水通过渗坑排放,违规引进落后生产工艺,重金属污染严重等生态环境问题,绿园环保有限公司通过环境管家,为该工业园区提供了污水集中处理一体化工程建设,协助园区开展重金属污染企业专项整治,提供定期巡检和环保政策咨询服务,编制应急预案,识别环境风险隐患,在较短时间为园区提供了系统化治理方案,提升了园区生态环境治理能力和水平,顺利通过省级环保督查。

## 第三节　环境数字化治理逐步展开

随着互联网、云计算、大数据、人工智能等现代信息技术在乡村的普及,乡村环境数字化治理获得了技术上的支撑。同时,大量扶持性政策的出台也为环境数字化治理提供了政策支撑。《数字农业农村发展规划(2019—2025 年)》指出,要"建立农村人居环境智能监测体系,汇聚相关数据资源,建立农村人居环境数据库"。《2022 年数字乡村发展工作要点》强调,"要加强农村人居环境数字化治理,建立健全大数据辅助科学决策和社会治理的机制,推进政府管理和社会治理模式创新"。在此背景下,乡村生态环境治理显示出信息化、数字化与网络化的特征,数据资源、数据治理思维与智能治理技术全面嵌入乡村生态环境治理,重塑了环境治理主体的理念、变革了环境治理决策方式,提升了生态环境治理效能。

## 一、环境数字化治理的重要价值

### (一)有利于环境治理方式的现代化

数字信息技术的快速发展,为乡村生态环境治理提供了技术手段上的创新,乡村生态环境治理和数字化技术相结合,本质上是对传统的"政府主导型"乡村环境治理方式的创新与发展,数字化技术嵌入乡村环境政策的决策、执行、监督的全部环节,推动了乡村生态环境治理的现代化。传统的环境治理决策基于决策者的主观经验,虽然也受到国家宏观政策和乡村环境现实状况的约束和影响,但环境决策仍然具有较大的提升空间。通过引进大数据技术,大量生态环境数据经过系统化汇总与分析,能够更加客观地反映当地环境状况,为环境治理科学决策和精准决策打下坚实的数据基础。环境数字化治理实践中,D 省 M 县以当地村民的环境需求与环境治理目标为出发点,收集汇总生态环境数据,建立了 M 县生态环境数据库,对生活垃圾处理、污水处理、秸秆焚烧处理等行为进行实时动态监管,汇集本地区环保宜居、公共治理等各种数据信息,实现了数字化技术与环境治理的深度融合,推动了乡村生态环境治理方式的革命性变革。

### (二)有利于环境治理决策的科学化

传统乡村生态环境治理中,由于基层体制壁垒、地区区位限制、数字技术落后等因素的影响,基层政府的权力运行呈现出高度集中的特征,多元主体参与乡村生态环境治理的机制不完善,环境治理的基础性信息流动阻塞,导致多元治理主体的环境认知和环境治理决策方式偏差、效率低下。大数据技术在一定程度上突破了这一限制,重塑了乡村基本公共权力运行方式,数据作为新型生产要素,融入生产、分配、流通、消费和社会治理各环节,完备且充分的数据成为基层政府环境治理决策的基础。运用数字技术可以快速广泛收集多元主体的环境利益诉求和治理建议信息,保证了乡村生态环境治理决策的广泛性和整体性。通过数字技术发布相关环境治理信息,实现了环境信息的共商共建共享,便捷了多元主体就环境治理进行交流并达成共识。在此基础上,对收集到的大量环境信息进行多维度、多层次的分析,实现了数字技术对环境治理决策的有效支撑,促进了环境治理决策的前瞻性与科学化。

### (三)有利于环境治理主体的协同化

受相关管理制度、交流互动平台的制约,传统乡村生态环境治理的实际推动者大多是基层政府,治理主体相对单一且权力集中,其他主体处于缺位状态,要么对环境治理不闻不问,要么简单表示认同,引发了"政府干、市场看"的现象。互联网、大数据和区块链等信息技术,为改变乡村生态环境治理主体单一化问题提供了技术上的支持,重新构建并发展了乡村生态环境治理形态,改变了多元主体的信息交流模式,实现了交流沟通直接化和便捷化,增强了多元主体的互动沟通,助推了乡村生态环境治理从单一主体走向多元主体。一方面,数字技术的便捷性和广泛性,突破了基层政府部门的职能边界,借助于数据化平台实现了政府职能部门间沟通互动,降低了内部沟通成本,促进了基层环境治理资源的协同。同时,数据化平台也推动了组织结构的整合与优化,实现了乡村生态环境治理从"基于传统经验"转向"基于数据技术"。另一方面,数字技术的实时性和有效性,推动了乡村生态环境治理多元主体的重新组合,借助于 G2C、G2B、G2G 信息技术手段,依托云端平台信息化渠道,基层党组织、基层政府、乡镇企业等多元主体能够跨越时空限制，就乡村生态环境治理中的具体问题展开协商交流，实现"不在场"的治理参与，构建起"人人尽责"的多元共治环境治理格局，促进了多元主体的有效协商和协同治理。

## 二、环境数字化治理的实践成效

### （一）环境治理精细化程度提高

数字化技术在乡村生态环境治理中的运用，使相关决策的制定与执行更加理性化、精确化。对海量数据统筹收集与系统分析，可以使多元主体的环境利益诉求得到准确传导，依据多元主体的实际需求提供精准的环境信息服务和环境政策咨询，化解了传统乡村生态环境治理方式存在的信息交流不对称、供给与需求不均衡难题，提升了乡村环境监测的精确性，推动乡村生态环境治理更具针对性。以调研中 M 县数字化空气质量监测为例，传统的空气监测数据一般来自于设置在不同地点的空气监测点，一旦某监测点的数据缺失，该区域的空气质量数据就不完整，难以保证空气质量预测的精准度。与传统获取数据渠道不同，大数据技术可以对实时数据、历史数据以及污染数据进行融合性关联分析，精确预测区域空气质量，为推进大气污染的科学治理提供有效数据支撑。同时，数字技术也提高了乡村环境应急事件的处置能力。由于交通条件、地理区位、基础设施等因素的限制，乡村环境质量的及时检测、环境数据的及时反馈存在延迟制约，通过数字技术的运用，可以对相关环境信息实现高效收集、及时传递，实时监控环境风险，有效减少和预防环境事件的发生。

### （二）治理主体协作化水平提升

数字技术的应用拓展了乡村生态环境治理主体，改变了环境治理的组织结构。传统环境治理主要采取自上而下的政府主导型模式，多

149

元主体参与不足,不能体现环境公共决策的公众利益优先性。乡村生态环境协同治理强调基层党组织、乡镇政府、企业、村民与社会组织等多元主体平等参与环境治理,倡导不同主体的协同与合作。数字技术的引进与应用,使得信息传播速度更加快速、传播范围更加广泛、传播方式更加多样,信息源不再面临时间和空间限制,多元治理主体可以通过微信、微博等自媒体平台发布环境信息和环境诉求。从企业主体来看,数字技术的便捷性不仅降低了企业获取环境信息的成本,促进了企业环境治理信息的共建与共享,在共享过程中还衍生出更多的数据资源,在一定程度上促进了企业对乡村生态环境治理的参与,激发了企业环境治理的积极性与能动性。从村民主体来看,随着数字化技术与乡村环境治理的进一步融合与发展,村民成为环境信息收集与监督的主体,推动了乡村环境数据平台建设。此外,数字技术跨越时空,将多元主体汇聚在同一个治理空间,形成了多元主体平等合作的协同共治关系,通过共建共治共享,促进乡村生态环境问题的有效解决。

### (三)环境治理智能化程度加强

传统的环境治理决策依据掌握的信息资料、经验和规律,对生态环境问题作出判断,治理决策建立在决策者的经验之上,环境决策的准确性与预见性不足。随着数字技术的应用,环境治理数据的收集从单一样本数据转向多元化数据,环境数据分析更加注重对影响乡村生态环境的因素进行全面系统考量,治理决策基于对数据和信息的分析评价作出,有效提升了环境数据分析结果的精准性和环境决策的科学性。也就是说,大数据时代的乡村生态环境治理决策,不再是建立在个别村庄环境数据基础上的经验决策和随机决策,而是根据数字平台上的广泛数据,依靠数学模型、计算机模拟等分析过程作出科学决策。同时,传统的环境信息汇报机制易出现数据遗漏和错误删减,数字技术克服了以往环境信息传输模式的弊端,避免了由于环境治理信息的不对称而引发的环境决策失误、环境管理成本增加等问题。总之,数字技术推动了乡村生态环境治理效能的提升,增强了环境治理过程的科学性与精准性。

### (四)环境治理数字化设施更加健全

数字技术在乡村生态环境治理中的应用,提供了符合乡村实际需求、更具专业性的环境服务与设施。在网络普及度方面,我国乡村地区互联网普及率达55.9%,其中4G占比超过98%,5G网正在向乡村地区覆盖,智能设备和网络基础设施普及率也在逐年提高,乡村每百户有计算机和移动电话分别达到29.2台和246.1部①。在信息化设施方面,卫星、遥感等高端设备已经逐步应用到乡村治理的相关领域,为农业生产、农业资源使用、环境行为检测提供了技术支撑。在数字平台建设方面,已经探索出"互联网+新型环境监管""乡村环境大数据""智慧百户"等数字化环境数据共享平台,改善了以往环境治理中数据碎片化及数据重复统计等问题。数字技术设施与乡村环境治理的有效融合,为推进乡村生态环境协同治理提供了技术上的支持,相关治理主体由被动参与转变为主动参与,个性化、互动化、精细化的数字化治理也保障了多元主体的环境权益。

## 第四节　乡村生态环境质量明显改善

改善环境是实施乡村振兴战略的重点任务,事关广大农民根本福祉。党的十八大以来,各地通过构建以基层党委为领导,基层政府为主

---

① 高榕蔚、董红:《数字赋能农村人居环境治理的社会基础与实践逻辑》,《西北农林科技大学学报(社会科学版)》2023年第1期。

导,乡镇企业、社会组织、村委会和村民共同参与的环境治理体系,提升了乡村生态环境治理的效能。调查发现,以推动落实行动方案要求为抓手,各地积极开展生态环境治理,乡村生态环境质量明显改善。

## 一、生活垃圾治理有效推进

生活垃圾治理是乡村环境治理中的主要任务和重要内容,调查中发现,近年来在各地基层政府、村委会和村民共同参与下,生活垃圾的采集运送、资源化利用和合理化处置取得了明显成效。一是发挥市场机制作用,推动城乡环卫一体化、购买第三方服务等市场化环境治理,逐步建立起生活垃圾治理责任机制、村庄净化绿化美化保洁机制、环境治理多元化投入机制和环境监督指导机制,垃圾清理配套设施明显改善,各县镇环卫公司统一配备垃圾清理配套设施,统一聘用招募保洁员,由保洁员负责及时收集生活垃圾。村民李女士表示:"现在我们村里每家门口都有村里统一发放的垃圾桶,每天都有人专门回收我们的生活垃圾,同时也有了专门的垃圾场。"二是积极探索推进乡村生活垃圾分类,坚持就近就地就农利用,实现了生活垃圾源头减量,生活垃圾治理水平不断提升。近年来,D 省投入大量人力物力财力开展村庄清洁行动,在辖区范围开展环境整治暨秸秆垃圾清零行动,各村垃圾积存点和集中成堆垃圾问题基本消除。2022 年,H 县投资 5649 万元,建成生活垃圾中转站 8 座,配备村手机钩臂箱 950 个、垃圾桶 3 万余个、垃圾转运车 26 辆、环卫保洁车辆 14 台,出动人力 1200 余人次,车辆 528 辆,清理杂草 323.6 吨,生活垃圾及工业废弃物 1358.9 吨,建筑垃圾集中转运 5231.6 吨,形成了"村收集、镇转运、县处理"的城乡环卫一体化模式。[①] 村民王先生

---

① 数据来源:在 H 县调研过程中工作人员提供的工作台账。

说:"这么多年来,从来没见过这么下大力气集中清理垃圾,而且清理得这么干净,村内的垃圾一下子变少了,村内整体环境提升上去了,希望以后能保持住,让村子越来越干净。"三是环境治理宣传效果明显,农民参与生活垃圾分类的主动性积极性增强,环境意识普遍提高,农民逐渐养成生活垃圾分类习惯。83.5%的受访农民表示,所在村庄经常宣传环保意识,73.2%的受访农民认为生活垃圾治理非常有必要,67.5%的受访农民愿意积极参与生活垃圾治理。

## 二、污水治理效果明显

调查发现,经过多年的统筹规划,生活污水集中统一处理机制和设施逐步完善起来,由起步阶段的个别村示范转向村村普及推广,基本上实现了村民生活污水零散随意排放,向集中统一排放和资源化利用的转变。D省各县镇积极采取摸底数、抓试点、建标准的策略,科学有序推进生活污水集中治理。经济基础好、人口常驻率高、居住集中的村庄基本实现了污水处理管道全覆盖,修建起了截污管网和污水集中处理站,形成了融污水处理与农作物种植、家禽养殖于一体的污水再利用处理模式。同时,部分县镇重点推进了污水处理设施、运维体系和雨污分流建设,加强污水管网设施的铺设和黑臭水体排查整治,污水收集池、沉渣池、水污分流管道等设施建成投入使用。此外,随着污染源按规模分类管理的持续推进,各县镇逐渐形成以水环境质量改善为核心的环境绩效考核办法,在充分考虑环境承载力的情况下,有效利用生活污水,创新生活污水治理技术,提升绿色发展水平。2020年至2022年H县累计投资2.3亿元,实施安全饮水、绿化亮化和污水治理等项目1300余个,建成村级污水处理站73个,建设安全饮水项目104个,绿化村庄105个,群众生活条件得到明显改善。访谈中王村长表示:"东六组的下水排污已全部实施,我们村的管网铺设还没有完成,现在完成了40%,暗排水项目也在有序开展。"县环保局李同志谈道:"村里设置的污水处理厂每日可处理污水 1000 吨,县里的污水处理厂每日可处理 25000 吨。"Y 村村主任表示:"二次污水处理站建好了,污水管道也已经全部铺设了,过去路烂水咸的状况已经发生根本性转变。"

### 三、厕所改造整村推进加快

农村厕所改造是改善人居环境和生态宜居乡村建设的重要任务。D 省各县镇政府结合本地实际,加大了厕所改造资金人力投入,将厕所设施建设、厕所卫生文化转变、污粪管理利用纳入乡村振兴战略,加大了厕所改造力度,促进了土壤及地下水污染问题的有效缓解。通过持续努力,D 省各县镇基本告别了使用旱厕的历史,农村户用卫生厕所和公厕基本普及,实现了粪污处理资源化利用。各县镇结合实际、因地制宜、分类指导,经过努力,厕所服务设施得到了明显提升和完善。截至 2022 年 8 月,D 省完成行政村公厕改建 1651 座,"行政村建成 1 座及以上公厕"的目标基本实现,已建设农村卫生户厕 62.3 万座,卫厕覆盖率 87.2%,无害化卫生户厕 35.7 万座,覆盖率 69.3%。① 厕所改造过程中,H 县坚持"稳步推进、分类指导、注重实效"原则,在污水管网全覆盖和有污水处理设施的村庄,使用完整上下水道水冲式厕所;在污水管网未覆盖的村庄,重点推广使用三格式、水泥小三格式或多户集中联建大三格式化粪池,累计完成农村改厕 36807 户,卫生厕所普及率达到 93.09%。② 村民韩女士表示:"政府下大力气推进厕所改造,在自愿的基础上,为各家进行免费施工,我们村除了常年在外的农户,其他农户

---

① 数据来源:D 省人民政府网站。
② 数据来源:在 H 县调研过程中工作人员提供的工作台账。

家的厕所改造都已普及,厕所环境明显改善,我们生活得更加舒心了。"实际上,农村厕所改造,不仅带来厕所建设上的提升,农民的卫生意识和思想观念也得到了大幅提升。村民张女士讲道:"厕所环境的改善,一方面方便了我们的生活,另一方面也带来我们生活习惯的改变,感觉整个人都文明起来了。"

## 四、村容村貌明显改观

经过持续治理,D省村容村貌的改善呈现立体化全方位特点,道路硬化、村庄亮化、环境绿化、村容美化扎实推进。一是村村连通道路打通,村内主干道硬化,道路整修补改,公路两侧绿化有序推进。在访谈中,村民邓女士谈道:"我们村的路面硬化已实现全覆盖,下雨天也可以去冬枣地干活。"二是私搭乱建违章建筑全部拆除,对空中散乱的各种电线、网线进行了规范梳理,沟壑内垃圾得到清理,闲置宅基地得到清理,房屋、仓房、圈舍建设有序。三是农户房前屋后、沿街沿路进行清理改造,村庄环境、道路两旁焕然一新。四是科学规划、合理布局种养殖业,养殖污染集中治理逐步推广,农户在庭前屋后种起了小花园、小菜园和小果园,保障了日常蔬菜供给,绿化美化了乡村环境,增加了庭院经济收入,山青水绿、宜居宜业的美丽乡村逐渐形成。以G镇为例,自乡村振兴战略实施以来,G镇坚持把政府推动与尊重村民意愿相结合,对辖区村庄的房屋进行了清洁改造,道路两旁路灯与指示牌整洁有序,人员聚集的活动性场所增建了公园与广场舞场地,便利了村民文化活动的开展。此外,G镇在整村推进村容村貌改善基础上,深入挖掘各个村庄产业特色,全镇融合"一镇一业、一村一品"将产业发展与村庄规划相融合,依托丰富的农业产业资源,发展特色种植、农耕体验、认养农业,通过文旅引领、产业带动、农业做优,带动村容村貌提升与农业产业协同发展,种植了大棚草莓、精品黄桃、药用牡丹等特色农业产品,重点打造形成了油菜产业园、冬枣产业园、阳光玫瑰葡萄产业园、高石脆瓜产业园等特色农业产业园,初步形成了"康养+种养+体验+旅游"全产业链,农业产业园与整洁干净的村容村貌相互映衬,乡村"生态美"与农民"收入美"相互支撑,展现出宜居宜业和美乡村的田园特色与蓬勃生机。

## 五、废弃物资源化利用逐步推广

2019年中央一号文件提出:"要加强农村污染治理和生态环境保护,发展生态循环农业,推进畜禽粪污、秸秆、农膜等农村废弃物资源化利用,实现畜牧养殖大县粪污资源化利用整县治理全覆盖,下大力气治理白色污染。"近年来,D省将废弃物资源化利用作为发展绿色农业的重点内容,以畜禽粪污秸秆等农业废弃物资源化利用为抓手,促进现代生态农业循环发展取得了显著成效。2022年畜禽粪污综合利用率84%、秸秆综合利用率94%、废旧农膜回收率75.3%,①各县镇持续完善农作物秸秆、畜禽粪污、农膜、农药包装废弃物回收利用体系,深入推进畜禽粪污资源化利用。一是建立受益者付费、第三方治理和社会化服务收费机制,推进畜禽养殖场治理提升,推动就地就近畜禽粪污还田利用,全面提升养殖业绿色化水平。二是完善秸秆还田再利用体系,通过秸秆还田与离田收储利用,提高秸秆还田质量,培育高附加值的秸秆综合利用主体,健全农作物秸秆收储体系。三是加强废旧农膜、农药包装废弃物回收处置,推进废旧农膜回收网络全覆盖,推进全省30%的产粮大县和蔬菜产业重点县开展农药包装废弃

---

① 数据来源:D省人民政府网站。

物回收处置。四是推广垃圾资源化和再利用模式,对纸类、金属、塑胶制品、玻璃、木制品、化纤类、电子产品、废电池等可回收的固体废弃物进行分类回收处理再利用。对医疗垃圾和含重金属废弃物不可回收的固体废弃物以及危险废弃物,进行热解、填埋专业化处理,稳步推进农业废弃物资源化利用。

# 第五章 乡村生态环境协同治理的制约因素

加强乡村生态环境治理,促进生态宜居美丽乡村建设,是全面推进乡村振兴的重要任务。在城镇化与现代化浪潮的冲击下,同质封闭的乡村结构逐渐瓦解,乡村生态环境问题的复杂性、扩展性和差异性显现,迫切需要多元主体相互协同、协商共治,形成治理合力。在 D 省调查发现,多元主体协同共治的环境治理体系虽然初步建立起来,但依然存在治理主体环境权责不明晰,协同治理机制不完善,协同治理法规制度不健全,环境治理资源配置不均衡等问题,整合多元利益诉求与化解环境治理冲突的难度在攀升。进一步提升乡村生态环境治理效能,需要以协商为核心,以自治为基础,遵循众人的事由众人商量着办的原则,充分发挥多元主体平等协商重要作用。

## 第一节 治理主体环境权责有待明晰①

调查发现,经过多年的科学部署和组织,以基础设施为主的乡村生

---

① 本节节选了张晓艳、吕娟合作完成的《我国农村环境多元共治的困境与消解》一文的部分内容,该文发表在《河北环境工程学院学报》2021 年第 5 期。

态环境治理"硬环境"已得到显著改善。相比较而言，以组织管理为主的乡村生态环境治理"软环境"仍然相对滞后，多元主体环境权责不明晰制约着乡村生态环境治理的进一步深化。

## 一、基层政府环境权责边界模糊

基层政府是连接上级政府与基层乡村的桥梁，负责国家大政方针的具体贯彻落实，在乡村生态环境治理中发挥主导、组织和协调的作用。乡村生态环境治理的开展一般由县级政府统筹安排，乡镇政府规划部署，通过乡镇政府落实资金拨付、人员调配和技术指导。环境治理目标的明确、治理方案的制定、治理组织的开展、治理监督检查等环节，基本都是在乡镇政府的安排下进行，村委会、辖区企业和村民等治理主体只是按照要求开展工作，多元主体环境治理的主体性作用和治理职能没有充分发挥，造成多元主体实质性参与的缺失，出现有参与无合作的"形式化参与"。同时，乡村生态环境治理一般涉及多个职能部门，由于各职能部门的职能权限、责任范围没有明确界定，环境治理职能分散，条块分割，行政成本高。按照现阶段环境保护和治理机制，大量的环境保护和治理工作是基于自然资源、农业农村、水务、住建、综合执法、市场监管、交通运输等职能部门工作的基础上展开的，协同治理机制尚未建立，环境治理的合力较弱，环境治理的整体性与职能部门的分散性形成矛盾，导致相关部门环境权责边界模糊，在履行部门职责时会产生障碍，难以实现环境治理目标。

基层政府环境权责边界模糊，也带来了环境治理效果的失灵失范。一是唯 GDP 论英雄的政绩观导致政府环境治理"慢作为"。一些地方受片面"以 GDP 为中心"绩效观的影响，这些地方发展与 GDP 密切相关，官员晋升与 GDP 紧密相连，地方政府不再是"公利人"，而成为以追求地方经济短期发展和任期绩效为目标的"理性人",对乡村生态环境治理重视度不够,积极性不足,治理进程相对缓慢。二是乡村治理制度体系漏洞导致治理效率低下。现有的环境治理制度基本上是针对城市环境特点设立的,针对乡村环境治理的制度体系还不完善。一方面,不同省份环保机构垂直管理制度改革进程不一致,基层乡镇环保机构设置参差不齐。另一方面,个别地区行政处罚法尚未完成修订,乡镇环保机构人员在环境治理中没有执法权,扮演的仅是"发现、制止、报告"的角色,缺乏事前预防和监督的应有功能,制度体系中的"权责不对等"导致了环境治理效率的低下。三是个别基层地方政府对乡村生态环境监管不到位,内部约束不足和外部监督不力带来"不作为、乱作为"现象。"不作为"表现在政府执法上的"宽松软",对高污染企业治理力度不够。"乱作为"表现在地方政府过度监管或与企业合谋,要么对污染企业一关了之,要么为了经济发展忽视环境污染,导致环境治理的失范与无序。

传统以政府管制为重心的环境治理模式,忽视了对政府权力边界的规范,无边界的权力在政绩导向下会出现权力寻租。多元主体参与环境治理模式中,政府及其职能部门存在将本应承担的环境责任转移给其他主体的倾向与风险。从权利方面看,应赋予基层政府与履行环境职责相适应的行政权,增强基层政府环境治理影响力。从职责方面看,基层政府应加强对其他主体参与环境治理的组织和领导,推动环境治理的公益性和社会化宣传,将秸秆焚烧、水源地保护、环境安全和环保基础设施建设纳入村级工作考察,切实提升乡村环境质量。调查中发现,基层政府环境行政权与环境治理责任存在不一致,基层政府权力越位与权力缺位并存,影响了村民对环境意愿的表达和参与环境治理的积极性。同时,受传统政绩观、治理能力和制度漏洞等多重因素的影响,政府环境服务效率低下,不能满足社会公众对环境公共品的需求。

## 二、企业主体环境履责不足

作为经济活动的主要参与者,企业生产经营活动与生态环境紧密相关,企业既是污染排放的行为主体,也是环境治理的责任主体,承载着应然的环境责任。但是,逐利是企业的第一价值追求,追求利润最大化是企业的本质要求。新《环境保护法》虽然对企业履行环境责任有明确规定,要求企业必须遵守法定的污染物排放标准。但是,并没有对处罚标准及操作细则作出明确的规定,细则规定的缺乏,导致环保部门监督企业履责时缺乏直接的法律依据,个别企业存在违法成本不高的错觉和侥幸心理,在落实环境责任时积极性不高。在追求资本增值和经济效益过程中,一些企业会将自身利益与公众利益进行博弈,选择环境治理合作或者不合作。同时,企业也会在长远利益与当前利益间博弈,资源具有的稀缺性会引致企业追求短期经济效益,忽视环境治理和长期可持续发展,选择转嫁环境责任,这是制约企业主体参与环境治理的重要因素,也是企业主体在乡村生态环境治理中履责不足的主要动因。

涉及乡村环境治理的企业主体,包含了生产经营型乡镇企业和环保治理型企业。一方面,个别乡镇企业环境责任感相对淡漠,为了追求经济利益对环境法规"视而不见""以身试法"现象时有发生。同时,随着乡村振兴战略的全面推进,一些乡镇企业为套取政策红利积极入驻乡村,虽然在经营相对环保的农业产业,但是在土地使用过程中较少顾及土壤保护,促进经济增长的同时也破坏了生态环境。同时,一些乡镇企业缺乏污染防治设施设备等技术能力和污染治理的技术手段,自主研发能力不足,环境治理技术设备供给与市场需求脱节,加之参与生态环境保护与治理不能给企业带来直接经济效益,企业主体会因高昂的治污成本放弃本应承担的环境责任。另一方面,传统环保企业不能适应乡村生态环境治理的新要求。现有的环保企业基本是在城市环境治理中兴起的,企业运营模式和产品研发以城市环境特点为基础,对乡村环境治理缺乏规律性认识,不能实现"治"与"用"的有效结合,也不能满足乡村生态环境治理的新特点和新要求。

## 三、村委会环境治理职能异化

我国宪法规定乡村居民按居住地区设立村民委员会,村民委员会是乡村群众自治性组织,村民通过村民委员会参与乡村公共事务。村民自治是村民在基层公共事务中依法自我管理、自我服务的制度安排,是国家治理体系的重要组成部分。村民委员会具有贴近乡村现实、了解乡村环境的天然优势,能够针对本村资源实际情况提出有针对性的治理方案和治理制度,以可持续发展的方式管理好本地自然资源。在村民生产生活污染和企业工业污染治理方面,通过村委会组织集中治理,可以减少治理交易成本,提高治理质量和效率。同时,村委会不属于政府体制,更具灵活性和创造性,加之乡村生态环境与村民利益息息相关,村委会对环境问题更加关切,可以综合调动本村资源投入环境治理。

但是,一些村委会在参与乡村生态环境治理中职能发生了异化,"行政化"倾向明显,自治权过于集中。从"行政化"倾向看,随着乡村环境治理的深入开展,国家资金投入和转移支付力度不断加大。为了加强对资金使用的有效监管,行政力量逐步介入到基层治理中。在此过程中,"自治"与"行政"出现结构性冲突,村民自治处于"悬浮"状态,配合乡镇政府应对环境治理中的检查考核成为一些村委会的主要任务,而这些村委会对本村公共环境治理未能有效作为,村民的环境诉求不能得到及时回应。个别村委会自治权集中,这包括村民个人权利向村委会集中和村委会权力向村民委员会主任集中两个层面。村民个人权利向村委会集中,是由于村民在乡村环境治理中常态化的不发声、不参与,不能充分发挥治理主体的应有作用,导致决策权向村委会集中。村委会权力向村民委员会主任集中,是由于村委会成员为了规避决策风险而引发的权力集中,对于简单且风险较低的环境事务,村委会成员通常会参与表态,而对于复杂的环境事务,村委会成员则不愿承担责任表明态度,导致村民委员会主任成为决策的拍板者和责任的兜底者。

## 四、村民环境治理作用发挥不够

环境治理语境下村民是多重角色的集合体,既是优美生态环境的需要者、享有者和自然资源的使用者,也是环境问题的制造者和承担环境责任的治理者,就环境治理者角色而言,村民在环境治理中的作用还有待进一步提升。一是传统管控式环境治理存在行政规制路径依赖,遵循以政府为主导,以环境法律、行政法规对乡村环境治理的刚性约束,以禁令、罚款等负向激励形式规范乡村环境治理行为,对村民参与环境治理的典型话语是"不要做""禁止做",村民参与的制度保障缺失,挤压了村民参与治理的空间①。在政府主导的硬性考核压力和行政规制背景下,村民常被当作环境的潜在破坏者被规制,行政权力在乡村生态环境治理中的"过度主导"以及对村民权益保障的缺失,导致对村民参与的挤出。二是村民参与治理机制不完善。新《环境保护法》

---

① 于水、鲁光敏等:《从政府管控到农民参与:农村环境治理的逻辑转换和路径优化》,《农业经济问题》2022 年第 8 期。

虽然明确规定了公众参与环境保护和治理的原则,但是由于认知的局限和参与治理保障机制的不完善,一些村民在环境治理中发挥的作用仍然有限,环境诉求表达的途径和方式有待进一步完善。三是村民环境治理积极性得不到充分发挥。村民虽然是环境利益的相关者,但受环境意识薄弱、习惯性依赖政府管理、本能地自我避责等因素的制约,较多村民在生态环境治理中的参与度还比较低,村民生态环境治理的主体地位还没有确立。

《农村人居环境整治提升五年行动方案(2021—2025 年)》强调,在环境治理中应注重村民主体性作用的发挥。但是,在具体实践中,村民参与的无序性和被动性较为突出。村民参与的被动性由客观因素和主观因素共同导致。客观因素方面,受长期行政管控模式的影响,地方政府在乡村环境治理中占据主导地位,村民参与环境治理的空间被挤压、参与的主动性降低。主观因素方面,受传统生产生活习惯、环境认知水平以及环境素养的制约,大多数村民认为环境治理是政府的事情,主动参与环境治理的意识不强。

## 五、社会组织参与环境治理质量不高

社会组织是村民基于共同需求自愿成立的具有互助性、服务性、公益性和自治性的共同体。在促进环境治理方面,社会组织发挥着组织凝聚村民、畅通民意民情表达的重要作用。一方面,能够有效整合多种资源,加强基层政府和村民沟通,减少环境治理的沟通障碍和矛盾冲突,对基层政府环境治理职能的发挥和企业环境保护责任的落实进行监督。另一方面,能够从村民环境利益的角度出发,与基层政府进行协商交流,敦促基层政府优化环境治理的程序方式,提升生态环境治理的科学性和规范性。同时,也能够以自身技术的专业性和社会影响力,进行环境污染防治知识的宣传,帮助环境污染受害者维权,对企业主体环境违法行为进行监督,为基层政府提供专业的环境决策咨询,还可以通过环境公益诉讼等对企业主体和基层政府进行监督,为乡村生态环境治理贡献智慧。

但是,从调研结果来看,社会组织在参与环境治理中没有发挥应有的职能。一是信息沟通不足制约了社会组织参与环境治理的科学性。当前,社会组织参与环境治理的方式主要有听证会、座谈会等,看似信息沟通渠道多样,但形式大于实质,社会组织难以获取真实有效的环境信息。即便基层政府为社会组织参与环境治理提供了畅通的渠道,但由于信息不对称,一些社会组织对真实环境信息了解有限,在参与环境决策时被动陷入失语境地。二是社会认可度不高限制了社会组织参与环境治理的影响力。受长期权威管制型治理模式影响,社会组织参与环境治理表现出一定的软弱性,经常选择性地表达环境治理意见和策略,难以促进乡村生态环境治理的实质性提升。加之资金来源单一、人员规模较小,社会组织在号召力、组织力以及对环境决策的影响力等方面的作用有限。三是自身发展短板影响了社会组织参与环境治理的有效性。从组织构成来看,社会组织属于业余性志愿组织,职业化专业化程度不高,专业环境人才缺乏。从组织性质来看,社会组织基于自愿基础上成立,对成员缺乏约束力,组织相对松散,难以形成稳定的组织形式和高效的运作模式,影响了参与乡村生态环境治理的成效。

## 第二节　协同治理机制有待完善

调查发现,乡村生态环境协同治理机制总体上尚处于建构阶段,存在协商共治机制不畅通、激励约束机制不完善、绩效评价机制不健全等问题。从乡村环境协同治理整体发展来说,还需要不断加强存量治理、遏制增量发生。多元主体协同参与的协商共治机制、奖惩激励机制、监督约束机制、绩效考评机制都有较大的改善和提升空间。

## 一、协商共治机制有待完善

### (一)协同治理意识有待增强

随着市场化和城镇化的深度发展,大量村民离开乡村进城务工,以往"村庄共同体"逐渐模糊,乡村原有的以道德舆论和村庄共同价值为约束的合作规则渐趋弱化,多元主体之间的沟通缺少传统道德约束,相互协商、共同合作的意识与实践不足。一方面,多元主体市场意识和利益意识深刻觉醒,对环境利益的追求呈现多元化,影响了治理主体的行为选择。传统的"村庄共同体"大多以宗族和血缘关系为基础建立,受到市场化、城镇化和信息化影响,"村庄共同体"逐渐淡化,乡镇企业、村委会、社会组织和村民在参与环境治理时会衡量比较自身利益得失,彼此之间的相互依赖性相对削弱。当个人环境利益大于集体共同利益时,互帮互助、互相包容的意识会下降,不能实现环境利益的共享和责任互担,相互合作、彼此协商渠道受阻,导致乡村生态环境治理难以有效推进。另一方面,传统的单轨制环境治理方式,在一定程度上缺失交流、沟通、协商等彰显社会主义民主与法治精神的治理内核,导致部分乡村地区的社会组织、村委会和村民在生态环境治理中难以发挥应有作用。同时,部分村干部环境意识不强,参与环境治理消极懈怠,只是形式化地完成治理任务,参与环境治理时不能够按照规章制度执行,利用人情关系以及主观判断处理问题,影响了多元主体协同参与乡村生态环境治理的效率。

### （二）协同治理能力有待提升

推进乡村生态环境协同治理,本质上是持续增加环境公共产品的有效供给,有序调节环境公共产品供求关系,强化系统治理导向,优化空间格局和产业布局。调查中发现,部分乡镇企业由于认知的局限,参与环境治理的意愿和能力不足,不了解环境资源具有的公共属性,即使明白生产经营过程中产生的大量废弃物会对乡村生态环境造成危害,但对环境危害具体程度缺乏清晰认知,不愿主动承担相应环境责任。所以,生产经营过程中,依旧会把追求经济利益最大化放在首位,过度开发利用资源,规避环境责任。同时,由于乡镇企业分布范围较为分散,依靠单一主体难以建设整套环保设施并加以维护。治污成本高昂以及治污收益的缺失,环境成本投入与环境经济收益的明显失衡,导致乡镇企业参与环境治理的积极性不高。对大多数乡镇企业而言,通过共同协商协同参与环境治理,更能体现出经济效益和环境效益的统筹兼顾,因此,当前需要进一步提升乡镇企业环境协同治理能力。

社会组织是乡村生态环境治理的重要参与力量,是新型环境治理参与主体,在乡村生态环境协同治理中具有独特优势。但是,由于我国乡村地区发展不平衡、不充分,一些乡村地区由于资金限制和人才制约,短时期内社会组织的数量和治理能力还不能适应乡村生态环境治理的需要。部分社会组织会为完成某一项临时性的环境治理任务或者短期的监督考察活动而召集组成,缺乏常态化组织运营和规范化治理参与,在环保知识宣传、提供环保公益诉讼、为村民开展环境维权服务等方面,难以适应乡村生态环境治理的需求。此外,社会组织发展的专业化和职业化程度较低,整体实力不足,专业管理人才缺乏,与基层党组织、乡镇政府、村委会以及村民的协同度不高,没有形成稳定的组织形式和高效的协同治理运作模式,影响了乡村生态环境协同治理的推进和效果。

村民是乡村生态环境治理的主要参与者和良好生态环境的受益者,一方面,村民偏好以传统增施农药化肥方法提升农业经济收益,对于是否会对乡村生态环境产生污染、影响农作物质量并不在优先考虑范围,对如何科学种植、促进环境可持续发展缺乏清晰认知。另一方面,宗族邻里关系、"面子"情分影响着乡村生态环境协同治理。传统乡村社会中,基于血缘的宗族关系、基于地缘的邻里关系具有较强的组织力和凝聚力,影响着村庄事务决策。调查发现,部分乡镇企业出于私利,选择夜晚作业、污水加压打入地下的方式规避环保督察,既影响村民日常生活,也带来了环境问题。但是,碍于宗族关系和邻里关系,这类环境问题一段时间内得不到及时举报和处理,影响了环境治理效率,村民协同参与环境治理的能力需要进一步提升。

## 二、奖惩激励机制有待加强

### (一)环境经济激励有待完善

经济激励以经济利益为诱导,将环境主体的环境行为与成本效益挂钩,推动涉农环境主体生产生活行为的绿色化转型,从而实现环境治理目标。经济激励是推动乡村生态环境治理的重要手段,在乡村生态环境协同治理过程中,经济激励的作用有待加强。一方面,自然资源税征收范围过于狭窄、税率较低,不能有效缓解乡村资源短缺、资源利用率较低的问题,难以体现环境资源的实际价值,对高耗能产业的限制和乡村产业结构优化的导向作用没有充分发挥出来,妨碍了乡村产业的高质量发展和乡村环境的改善,当前应适当扩大环境资源税征税范围。另一方面,基层政府环境财权与环境事权不相匹配,各县镇政府承担着生态环境治理的主要责任,但缺乏相应财力以满足乡村生态环境治理支出。因此,需要合理划分基层政府环境财权、事权及环境责任,以保证县镇政府环境保护事权与财权相匹配,建立相应的生态转移支付制度,使地方拥有更多的财力进行环境治理,协调联通不同地域、不同层级政府间环境保护财权,促进乡村生态环境保护公共服务供给均等化。

### (二)物质精神激励有待改进

物质激励和精神激励作为调动环境治理主体积极性的有效手段,对主体的环境行为有着重要的影响作用。物质激励是以对物质利益关系调节为着力点,激发多元主体的环境治理动机和行为,通过给予环境友好行为和参与环境治理行为相应的物质报酬,促进多元主体积极参与环境治理。当参与环境治理带来的收益对其有足够吸引力时,多元主体参与环境治理的内在动力会被激发。乡村环境物质激励主要把资金奖励、积分兑换作为主要激励方式,由于物质激励的力度较小,难以持续激发多元主体参与环境治理。就积分兑换生活物品方式看,积分所能换到生活物品少且价值低,对村民尤其是中青年村民吸引力不大,同时环境治理积分的认定过程烦琐、周期长、激励频率不高。精神激励是通过荣誉、价值、尊重等方式对环境友好行为和积极参与环境治理行为,给予社会认可和心理强化的非物质激励方式,通过多元主体集体感、荣誉感的提升,满足多元治理主体的精神需求,调动参与环境治理的积极性和主动性,进而将主观能动性转化为环境治理生产力,最终实现环境治理目标的激励过程。与物质激励相比较,精神激励需要通过相应环境治理制度转化为激励动能,不具备物质激励的直接性。"红黑榜""五星级文明户""最美庭院"等荣誉是乡村生态环境治理精神激励的主要方式。由于不具有客观实体,不易掌握和衡量,环境精神激励的作用需要进一步提升。

### 三、绩效考评机制有待强化

#### （一）环境考评指标体系有待完善

科学合理的环境考评指标体系,有利于促进环境治理效率的提升,加快人与自然和谐共生的现代化建设。现有对乡村生态环境治理的评价指标主要围绕资源环境和生产生活环境展开,相对静态地反映乡村环境质量状况,较少动态化反映环境质量变化,难以体现环境治理主体之间、治理对象之间、治理手段之间的协同度,也没有体现出乡村生态环境协同治理中应该遵循的法治化、制度化和民主化原则。因此,应该加强乡村生态环境治理制度化、法治化和民主化维度考量,积极完善考评指标体系。就制度化而言,环境评价指标体系应该能够反映多元主体依照合法程序进行环境治理决策的过程,通过正式制度和非正式制度约束,对多元主体的环境治理行为进行有效规范。就法治化而言,全面依法治国是中国特色社会主义的本质要求和根本保障,多元主体需要运用法律手段依法参与环境事务。但是,现有的环境考评反映法治化程度的指标相对薄弱,对环境法律法规的总体设置、具体操作、执法手段以及法治理念反映不够。应该进一步优化环境评价指标,将环境立法、环境执法、环境司法相关内容纳入指标体系。就民主化而言,村民自治是广大村民行使民主权利,依法实行自我管理、自我教育、自我服务的基本政治制度。村民可依法行使环境自治权,推进村级环境事务民主决策、民主管理和民主监督。环境绩效考评指标应该反映村委会的组织治理和村民参与治理情况,将环境民主知情、民主决策、民主监督纳入评价指标,促进乡村生态环境治理的民主化。

#### （二）环境考评主体有待拓展

环境治理考评主体的明确对于多元主体生态责任意识的树立和治

理绩效评估体系的丰富具有重要作用。乡村生态环境协同治理绩效评估过程缺乏全面性,没有将村民、社会舆论、市场监督纳入考评主体。环境评估标准的合理性、环境评估方法的有效性、环境评估结果的客观性需要进一步强化,环境绩效考评责任机制、回应机制、奖惩机制需要进一步完善。同时,由于乡村生态环境治理职责主要由基层政府相关职能部门承担,考核主体之间缺乏相互联动,绩效考评的监督促进作用没有充分体现出来。此外,公众主体参与环境绩效考评面临时效性和形式化问题,社会环保评估机构和环保专家等专业团体,在乡村生态环境治理中的评价考核作用未能充分发挥。当前应遵循基本公共服务均等化原则,结合不同主体的权限与能力差异,充分考虑环境保护政策受益对象的范围及属性差异,建立差别化的考核评价责任体系,明确"省级党委政府负总责、市级党委和政府重监督、县级党委和政府抓落实、乡镇党委和政府管实施、村级党委领导村民自治"的五级责任体系,出台更多具有针对性的倾斜政策激励县镇党委和政府充分调动社会组织、乡镇企业和村民参与环境绩效考评的积极性。

### 四、监督约束机制有待健全

完善的监督约束机制对于促进乡村生态环境依法合规治理具有重要意义。《关于加强和改进乡村治理的指导意见》提出,要规范小微权力运行,建立健全小微权力监督制度。按照这一要求,乡村生态环境协同治理中需要进一步加强乡镇政府和村民委员会环境治理监督,创新监督体系,拓宽监督渠道,为推进乡村生态环境有效治理提供监督保障。

### (一)乡镇政府环境监督能力有待强化

乡镇政府与乡村环境治理关系最为直接,是乡村环境治理公共资源的主要提供者、乡村生态环境治理的主要组织者,也是治理成效的主要监督考核者。从调查结果来看,乡镇政府具有的环境治理能力还不能适应环境治理需求,面临环境专业人员短缺、专业设备不足、环境监管乏力等问题,环境污染治理执法不严、有法不依、违法不究也时有发生。部分基层环保部门不能正确执法检查,对发现的环境问题指导整改不及时,采取"说情"保护的态度,环境监督严肃性不够。同时,由于乡村生态环境问题形成原因多种多样,呈现周期性变化特征,既增加了环境损害行为界定和取证的难度,也增加了环保执法监督的工作量。一些乡镇政府环境监督能力不足,成为限制乡村生态环境多元协同治理效能的重要因素。

**(二)村委会环境监督职责有待规范**

村支部委员会和村民委员会既是乡村环境治理的主要参与者,也是乡村生态环境治理中民主监督的组织者和实施者,接受村民监督和自我监督,在推动乡村基层民主自治,维护乡村社会和谐稳定等方面发挥重要作用,是乡村生态环境治理监督的重要主体,具有直接的参与性与广泛的群众性特点。村民民主评议是监督的主要方式,一般通过村民会议和村民代表会议审议村委会及其成员工作,督促村委会及其成员规范环境治理行为。但是,在环境治理实践中,村委会的主要功能和作用仍然限于提供最基本的清洁服务、动员村民自发清除生活垃圾、清洁路面等,强化农民环境法律意识、创新环境治理方式、促进村规民约环境治理效能实现等方面的作用发挥不够。因此,需要因村制宜采取适合不同村庄的监督方式,增强监督的适用性和针对性,明确村务监督委员会环境监督权限和监督内容,确保环境监督有法可依、有章可循,保障监督的有效性和约束性。

# 第三节 协同治理法规有待健全

乡村生态环境协同治理需要以相应的法律法规为依据,在合法性前提下,保证乡村生态环境治理效果与多元主体的环境利益一致。当前乡村生态环境协同治理面临着个别立法不完善、执法不到位、司法保障不充足、主体能力滞后的困境,需要以健全法规制度为基础,构建生态环境协同治理法规制度体系,为乡村生态环境协同治理提供法制保障。

## 一、乡村环境治理立法不完善

健全的环境立法是乡村生态环境协同治理顺利开展的重要基础,作为环境治理的行为准则,法规制度的完善程度直接影响乡村生态环境协同治理效果。但是,与乡村生态环境问题的复杂性和多样性相比较,现有环境治理法律法规缺乏对县、镇两级政府环境治理权责的明确划分,系统性和可操作性不足,调整多元主体生产生活方式、维护环境保护和治理秩序的应有功能有待进一步发挥,乡村生态环境治理合力有待形成。

### (一)环境立法系统性不足

从现有乡村环境立法框架来看,系统性和全面性相对不足,无法有效覆盖乡村生态环境协同治理涉及的治理主体、治理手段、治理内容和治理机制等基本构成。首先,乡村环境立法供给相对不足。梳理我国现有的环境保护法律体系发现,与城市环境保护的法律法规相比较,乡村环境立法法律体系不完善,环境立法的总体供给不足,有些环境法律在适用区域界定中虽然包含乡村地区,但却是依据城市的环境状况以及环境立法设计的,方法措施与乡村环境实际不相适应。其次,乡村环境立法存在某些空白。针对乡村地区环境污染问题,虽然已经颁布了专项性法律法规制度,比如《农村生活污染防治技术政策》《关于打好农业面源污染防治攻坚战的实施意见》,以及针对土壤污染、大气污染等方面的具体法律条文。但是,由于乡村环境问题地区差异性较大,现有的法律法规相对单一,导致新产生的环境问题,没有针对性的法律法规进行规范,导致部分环境问题治理缺少法律依据。最后,乡村环境立法存在碎片化现象。现有关于乡村环境治理的法律法规分散在《环境保护法》《农业法》《土地管理法》《水污染防治法》中,行政法规、部门规章和地方立法中也有乡村环境保护相关规定,比如《秸秆禁烧和综合利用管理办法》《基本农田保护条例》《农药管理条例》等,这些法规和条例对环境污染标准的规定不统一,导致不同地区法院审理相似环境案件,因适用的法律条文不一致,出现同案不同判现象。

**(二)环境立法操作性不强**

现行有关乡村环境治理法律法规的内容操作性不强,难以适应复杂多变的乡村环境问题的治理需要。比如,《环境保护法》第 33 条规定:"各级人民政府加强对农村环境的保护、推动农村环境综合整治"①,第 50 条规定:"各级人民政府有对农村饮用水水源地保护,以及废物处理和污染防治等环境保护工作给予财政支持的义务。"②但是,"各级人民政府"环境保护的权责及义务具体如何划分,财政支持的资

---

① 《中华人民共和国环境保护法》,《中华人民共和国最高人民检察院公报》2015 年第 1 期。

② 《中华人民共和国环境保护法》,《中华人民共和国最高人民检察院公报》2015 年第 1 期。

金比例占到当年预算的多少,并没有具体可操作性规定。同时,乡村环境处罚条款及强制措施过于笼统,法律法规的警示作用不能很好发挥。比如,《循环经济促进法》第 34 条规定:"国家鼓励和支持农业生产者和相关企业采用先进或者适用技术,对农作物秸秆、畜禽粪便、农产品加工业副产品、废农用薄膜等进行综合利用,开发利用沼气等生物质能源。"①只有"鼓励"和"支持"等原则性规定,缺乏具体执行措施。又如,《农产品产地安全管理办法》第 22 条规定:"农产品生产者应当合理使用肥料、农药、兽药、饲料和饲料添加剂、农用薄膜等农业投入品,农产品生产者应当及时清除、回收农用薄膜、农业投入品包装物等,防止污染农产品产地环境。"②"合理""及时"均具有抽象性,缺乏可操作的具体标准与鉴别方法,制约了相关主体的有效执行。

## 二、乡村环境治理执法不严格

执行并落实好现有乡村环境法规制度,是维护法律权威、促进乡村生态宜居的有效手段。但是,个别乡村环境治理执法力量薄弱、能力不足、监督不严等问题,制约了乡村环境治理法律法规的落地实施和法律效力。

### (一)执法力量不够

调查发现,当前乡村环境治理执法力量相对薄弱,主要表现在以下两个方面。一是乡村环境治理的执法机构不明确。按照现有法律规定和职能分工,乡村环境治理涉及的行政部门较多,执法权力分散于不同的职能部门,造成了乡村环境执法缺位错位和交叉冲突。由于对执法

①　《中华人民共和国循环经济促进法》,《全国人民代表大会常务委员会公报》2008 年第 6 期。

②　《农产品产地安全管理办法》,《中华人民共和国国务院公报》2007 年第 27 期。

机构所担负的责任和义务规定模糊,对于规范执法权限的程序性措施规定不具体,一般在出现环境事件时,才由各级党委和政府负责牵头统筹配合和协调各部门执法分工,影响执法的效率。同时,乡村基层环保职能机构设置大多到县级,乡镇作为地方基层政府少有建立环境保护职能部门,仅有环保专员。由于县级环保部门和乡镇政府环保专员的执法范围有限、任务繁杂,难以及时进行环保监测和治理管控。二是环境执法人员素质有待提升。调查县镇的环境执法工作多由兼职人员执行,部分人员缺乏专业技术和学科背景,年龄结构和知识结构老化,环境监察能力和综合环境素养不足,应急处置能力较弱,限制了乡村环境执法职能的有效发挥。

**(二)执法能力不足**

环境执法人员的执法能力对乡村环境治理效果影响较大,熟知环境法规、恰当识别违法行为、合理与违法主体沟通,能够促进环境法规效力的实现,促进违法主体环境意识的觉醒和环境友好行为的养成,从而提升环境治理效能。调查发现,乡村环境执法人员在执法中受到一定的制约。首先,环境执法过程可以应用的法律工具相对较少,行政命令罚款是乡村环境执法过程中采用最为普遍的治理手段,由于行政命令罚款具有命令强制性特点,容易导致执法者和被执法者交流上的不顺畅,造成被执法人员的误解和排斥,影响环境执法效果和环境执法的权威性。其次,执法过程中获取环境违法线索比较困难。环境执法需要真实有效的违法线索支撑,违法线索的不充分,会导致执法行为的偏差,难以保证环境执法效力。不能及时获取执法线索,也会造成环境事件的进一步加剧和影响的扩大化。乡镇环境执法主要通过日常监管巡查获取违法线索,由于地域广泛,巡查监管的工作强度较大,相应的技术支持不足,难以及时发现隐蔽的环境污染源,日常环境执法虽然忙碌频繁,但是执法效果难以保证。

### （三）执法监督不严

一方面,乡村环境治理监督体系有待进一步健全。环境执法监督需要明确的环境标准与较高的监管技术,以大量的人力物力投入为支撑。但是,乡村地区污染排放兼具点源与面源相互交织特征,分布地域广泛偏远,增加了环境治理监督的难度。乡村环境问题的产生既来源于农业生产种植养殖的环境措施不健全,也来源于村民传统生活方式和乡村环境基础设施的不完善,涉及较多种类的治理技术。由于缺乏统一的环境治理技术标准、技术要求和法律规范,增加了乡村环境治理执法监督难度。另一方面,乡村环境治理监督行政执法存在不规范现象。乡村环境治理一般由行政主管部门牵头监督,由多层次的执法主体落实执行,然而现有法律法规没有赋予行政主管部门具体的执法监督权,难以对各执法主体进行有效监督。此外,执法主体之间职责划分不明晰,在执法过程中容易出现职能交叉。部分基层政府从单纯追求经济增长出发,对企业进驻村镇采取"环境优惠"政策,免除企业环境保护基础设施建设要求,对环境治理执法形成制约和障碍。

## 三、乡村环境治理司法不充分

环境司法是化解环境矛盾的最后一道防线,在乡村生态环境治理中发挥着重要的调解功能。环境司法要促进环境权益保障和环境问题改善,为乡村环境协同治理提供强有力的司法保障,在实现乡村环境秩序与环境正义方面发挥重要作用。调查发现,乡村生态环境治理中,存在司法保障制度有待进一步完善、司法队伍能力有待进一步加强以及诉讼化程度相对较低等问题。

### （一）司法保障制度有待进一步完善

环境司法在引领环境行为主体的价值导向和行为规制方面发挥重

要作用。当前乡村环境司法中存在的一些问题,与乡村生态环境治理要求和高质量发展不相匹配,亟须进一步改革完善。一方面,乡村环境民事公益诉讼制度不健全。《环境保护法》第 58 条规定,提起环境公益诉讼的主体限于符合法律规定条件的社会环保组织。《民事诉讼法》第 55 条将提起环境公益诉讼的主体范围,限定在法律规定的机关、组织和人民检察院,将公民个人、其他团体、企事业单位和基层政府排除在环境民事公益诉讼范围外。由于具备提起环境公益诉讼资格的主体数量少,评估鉴定费、律师受理费等诉讼费用较高,环保公益组织提起环境公益诉讼面临资格要求高、资金缺乏等诸多困境。[①] 乡村环境公益诉讼制度的不完善,造成部分村民环境权益被侵害时无处可诉和难以救济问题。另一方面,乡村生态补偿制度有待完善。当村民因环境破坏遭到损失时,及时予以补偿尤为重要,只有获得生态补偿,才能保障村民良好的生存发展条件,才能实现真正的环境正义。

**(二)司法队伍能力有待进一步加强**

乡村环境问题产生原因复杂、影响范围广泛,对司法人员的专业素质提出了较高要求。但是,乡村环境司法人员高层次专业人才相对较少,专业素质和能力有待进一步提高。在环境司法过程中,对环境污染的界定、修复费用的计算、影响因素的认定以及技术运用的选择,均需要专业的环境司法人员发挥专业才能予以解决,当前乡村环境司法队伍较难适应乡村生态环境治理对环境司法人才的专业性要求。同时,根据《民事诉讼法》第 55 条[②]和《行政诉讼法》第 25 条[③],检察机关具有法律监督权、检察建议权,可以提起环境民事诉讼、行政公益诉讼和

---

① 王树义等:《论我国农村环境治理中的司法保障》,《宁夏社会科学》2020 年第 3 期。
② 《中华人民共和国民事诉讼法》,中国法制出版社 2022 年版,第 13 页。
③ 《中华人民共和国行政诉讼法》,中国法制出版社 2018 年版,第 536 页。

环境刑事诉讼,代表公众利益向相关不作为、乱作为的政府部门和违法企业、个人发出诉前检察建议,及早主动介入环境违法事件,以国家司法机关名义督促问题解决。受人员知识结构和专业素养等因素影响,乡村监察机关未能有效发挥环境民事诉讼、行政公益诉讼和环境刑事诉讼等方面的作用。

**(三)环境问题诉讼化程度相对较低**

调查发现,乡村环境问题诉讼化程度整体偏低。一是环境行为主体环境诉讼积极性不高;一些村民倾向于选择回避诉讼。二是环境诉讼成本高。由于司法程序复杂、过程耗时费力,败诉后还需负担后果,加之对法律法规不熟悉,权衡利弊之后,一些村民会选择以便捷、经济的行政方式加以化解。因此,当环境权益受损时,村民首选的权利主张途径不是司法诉讼,而是通过投诉、信访甚至非正当性群体冲突方式加以解决,导致司法功能被弱化,司法诉讼不畅。三是环境司法要求偏离环境行为主体实际。环境司法运行需要严格依据法律规定的正当程序规范行使权力,涉及对法律概念、法律规则等具体内容的理解和运用,这对一些村民来说遥远又陌生,在环境权益受损时较少会将司法诉讼作为解决环境问题的首选途径。

# 第四节　环境治理资源配置有待均衡

受二元结构和区域发展不平衡的影响,环境治理基础设施、资金、人才和技术等资源在城乡区域之间分配不均衡,弱化了乡村生态环境治理的资源基础,制约了乡村生态环境治理效率。

## 一、乡村环境治理基础设施不均衡

由于各地乡村经济社会发展水平差距较大,地方政府财政能力和民间资本水平不均衡,人均环境基础设施水平参差不齐,乡村环境基础设施建设面临着供给不平衡、后期管护缺位等问题,影响了环境基础设施的均衡配置。

### (一)环境基础设施供给不平衡

首先,乡村环境基础设施投入总量不足。乡村环境基础设施建设是统筹城乡发展和促进基本公共服务均等化的重要内容,也是提升乡村生态环境治理的重要突破口。但是,由于乡村环境基础设施建设具有投资大、回报低、不可预测性强等特点,目前仍以政府主导投资运营,市场化社会资本参与不够,供给总量不能满足当前乡村环境治理的需要。其次,乡村环境基础设施供给方式较为单一。目前乡村环境基础设施的供给方式以"自上而下"政府供给为主,社会资本参与乡村环境基础设施建设的效果不明显,供给主体单一。最后,乡村环境基础设施供给效率较低。在政府主导供给环境基础设施模式下,供给政策主要由政府部门决策制定,导致供应的环境基础设施与乡村的实际需求存在偏差,难以满足乡村生态环境治理的现实需求,导致乡村环境基础设施供给结构性失衡。

### (二)环境基础设施管护缺位

推动乡村环境基础设施作用的发挥,需要全方位强化监督和管护。调查发现,一些村庄环境基础设施的管护存在明显短板。一方面,环境基础设施管护职责划分不清。乡村环境基础设施建设涉及中央政府、基层政府以及村委会之间的职责分工。《农业法》第 17 条规定:"各级人民政府应当采取措施,加强农业综合开发和农田水利、农业生态环境保护、乡村道路、农村能源和电网、农产品仓储和流通、渔港、草原围栏、动植物原种良种基地等农业和农村基础设施建设,改善农业生产条件,保护和提高农业综合生产能力。"《农业法》虽然规定了各级政府应当采取措施改善乡村基础设施,但没有与之相对应的操作规范,在落实乡村环境基础设施管护职责时,暂时没有相应的法律可供参考,各级政府和部门之间衔接存在缺位错位现象,出现重复建设和建设后管护不到位的问题。另一方面,环境基础设施监督管护体系不健全。目前我国还没有出台环境基础设施后期运营管护的明确法规,管护主体和管护监督缺少法律支撑,设施管护责任模糊,使得基础设施建后没有责任主体进行管护,影响了环境基础设施的持续运转和环境治理效率。

## 二、乡村环境治理资金配置不够均衡

乡村环境治理是整体性、系统性工程,对资金的需求较大,只有投入充足的资金,才能够保障环境治理落实到位。但现有资金供给难以满足实际资金需求,乡村生态环境治理面临着资金配置不够均衡的问题。

### (一)资金筹集渠道单一

现阶段乡村环境治理资金投入的主要渠道为财政资金,乡镇政府环境治理资金主要依靠县级财政拨付,县级财政预算紧张情况下部分乡镇政府用于环境治理的资金就难以保障。受法律法规、交易平台以及监管体制等因素的制约,社会资本参与环境治理相对有限。乡村环境治理产出具有的公共性和公益性特点,在一定程度上也制约了社会资本对乡村生态环境治理的投入。从公共性来看,由于市场回报及收益较低,一些市场主体参与生态环境治理资金供给的积极性不高,治理资金主要来源于政府财政投入。从公益性来看,乡村生态环境治理带来环境好转的受益面宽广,广泛的群体均能够享受治理后的优美生态环境。公共性和公益性的同时并存,一定程度上制约了市场主体对乡村生态环境治理的资金投入,市场主体参与积极性相对较低,参与深度不够,资金供给缺乏,后期维护资金筹集困难,设施维护以及运营管理方面资金投入不足,带来项目运行的停滞和环境治理的延迟。

### (二)资金使用效率不高

乡村环境治理覆盖的范围广、涉及项目多,环境治理的顺利展开需要大量有效的资金支持,当前个别乡村环境治理资金使用率不高,也在一定程度上制约了环境治理的顺利运行。一方面,乡村环境治理运行成本高。环境治理具有周期长、投资大、见效慢的特征,无论是环境治理基础设施的建设,还是设施维护运营都需要大量资金投入。垃圾收集转运、污水处理、厕所改建扩建、村庄美化绿化净化等,也需要较大的资金投入。购买治理设备设施和定期维护养护,也会发生维修费、人工费、管理费等开支,这些后期费用难以得到有效供给保障。另一方面,乡村自有资金用于环境治理比例较低。由于生态环境治理具有的公共性和公益性,村民出于经济利益考虑,不愿将资金投入到环境治理中。调查发现,村集体经济发展好、收入高的村庄,会将部分资金用于环境治理。村集体经济相对薄弱,村民收入较低的村庄,投入环境治理的资金相对较少。

### 三、乡村环境治理技术资源不均衡

随着现代信息技术和环境科技的迅速发展,乡村环境治理监测和后续运行管理的技术化程度越来越高。技术手段的充分运用,能够有效提升乡村环境治理效率。但是,现代技术在助力乡村环境治理中,面临着技术资源不均衡的困境。

## （一）治理技术供给不足

乡村生态环境治理需要良好的技术支持作为保障,但治理实践中缺乏长效性、全面性的技术标准,技术标准的缺失覆盖了绿色村庄、无害化公厕、农户厕所改造、农村饮水巩固提升、农村生活垃圾处置、环境卫生整洁行动、畜禽污染防治等方面。在垃圾处理方面,部分村庄乡镇采用简易小填埋、小焚烧设施处理,设施分散且规模小,运行不稳定,可控性差,二次污染控制困难,与"减量化、资源化、无害化"的垃圾处理技术规范要求存在较大差距。在厕所改造方面,无害化卫生厕所的改造有着统一的技术规范和施工标准,由于厕改项目监督指导上的不足,建设要求和标准执行不到位,影响了"厕所革命"的进度和成效。在污水处理方面,常规性的污水处理技术分为物理法、化学法和生物处理法。物理法通过分离回收污水中不溶解的悬浮污染物净化污水,化学法向污水中投加化学物质,利用化学反应来分离回收污水中的污染物质,生物处理法利用微生物新陈代谢降解有机污染物。这些技术的应用均需要专业的技术指导。

## （二）信息技术建设相对滞后

党的十八大以来,信息化数字化建设加速推进,乡村信息化水平大幅提升,但整体建设水平落后于城市信息化建设,环境数据资源体系、环境信息报送体系、环境信息平台建设等方面还存在技术制约。首先,乡村环境数据资源体系有待完善。目前一些乡村环保部门尚未建立统一的信息资源中心,环保数据还没有实现集中统一管理,县级环保职能部门的不同乡镇站点,对环保数据的填报、存储和统计没有统一标准和要求,数据庞杂且分类不清,影响了以数据为依据的环境治理决策。调查中发现,虽有部分县镇已建立环保信息平台,但需要在县级以上的环保专网操作,尚未形成下沉到乡镇的数据管理机制,带来乡村环保基础数据的缺失和获取困难。其次,乡村环境信息报送管理体系未理顺。一段时期内以来,农业农村相关数据的收集和统计,主要由政府部门自上而下调度,乡镇或街道组织填报后,通过邮件等媒介形式报送,上级管理部门进行人工审核汇总。这一流程存在报送主体溯源难、直联直报体系不健全、数据审核工作量大、难以即时动态更新等问题,影响了数据分析的即时性和应用效果的推广。最后,乡村环境信息平台建设滞后。乡村环境信息网站建设目前还不够完善,专业性信息、特色化信息、区域化信息获取困难,环境数据的加工处理和信息收集分析不够,导致环境数据资源不充足,环境数据的利用率较低。

## 四、乡村环境治理人才资源不均衡

人才是乡村生态环境治理的关键性因素,是促进环境治理目标实现的主导性力量,对于乡村环境治理效率的提升和可持续发展具有重要的促进作用。一些乡村生态环境治理面临着人才总量匮乏、人才发展保障不足等问题。

### (一)人才质量有待提高

首先,乡村环境治理人才总量不足。受城乡经济差距以及公共服务不均衡的影响,个别乡村人才在总量上不足,城乡之间的环境治理人才差距较大。其次,个别乡村环境治理人才结构不平衡。从年龄结构上看,这些乡村社会的老龄化和空心化,在一定程度上反映了乡村人才的发展趋势,年轻人才的缺失已经成为乡村社会的普遍问题。从学历结构上看,一些乡村生态环境治理从业者大多文化水平不高,部分工作人员因文化水平较低难以胜任工作岗位,制约了专业化信息化环境治理设施的推广使用。最后,乡村环境治理规划人才缺乏。乡村环境治理项目的初期阶段,需要专业人员根据当地的现实及详细数据进行有效的统计分析,编制科学的建设规划,以规划引领项目建设,总揽环境治理全局。专业人才规划指导的缺乏,导致环境治理会缺失方向性引领,带来环境治理的整体性和系统性失调。

**（二）人才保障条件不足**

除了总量的不充足和结构的不合理,一些乡村环境人才还面临生活条件和待遇保障不到位、发展空间受限制等方面的短板。一是一些乡村生活条件相对落后。受经济条件和财政支持力度的限制,乡村社会公共服务、社会保障等方面发展不充分,环境治理人才子女教育、医疗保障等方面的需求得不到满足,导致乡村本土人才留不住,纷纷通过升学、参军、务工等方式流向城市。二是一些乡村环境人才待遇保障不足。总体而言,大部分乡村的人才待遇水平低于城市,在乡村虽然可以缴纳城乡居民基本医疗保险和养老保险,但由于自身承担比例大,缴费档次较低,福利保障与城镇职工相差较大。受机构编制和岗位数量限制,环境人才职务职称晋升也比较困难,环境人才无法获得职务职称晋升的价值感。同时,由于乡村基层人员数量有限,工作事务较多,乡村环境技术人才工作量繁重,经常被抽调到与专业无关的工作岗位,无法发挥人才专业优势,降低了人才的价值感和满足感。三是乡村科技成果转化和创业环境基础薄。环境人才科技成果的转化、创业项目的落地实施,需要大量资金扶持、政策支撑和经费保障,这些条件目前在乡村地区相对欠缺,环境人才在乡村创新创业需要面对许多实际困难,制约了环境人才在乡村地区的聚集和发展,影响了环境人才的发展预期。

# 第六章　乡村生态环境协同治理的主体权责

随着乡村环境问题的复杂性、扩展性和流动性日渐明显,依靠单一主体治理已经难以满足乡村生态环境治理的需要。促进单一主体治理向多元主体协同治理转变,成为乡村环境治理体系和治理能力现代化的必然选择。乡村生态环境治理呼唤多元主体通过权力、责任、利益联结和法治保障,构建基层党委领导,基层政府主导,乡镇企业、村委会、村民和社会组织共担责任、共享成果的乡村生态环境治理新格局。本章主要厘清治理主体的权责和职能边界,促进治理主体各尽其责,各司其职,协同联动,提升乡村生态环境治理效能。在协同推进乡村生态环境治理中,基层党组织发挥"总揽全局、协调各方"的领导作用,乡镇政府主导乡村环境治理资源的配置和组织协调各方力量,乡镇企业与乡镇政府既相互配合又相互博弈,村民是乡村环境治理的重要参与者,社会组织是环境治理服务的提供者与社会公众参与生态环境治理的倡导组织者。

## 第一节　坚持基层党组织全面领导

第十三届全国人民代表大会第一次会议通过的新的宪法修正案,

强调"中国共产党领导是中国特色社会主义最本质的特征"。把党的领导写进宪法,意味着以国家根本大法的形式上确立了党的全面领导地位,坚持党的领导成为宪法的基本原则。乡村生态环境协同治理必须始终坚持党的全面领导,通过制度化方式促进乡村环境治理主体权责规范化。为此,需要首先强化基层党组织的政治领导力,增强基层党组织的社会动员力。

## 一、基层党组织全面领导乡村生态环境治理的必然性

### (一)党的领导是乡村生态环境治理的核心力量

纵观我国乡村生态环境治理演变的历史进程,是在党的领导下逐步推进的,是党坚持唯物史观思考问题、解决问题的现实体现。在社会主义建设道路初步探索时期,党高度重视生态环境问题。1952年毛泽东同志考察郑州时指出:"滥砍滥伐上游树木是造成黄河成为害河的重要原因。"[1]在处理水土流失、洪水灾害等问题时,将植树造林作为解决环境问题的根本方法,发出"绿化祖国"的伟大号召。强调只有抓好环境保护问题,实现自然生态的平衡,才能保证发展生产任务的顺利进行。让"河山全都绿起来,要达到园林化,到处都很美丽"[2]。在谈及西藏经济发展问题时,周恩来同志指出:"要注意保护好森林和各种自然资源,要造福于我们的子孙后代。"[3]改革开放新时期,伴随大规模经济建设的展开,矿产资源滥挖滥采、森林资源锐减、生态环境恶化、耕地质量下降问题日趋严重,党中央全力克服"高速度、高消耗、高污染、低效益"粗放式发展方式带来的弊端,推动第一次全国环境保护会议召开,

---

[1] 《毛泽东年谱:1949—1976》,中央文献出版社2013年版,第28页。
[2] 《毛泽东论林业》,中央文献出版社2003年版,第51页。
[3] 《十五大以来重要文献选编》(上),人民出版社2000年版,第95页。

将"经济转型"作为推动环境治理的抓手,开启了乡村生态环境治理的新局面。党的十八大以来,中国特色社会主义进入新时代,党对乡村环境治理的领导进入全新阶段,在以习近平同志为核心的党中央坚强领导下,我们高度重视生态宜居乡村建设和乡村生态环境治理,"着重推进以农村垃圾污水治理、厕所革命和村容村貌提升为重点的农村人居环境整治,发挥农民主体作用,注重实效。""要深入推进环境污染防治,持续深入打好蓝天、碧水、净土保卫战,加强土壤污染源头防控,提升环境基础设施建设水平,推进城乡人居环境整治。"①可以看出,党的全面领导和科学部署始终是乡村生态环境治理的核心力量,促进乡村生态环境治理取得显著成效。

**(二)党的领导是维护农民环境权益的根本保障**

人民性是马克思主义理论最鲜明的底色,中国共产党作为马克思主义政党,在乡村生态环境治理过程中,始终坚持以人民为中心,保障人民环境权益。随着中国式现代化建设的深入推进,农民对环境权益的需求越来越强烈。在社会主义革命和建设时期"盼温饱""求生存",到了改革开放和社会主义现代化建设新时期"盼环保""要生态"。党十八大以来,以习近平同志为核心的党中央,注重落实好、发展好、维护好农民的环境利益,"开展土壤污染治理和修复,着力解决土壤污染、农产品安全和人居环境健康突出问题。加强农业面源污染治理,推动化肥、农药使用量零增长,提高农膜回收率,加快推进农作物秸秆和畜禽养殖废弃物全量资源化利用。"②发挥农民在乡村环境治理中的主体作用,把良好的生态环境作为最普惠的民生福祉,坚持生态惠民、生态

---

① 《习近平新时代中国特色社会主义思想学习纲要(2023年版)》,学习出版社、人民出版社2023年版,第225页。
② 《习近平著作选读》第一卷,人民出版社2023年版,第610页。

利民、生态为民,推动生态环境明显改善,让优美生态环境成为农民幸福生活的增长点,保障农民共享乡村生态环境治理成果。

**（三）党的领导是提升乡村生态环境治理合力的必然选择**

在乡村环境协同治理过程中,通过基层党组织的领导,发挥乡镇政府、乡镇企业、村委会、社会组织和村民的比较优势,激发多元主体的主动性与积极性,形成人人有责、人人尽责的环境治理合力,是提升乡村环境治理效能、推进乡村全面振兴的必由之路。首先,通过党的领导推动基层政府环境治理有效。基层政府必须坚持"党委领导、政府负责"的治理原则,通过"线下+线上"相结合的方式向多元主体公开环境信息,构建"权、责、利"相统一的环境共建共治共享共同体,保障农民群众的环境权益。其次,通过党的领导激发乡镇企业的环境责任意识。基层党组织应积极组织动员,向乡镇企业宣传好、落实好党的乡村环境政策,与乡镇企业建立平等协商的关系,引导其定期对企业员工开展环保培训,从企业内部树立保护生态环境的意识,促进乡镇企业研发绿色生产技术,减少污染物排放,把对乡村生态环境污染的可能性降到最低。再次,通过党的领导发挥社会组织的环境治理优势。加大对社会组织的支持力度,在资金、政策、人才等方面给予优待,促进其发展壮大,降低其参与乡村生态环境治理的门槛,扩大其参与乡村生态环境治理的广度和深度。最后,通过党的领导组织村民参与乡村生态环境治理。村民拥有宪法和村民自治制度赋予的乡村公共事务自治权利,是推动乡村社会治理的重要力量。基层党组织一方面要依托农业广播电视学校、职业教育中心等服务机构,定期对村民开展环境政策培训,提升村民的环境意识与治理能力。另一方面要不断扩大基层民主,保证村民环境知情权、参与权、表达权与监督权,提升村民参与乡村环境治理的积极性。

## 二、提升基层党组织乡村生态环境治理领导力的着力点

乡村生态环境协同治理中,基层党组织面临乡村社会结构变化、村民价值观念多元、乡村社会治理难度加大等因素的挑战,加强基层党组织环境治理领导力建设,需要"着眼于全面推进乡村振兴的战略架构,强化农村基层党组织的领导核心地位,创新基层党组织活动方式"[1]。

### (一)强化基层党组织政治领导力

政治领导力是党把握政治方向和驾驭政治局面的能力,在乡村生态环境协同治理过程中,基层党组织应当充分发挥政治领导力,突出政治功能,保障组织建设的方向性,增强基层党组织环境治理的凝聚力与号召力。一要把引领政治方向作为目标导向,不断强化政治功能,宣传党的乡村环境治理政策,贯彻党的乡村环境治理主张,推动乡村环境治理各项任务落地见效,实现乡村环境治理的规范化和有序化。二要坚持民主集中制原则,完善乡村生态环境治理的科学决策机制,始终把强化基层党组织领导地位摆在首位,将民主集中制原则贯穿到环境治理事项和治理决策全过程,增强环境治理决策的科学性。三要明确乡镇和村级党组织领导乡村环境协同治理的任务,落实干部责任担当,严密基层组织体系,发挥组织合力,强化基层党组织环境治理核心领导作用。

### (二)提升基层党组织人才引领力

促进乡村生态环境协同治理,人才是关键,要把人才资源开发放在首要位置,强化乡村生态环境治理的人才支撑。农村基层党组织是乡村环境多元协同治理的领导者,提升其内育外引的人才引领力,能够更

---

① 《中共中央国务院关于实施乡村振兴战略的意见》,人民出版社 2018 年版,第 19 页。

有效推动乡村环境治理,提升环境治理效率。首先,建设高质量基层党组织带头人队伍,加强乡村党员干部环境治理能力培训,以《中国共产党章程》《中国共产党农村基层组织工作条例》《中国共产党支部工作条例》等党内法规制度为遵循,将理论知识学习和环境治理实践研修紧密结合,提升党员干部环境意识和环境治理能力。其次,以各级人才市场为依托,建设乡镇人才工作站,开发乡村人力资源,建立环境人才储备资源库,为乡村环境协同治理储备更多人才。同时,依托资源库联系相关企业和大专院校专家,对基层党员干部、普通党员和村民进行专业环境知识培训,从根本上确保环境人才的长远性储备。最后,以环境改善和待遇提升吸引人才,引导相关专业高校毕业生返乡贡献力量,根据所学专业针对性设置岗位,发挥人才在乡村生态环境治理中的关键作用。

**（三）增强基层党组织号召力**

基层党组织承担着凝聚人才、组织党员、动员群众的使命和职责,要不断增强政治领导力、思想引领力、群众组织力和社会号召力,确保党永葆旺盛生命力和强大战斗力。一要坚持运用战略思维、创新思维、法治思维和底线思维,保持与村民的血肉联系,增强村民保护环境意识,使基层党组织成为联系群众、服务群众、凝聚群众的领导核心。二要做好村民的思想政治教育工作,坚持以社会主义核心价值观为引领,坚持将理论宣讲和武装群众相结合,把乡村振兴和环境治理的规划和内容宣传到村民,在教育引导中做好服务工作,把广大村民团结和凝聚在基层党组织周围。三要精准回应村民环境利益诉求,把工作着力点放在广大村民关心的环境利益问题上,提升村民对基层党组织的认同,使广大村民认识到基层党组织是代表他们的利益的,这样才能够把村民紧密团结到基层党组周围,形成环境治理的强大合力。

# 第二节　发挥基层政府主导作用

行政权力的行使和政策法规的执行,是基层政府促进乡村经济社会与生态环境协调发展的重要途径。在全面推进乡村生态环境协同治理过程中,基层政府要下大力气规划统筹乡村经济发展和生态环境治理,推动乡村经济社会高质量发展,满足农民群众日益增长的优美生态环境需要。这一目标的实现,需要充分发挥基层政府在乡村生态环境治理中的主导作用,汇聚多元主体治理合力,推动乡村生态环境治理现代化。

## 一、基层政府主导乡村生态环境治理的必要性

党的十八届三中全会提出,把完善和发展中国特色社会主义制度、推进国家治理体系和治理能力现代化确定为全面深化改革的总目标,坚持发挥基层政府在乡村生态环境协同治理中的主导作用,既是推进国家治理体系和治理能力现代化的必然选择,也是基于当前乡村生态环境现状,实现多元主体有效协同治理的重要保障。基层政府连接着上级政府部门和基层乡村,既可以直接获取到真实有效的乡村环境信息,又可以及时反馈给上级政府部门,形成科学合理的环境治理决策,确保乡村生态环境治理的精准高效。这种"上传下达"的桥梁优势,决定了基层政府成为乡村生态环境协同治理的主导力量。

首先,基层政府主导乡村生态环境治理是环境资源优化配置的需要。乡村环境治理资源作为公共产品,具有非排他性和非竞争性特征,乡镇企业、村委会和村民等治理主体无须付费便可使用,其所具有的公

共性决定了基层政府成为环境治理资源的主要供给者。与其他治理主体不同,基层政府是落实党和国家政策的具体推动者和直接行动者,能够获得上级政府的财政支持,为乡村地区提供环境产品和环境治理服务。其他治理主体则会从经济利益最大化出发,进行市场化行为选择,具有一定的自发性和盲目性,会不加节制地使用和消费环境资源,一旦超出环境的最大承载力,就会产生一系列生态环境问题。因此,要实现乡村环境治理资源的优化配置,必须发挥基层政府的主导作用,推动环境治理资源的合理配置和环境治理效能的提升。

其次,基层政府主导乡村生态环境治理是解决环境负外部性的需要。乡镇企业等市场主体在生产经营中产生的环境负外部性问题,需要基层政府以行政主体角色进行适当干预。负外部性是指企业和个人的生产消费行为,直接或间接地给他人造成损失和不良影响,使之支付了额外的成本费用,却无法获得相应补偿的现象。在生产经营中,一些乡镇企业通常以减少生产成本,实现利润最大化为目标,不会主动对其所造成的环境负外部性问题投入资金治理。在被动投入资金治理条件下,还可能将发生的环境治理费用转移到产品成本中,通过提高价格,将环境治理成本转嫁给消费者。为了维护稳定的市场秩序,保证市场主体的公平竞争和正常运营,基层政府需要发挥规划协调和有效组织作用,对市场主体进行合理引导,减少市场主体的环境负外部性效应。

最后,基层政府主导乡村生态环境治理是履行应有职能的需要。《中华人民共和国环境保护法》明确规定:"基层人民政府是环境保护的行政主管部门,对本辖区的环境保护工作实施统一的监督管理。"这一规定从法律层面明确了基层政府具有对生态环境进行保护和治理的权力和责任,履行法律规定的权力和责任是政府相关职能部门的职责所在。基层政府对乡村生态环境的治理职责,主要包括规划上的引导、组织上的协调、监督上的保障和宣传上的教育,通过向乡村地区提供公共环境基础设施和环境治理服务,促进乡村生态环境的协调可持续发展。在乡村生态环境协同治理过程中,基层政府需要对乡镇企业、社会组织和村民等主体的环境利益进行系统协调,吸引多元主体共同参与环境治理,让群众望得见山、看得见水、记得住乡愁,加快形成乡村经济发展和环境保护并重的空间格局、产业结构和生产生活方式。

### 二、基层政府主导乡村生态环境治理的具体实践

随着乡村生态环境问题的跨区域性和联动性增强,需要构建党委领导、政府主导、企业主体、社会组织和公众共同参与的协同治理体系协调解决。这一过程中,基层政府应科学运用环境政策工具,制定出符合自身实际的实施方案,科学把握乡村的实际情况和区域差异,因村制宜,精准施策。通过环境治理理念的转变、多元主体的协同参与,以及环境法律法规制度的完善,破解乡村生态环境治理难题,有效推动乡村生态环境治理效率提升与环境质量改善。

#### (一)转变环境治理理念

理念的转变是行为变革的先导。乡村生态环境协同治理首先要变革传统治理观念,从生态文明建设的整体战略和乡村地区的具体实际出发,系统研判乡村环境治理面临的主要难题,优化环境治理结构要素,推进乡村生态环境治理现代化。

首先,要改变传统政府单一主体治理理念。传统乡村环境治理以政府单一主体推动为主要特征,现代环境治理更加注重社会性参与和多主体协同,促进政府治理和社会调节、居民自治良性互动。同时,发挥村民等相关环境主体天然"在场"的优势,使其从过去的"被治理"对象性地位变为治理的核心主体,并主动与乡镇企业、社会组织协同共治

乡村环境,实现"自上而下"和"自下而上"的有效结合。其次,要树立人与自然和谐共生理念。人本身是自然界的产物,属于自然界的一部分,是在自然环境环境中发展起来的。人类的一切社会生产活动只能存在于自然界之内,而不能超越自然界,更不能凌驾于自然界。因此,基层政府在乡村环境治理的过程中,要使资源、生产、消费等要素相适应,实现经济社会发展和生态环境保护协调统一。最后,要牢固树立"人民环境利益至上"的治理观。在乡村环境治理中,要始终坚持以人民为中心,把多元主体的环境利益和环境需要放在首位,贯彻落实新发展理念,强化高质量发展和绿色绩效考核,把村民对优美生态环境的需要贯穿于乡村生态环境治理全过程,坚持环境惠民、环境利民、环境为民。

**(二)推动治理主体协同**

乡村生态环境治理所具有的系统性、复杂性特征,不仅需要外部性资源保障,也需要内生性动能支持,充分发挥基层政府环境治理主导作用,把环境治理转化为多元主体的自觉行为,使不同主体都成为生态环境的保护者、建设者和受益者,构建多元主体信任关系,明晰多元主体利益关系,培育多元主体协作关系,形成环境治理强大合力。

第一,构建主体间信任关系。构建信任关系是推动多元主体环境治理合作的基础要素与前提条件,有利于降低环境治理成本,实现环境治理目标。一方面,乡村社会结构是以"关系"为基础构建起的"熟人社会",具有建立主体间信任关系的社会基础优势。基层政府要积极发挥"元治理"作用,通过政策的创新、目标的激励、制度的重构,变"管理"为"服务",通过行政、经济、法治等手段设置环境规则约束,建立起相互理解、相互尊重、平等沟通的合作治理氛围,增强多元主体之间的信任。同时,积极鼓励村民、社会组织、企业主体维护环境治理制度规范,共同承担治理成本,共同抵御治理风险,拓宽主体协作渠道,畅通主体间的合作和沟通,促进主体间环境信息交流。

第二,明晰主体间利益关系。由于职能角色的差异以及环境利益诉求的不同,统一多元主体环境治理理念、整合多元主体环境利益存在一定的难度,统一与整合过程易导致主体间利益冲突。因此,推动乡村生态环境协同治理,必须明晰主体间的利益关系,建立公平、均衡的利益共享机制,提升治理主体的积极性与主动性。一方面,基层政府作为乡村生态环境协同治理的主导力量,需要遵循公平公正原则,加强治理监督,优化监督环境,完善利益分配,提升环境利益分配的合理性与规范性。另一方面,为弥合不同治理主体对环境权力、环境资源等要素分配与控制上的差异,要建立稳定的生态环境补偿机制,通过加大生态转移支付,平衡政府财政支出在环境基础设施建设和公共服务之间的比例,补偿基于环境保护形成的机会成本。也可通过授予环境荣誉称号、先进事迹宣传等方式,对环境利益受损主体进行精神激励与补偿。

第三,培育主体间协作关系。主体利益表达渠道受阻和共享机制缺乏,会造成主体间环境利益分配的不均衡,因此,必须培育多元主体间的协作关系,充分尊重多元主体的环境利益。一方面,要健全协作机制,积极搭建环境治理协作平台,成立公开性、开放性专门机构,协调相关部门同其他环境主体的利益关系,设置乡村环境协同治理激励支持基金,吸纳整合市场化环境治理资源,调动市场主体参与治理的积极性。同时,积极完善制度供给,统一治理规则,完善配套制度,强化制度执行,规范多元主体治理行为,尊重主体环境权益与利益诉求,保护主体环境治理参与权、知情权和监督权。另一方面,要创新协作方式,针对乡村生态环境协同治理中出现的突出问题,通过深入系统分析,探索解决方案,提高乡村生态环境协同治理的有效性和针对性。从不同村庄的实际情况出发,充分考虑地区环境资源禀赋,因地制宜制定村级生态环境治理方案,充分体现各地乡村特点,保留乡村原有特色风貌,留住乡村的青山绿水。

### (三)促进治理手段多元化

乡村生态环境治理是系统工程,提高环境治理水平,推动多元协同治理,实现人与自然和谐共生,需要综合运用行政、市场、法治、科技等多种手段,推动乡村环境治理方式多元化。首先,可运用大数据、物联网等技术开发"互联网+"环境治理平台,建立城乡资源跨流域调配机制,将生活污水、粪便、生活垃圾的回收和乡村地区的物流相结合,建立城乡互动的双向治理链条,降低环境治理成本,提高治理效率。其次,结合乡村地区环境治理需求,建立环境服务市场化定价机制,强化"污染付费、公平负担、补偿成本、合理盈利"原则,健全相关配套政策,引进第三方环境治理模式,提升乡村环境技术治理投资回报率。最后,建立并完善环境治理监督机制,分地区、分村庄设置由司法、工商、公安等部门组成的环境督察队,对村庄环境治理进行有效监督。设置"环境红黑榜","红榜"用来公示在乡村生态环境治理过程中的先进代表,表彰积极作为,通过榜样示范作用激发村民参与生态环境治理积极性。"黑榜"用来公示造成乡村生态环境污染、对环境治理消极漠视的个人和行为,利用道德教化作用,增强环保意识和生态意识,培养环境道德,加快形成绿色生产生活方式。

## 第三节　强化乡镇企业环境主体责任

传统单一主体环境治理模式下,政府既要在宏观层面上制定环境政策,也要在微观层面上履行环境治理、环境保护与环境监测职责,在一定程度上挤压了企业主体参与乡村生态环境治理的空间。实际上,乡镇企业承担着重要的环境职责,需要自觉遵守环境保护法律法规,完善内部环境管理规章制度,建立环境责任管理规范,实现从重经济利益单一价值追求向重经济利益和环境利益的多元价值追求转变,强化环境主体责任,挖掘环境保护动力,主动与生态环境保护制度对接、与社会公众的环境利益诉求对接,实现基层政府、乡镇企业、村民和社会组织在乡村生态环境治理上的良性互动,处理好经济效益与社会生态效益之间的关系。

## 一、强化乡镇企业环境主体责任的重要意义

### (一)治理乡镇企业环境污染的需要

伴随改革开放的深入发展,乡镇企业作为市场经济主体,迎来了快速发展契机,成为乡村经济社会发展的主要支撑,显著提升了乡村经济社会效益。但也产生了"破坏生态环境、大量消耗资源、严重影响农民群众身体健康问题"[①],成为乡村生态环境问题形成的主要原因之一,给乡村自然环境和人居环境造成了破坏,影响了农业农村的可持续发展。一是生产污水问题。乡镇企业在生产过程中,污水排放量较大,由于污水处理工序复杂,需要多种工艺组合使用,多数乡镇企业因为资金和技术问题,不能及时有效处理。二是生产废气问题。化工厂、制药厂以及炼焦炼油厂等乡镇企业排放的工业废气,是大气污染物的重要来源,影响了生态宜居乡村建设。三是生产废弃物问题。乡镇企业在生产过程会排放大量的废弃物,由于回收成本高、产业链流转不畅、企业

---

① 《习近平关于社会主义生态文明建设论述摘编》,中央文献出版社 2017 年版,第84 页。

收益无法保障等原因,乡镇企业难以对产生的废弃物进行合理利用,对生态环境造成了损害。这些生态环境问题的有效解决和科学治理,需要乡镇企业增强环境意识,强化环境主体责任,通过与其他主体的协同共治,提升乡村生态环境治理效率和环境系统的稳定性。

**（二）促进乡镇企业可持续发展的需要**

乡镇企业是乡村社会生产与经济生活的联系中枢,也是乡村环境治理与保护的重要责任主体,应当自觉根据国家环境法律法规,将日常生产经营活动纳入法律监管的框架下,依法履行减少"三废"排放,自觉接受社会公众监督,防范环境风险,为乡村经济社会可持续发展提供良好生态环境支持。乡镇企业自觉做好环境治理,既是乡村经济社会高质量发展的内在需要,也是新时代生态宜居乡村建设的必然要求,更是履行环境责任的重要举措。一方面要常态化开展环境讲座和环保知识宣传,提升乡镇企业环境意识,配备安装污染物排放设施装置,降低废水、废气、废物对乡村生态环境的污染,从生产源头减少污染物排放造成的环境问题。另一方面要实施清洁生产、污染防治、技术改造以及资源综合利用计划,为环境治理投入专项资金支持。这虽然在一定程度会增加乡镇企业的生产成本,但是,通过合理利用金融、财政、环境等优惠政策,可以为企业可持续发展夯实环境基础和社会责任基础,促进乡镇企业进一步发展壮大。

**（三）推进乡村生态环境协同治理的需要**

在乡村生态环境治理场域,乡镇企业主体过度依赖基层政府统揽治理事务,对环境治理缺乏主动性与积极性,作为环境治理重要参与主体的作用被"边缘化"。由于乡村环境问题的主要制造者,与环境问题的被动承担者之间的身份存在一定的差别,导致在如何有效治理乡村环境问题上难以形成有效的合作与共识。就乡镇企业而言,应在追求经济利益的同时增强社会责任感。一是制定企业发展规划时主动考虑环境效益,对于已经危害到村民环境利益的问题,应与村民进行有效沟通并及时整改,实现企业利益与环境效益的平衡。二是遵守政府在环境保护领域出台的法律法规,建立面向社会的环境信息公开制度,实现政府规制向自我规制的转变。三是构建绿色企业文化,主动转变发展方式,将新发展理念贯穿到企业生产经营全过程,实现发展方式由粗放向集约的转变。

## 二、强化乡镇企业环境主体责任的具体路径

传统政府单一主体治理模式下,乡镇企业将环境保护视为被动的责任和利他行为,被动地接受政府的环境管理和环境要求。实际上,作为经济活动的主要主体,乡镇企业在进行生产经营、消耗自然资源和能源的同时,应承担环境保护责任,处理好企业经济利益与环境社会效益的关系,由环境责任的被动承担者转变为环境行为的自我约束者。

### (一)自觉承担环境责任

乡镇企业需要积极履行保护环境的社会责任,提高环境责任感,在生产经营与战略决策时将环境保护放在第一位,自觉践行绿色发展理念,承担环境治理责任和义务。一要完善自身管理,深入领会和理解"保护生态环境就是保护生产力,改善生态环境就是发展生产力"的真谛和要求,践行绿水青山就是金山银山理念,树立环境友好和资源节约生产理念,将生产经营活动对乡村生态环境的负面影响降到最低,最大化发挥企业环境治理主体作用。二要增强责任意识,自觉履行社会责任,对原有的生产工艺设备进行升级改造,从根本上转变生产方式,大力推行清洁生产工序,研发绿色生产技术,通过绿色资源、清洁能源的

开发与利用,实现生产技术的转型升级,通过生产工艺和技术的提升把对生态环境的负面影响降到最低。三要严格遵守环境保护法律法规,强化自我约束,自觉收集资源开发利用、废气废水废渣排放等环境信息,主动向社会公开环境信息,接受政府、公众和社会组织监督,对造成的环境污染主动承担经济补偿,强化科技支撑服务,加强环境科学研究和环境技术攻关,引入先进环保技术,升级生产工艺,推动环境技术成果转化为实际应用。

### (二)拓宽政企共治渠道

乡镇企业主体的环境治理参与,可以促进政府与市场两大主体相互作用、相互协作,共同推动乡村生态环境治理高质量发展。政企环境共治以开放、共享理念为基础,以政企双方的互动与合作为核心,政府和企业既相互独立又深度融合,双方基于平等自愿的价值基础,通过多种方式进行环境治理合作与互动。一要完善乡镇企业参与乡村生态环境治理的顶层制度设计,建立反映市场需求和生态价值的资源有偿使用制度和生态补偿制度,明确企业何时参与、如何参与到乡村环境治理的规则。同时,应依据乡村地区环境资源禀赋条件,对乡镇企业参与环境治理进行资金调度,激发乡镇企业的积极性与主动性,提升乡村生态环境协同治理整体绩效。二要降低乡镇企业参与环境治理门槛,增强乡镇企业主体责任与参与意识,按照"上下对口""分类指导"原则,简化乡镇企业参与环境治理流程,提升环境治理效率。三要建立乡村生态环境治理专项基金,向环境污染治理成果显著、资金需求量大的乡镇企业倾斜,定期进行专项抽查,全面考核乡镇企业参与乡村环境治理成效,并将考核结果同环境专项基金挂钩,划分治理成效等级,激励乡镇企业加强与基层政府的交流互动和有效协同,共同促进乡村生态环境治理效率提升。

### （三）提升环境治理能力

乡镇企业的发展带动了乡村经济的快速发展,也带来了一些现实的环境问题。乡镇企业要更加重视资源利用的系统效率,更加重视减少对乡村生态环境的损害和资源的再生循环利用,将环境保护理念贯穿到生产经营与战略决策过程,健全环境监督与治理体系。一要通过法律手段约束乡镇企业生产经营行为,严格法律法规制度约束,提升乡镇企业经营内涵和社会形象,引导乡镇企业打造绿色企业文化,以人与自然和谐共生为企业价值追求,兼顾好环境效益与经济效益,塑造良好企业形象,提升企业市场竞争力。二要加快构建绿色循环低碳发展的产业体系、约束和激励并举的生态文明制度体系、政府企业公众共治的绿色行动体系,做好自我管理,建立健全社会责任履行和信息披露机制,加强绿色发展企业文化建设,积极开展环境知识宣传和培训,提升员工环境素养和环保意识。三要加强企业间交流合作,主动公开环境信息,畅通企业间的环境信息交流,加强企业间环境治理合作,促进企业环境责任落实。

### （四）引入第三方治理

中共中央办公厅、国务院办公厅印发的《关于构建现代环境治理体系的指导意见》明确提出:"要积极推行环境污染第三方治理,健全环境治理企业责任体系。"乡镇企业通过签订环境服务委托合同,以引入第三方治理方式承担环境责任。第三方治理是排污企业缴纳或者按合同约定支付费用,使环境污染治理从传统的"谁污染,谁治理"向"谁污染,谁付费"转变,由排污企业向第三方治理企业支付费用,第三方治污企业负责治理污染并提供相应环境服务。第三方治理企业的参与,促进了"污染主体"和"治理主体"的分离,实现了治污的市场化、专业化和集约化。实际操作中,可以由排污企业与第三方治理企业直接签订治污合同,明确各自权责。也可以由基层政府牵头,形成基层政府、排污企业、第三方治理企业共同合作方式。这种模式下,不同主体承担不同责任,排污企业的污染治理责任转化为承担治污成本的经济责任,治污企业和基层政府共同承担环境治理责任。一方面,能够发挥市场在配置环境治理资源中的决定性作用,尊重企业主体地位,维护环境公共利益,推动环境治理的市场化,促进环境治理产业的发展,有利于培育可持续的市场化环境治理模式。另一方面,基层政府的积极参与,能够更好发挥政府引导作用,加强政策扶持和激励,强化市场监管和环境执法,创新市场化环境治理投融资机制,为社会资本参与乡村生态环境治理创造公平竞争的环境和平等参与的机会。

# 第四节　提升村民及社会组织参与度

《关于构建现代环境治理体系的指导意见》指出:"到 2025 年,建立健全环境治理的全民行动体系,提高公众参与的积极性。"相比单一主体主导下的环境治理模式,多元主体协同参与乡村环境治理的力度有了很大提高,但依然存在一些"政府干、百姓看"的问题。当前亟须提升村民及社会组织环境治理参与度,发挥其在乡村生态环境治理中的主体作用。

## 一、村民及社会组织参与乡村生态环境治理的必要性

### (一)村民参与乡村生态环境治理的必要性

以乡镇企业、社会组织及村民为代表的市场主体积极参与乡村生态环境治理,有效弥补了基层政府在乡村环境治理过程中的"政府失

灵",PPP 模式、BOT 模式、第三方治理等新型治理方式广泛应用起来。但是,受发展方式和地理区位因素的限制,参与乡村环境治理的市场主体总体规模较小、专业化程度较低、治理能力有限,多元主体环境利益诉求不同,协商交流不畅。"中国要美,农村必须美;中国要富,农村必须富,农业基础稳固,农村和谐稳定,农民安居乐业,整个大局就有保障。"①改善乡村生态环境,既是全面推进乡村振兴的重点任务,也是农民群众的深切期盼。村民作为乡村环境直接参与者和受益者,对乡村环境治理拥有重要的话语权,是乡村生态环境协同治理中的重要主体,能够为乡村生态环境治理提供接地气的解决方案,弥补单一政府治理和市场治理模式的不足。乡村环境治理中要尊重村民主体作用的发挥,尊重村民的环境诉求和治理建议,重视其主体作用的发挥。

**(二)社会组织参与乡村生态环境治理的必要性**

中共中央、国务院印发的《关于加快推进生态文明建设的意见》明确要求,要引导生态文明建设领域各类社会组织健康有序发展,发挥民间组织和志愿者的积极作用。因此,促进社会组织参与乡村生态环境治理,既是完善环境治理制度体系的需要,也是整合社会治理力量、提升乡村环境治理效率的需要。

首先,是落实环境治理要求的需要。《农村人居环境整治提升五年行动方案(2021—2025 年)》指出,要鼓励社会力量积极参与,构建政府、市场主体、村集体、村民等多方共建共管格局。健全党委领导,政府主导,企业主体、社会组织和公众共同参与的现代环境治理体系,构建一体谋划、一体部署、一体推进、一体考核的制度机制。这些环境治理要求的提出,为社会组织参与乡村生态环境治理提供了良好的政策环

①　《十八大以来重要文献选编》(上),中央文献出版社 2014 年版,第 658 页。

境。同时,这也是整合社会基层力量参与环境治理的需要。与基层政府和乡镇企业相比,社会组织具有广泛的基层社会基础,可以通过环保宣讲和实地调研调动基层社会力量参与环境治理的积极性,拓宽参与乡村生态环境治理的渠道。最后,这也是提升乡村环境治理效率的需要。基层政府存在的"政府失灵"困境,为社会组织参与环境治理提供了空间。同时,随着乡村振兴战略的全面推进,村民的环境意识和主体参与意识进一步觉醒,扩大了社会组织参与乡村环境治理的社会基础和社会支持,社会组织与政府在平等对话和协商交流中形成社会认同,有助于乡村环境治理效率的提升。

### 二、村民参与乡村生态环境治理的实践进路

首先,治理渠道建设强化村民环境治理主体作用发挥。渠道建设是村民参与环境治理的重要前提条件,相关部门要主动为村民提供参与环境治理的渠道和对话形式,充分征求村民的环境诉求和治理建议,保障村民合法环境权益,寻求乡村环境治理的最大公约数。一方面,要及时公开乡村环境治理信息,基层政府要及时公开各项环境信息,增强环境信息的公开性和透明度,保障村民的知情权和参与权。一要公开乡镇企业的环境行为和信息,消除村民对乡镇企业参与环境治理的疑惑,减少环境治理的"运动式应对"和"选择式变通"。二要及时公开村民的环境行为和信息,对村民的环境行为进行约束和规范。另一方面,要建立合理的环境信息反馈机制,健全村内民主监督,保障村民环境权利,通过村民大会、党员座谈会、村民茶话会等形式为村民提供适宜的环境治理参与渠道。

其次,利益激励机制激发村民环境治理积极性。乡村生态环境协同治理过程,也是实现多元主体利益诉求和达成共识的过程,要探索合

理的利益激励机制,激发村民参与环境治理的主动性与积极性。一要建立适宜的目标驱动机制,设定合理机动治理目标,统筹兼顾农民个人利益与乡村环境整体利益,二要完善精神激励与物质激励相结合的激励机制,开展环境治理选优争优活动,增强村民的荣誉感和价值感,创造"人人有责、人人尽责"的环境治理氛围,制定合理的绩效评价指标体系,对参与治理的环境友好行为予以肯定和奖励,对危害环境的环境不友好行为及时加以限制和惩戒。

最后,协同互动提高村民环境治理参与效果。传统单一政府主体环境治理的动力主要来源于责任压力,基层政府通过动员各种资源完成上级布置的环境行政任务,没有与乡镇企业、村委会、社会组织及村民建立平等协商的互动关系。乡村环境协同治理中,要自觉加强基层政府与相关主体的互联互动,发挥村民的主体作用。因此,一要加强基层党组织的政治引领,为村民参与环境治理提供政治保证。加强基层党员干部与村民互动,支持引导村民参与环境治理。二要提升基层政府与村民的协商互动,建立完善环境治理责任终身追究制度,向村民宣传环境治理政策,妥善处理农民环境利益诉求,把以人民为中心的发展思想贯彻到乡村生态环境治理全过程,为村民参与环境治理营造民主氛围,化解村民"不会说""不能说""不敢说"的治理约束。三要提升村民环境治理意识与能力,筑牢村民环境治理参与的能力基础,通过政策宣传宣讲、环境知识培训、环保能力竞赛等形式,激发村民参与乡村生态环境治理的积极性与主动性,也可通过微信、微博及抖音等自媒体平台制作相关视频,增强村民生态环境意识和环境治理自觉。

### 三、社会组织参与乡村生态环境治理的实践进路

首先,加强社会组织环境专业人才队伍建设。应推动构建生态环

境治理全民行动体系,形成"人人有责、人人尽责、人人享有"的共建共治共享治理格局。社会组织作为乡村环境治理中的关键主体,需要进一步建设专业人才队伍。一要引进高素质的环境技术与管理人才,利用各种渠道与方式吸引选调生、大学生村官、退伍军人等人才加入,加强社会组织文化建设,提升薪酬福利和员工满意度,营造良好的用人留人氛围。二要注重社会组织内部的结构化转型,健全内部人才培养和晋升机制,加强内部组织成员环境知识培训,不断提升从业素质和治理能力。三要加强对外合作,强化同高等院校、环境技术团队及环境专家的交流,积极宣传社会组织的组织愿景和业务内容,提升自身社会影响力和公众认可度,利用优质环境治理资源,发展社会组织的外部智库。

其次,拓展环境治理资金筹集渠道。社会组织参与乡村环境治理过程中,易受到基层政府的干预和影响,制约了参与治理的独立性。究其原因在于社会组织的运行经费高度依赖政府财政资金,资金筹措能力较弱、来源渠道单一。因此,应积极拓展筹资渠道,不断丰富环境治理资金来源。一要探索公益众筹,鼓励社会组织依托互联网平台发布筹款项目,搭建社会组织与社会公众之间的资源对接平台,依法募集运行资金,扩大社会面资金供给。二要明晰政府部门购买服务的清单,以"清单方式"激发政府购买社会组织环境服务,拓展经费来源。三要创新"社会组织+商业公司"环境治理联合体,联合相关企业、志愿团体、环保基金会等社会资本成立环境服务公司,面向社会提供环境治理服务。

最后,广泛开展环境宣讲活动。社会组织参与乡村生态环境治理,不仅需要以人才、资金作为治理活动的物质基础,还要持续开展具体的环境治理活动,推动乡村环境治理效能提升。一要创立符合受众及乡村实际的线上线下环保信息平台,及时公布各项环境信息,宣传环境保护理念和环境治理知识,提升村民参与生态环境治理的积极性和能力。二要送环保知识下乡,通过与基层政府、环保部门的密切合作,利用村内广播、文化墙、宣传车宣传环境知识,开展环保公益讲座,派遣社工入户进行垃圾分类指导,带领村民清扫整改河流河道和公路沿线。三要加强和村民的直接联系,了解村民环境利益诉求,向村民宣讲生态环境及治理政策,以实地调研、走村访户方式全方位收集乡村环境污染信息,打造和谐社会关系网络,提供有针对性的环保服务,评选和表彰优秀环保村民或家庭,激发村民环境治理内生动力,发挥环境治理的组织倡导作用。

# 第七章　乡村生态环境协同治理的机制创新

发挥多元主体比较优势,促进乡村生态环境协同治理,契合了乡村治理现代化和乡村全面振兴的现实需要,是中国特色人人有责、人人尽责、人人享有社会治理共同体建设理论,在乡村生态环境治理场域的落地见效,也是以人民为中心的发展思想的生动实践,为提升乡村生态环境治理效能提供了新的选择。乡村生态环境协同治理中需要进一步创新体制机制,畅通协商共治机制,完善奖惩激励机制,建立乡村生态环境治理绩效考评机制,健全环境治理监督约束机制,推动构建制度化的沟通渠道和参与平台,促进多元主体各尽其责,各司其职,协同联动,共同维护乡村生态环境利益,促进宜居宜业和美乡村建设和乡村生态振兴。

## 第一节　畅通协商共治机制

协商共治是凝聚多元主体乡村生态环境治理共识的重要基础,也是促进乡村生态环境治理现代化的重要途径。在乡村生态环境协同治理中,需要通过协商共治机制的完善,引导多元主体树立协同理念,激发参与环境治理积极性，不断提升协同参与理念和能力。协商共治为不同利益主体提供了超越社会背景和从属关系的合作机会，不同主体都拥有表达观点的权利，合理表达自身利益诉求。畅通协商共治机制对于提升乡村生态环境治理效能具有重要意义。首先，有利于引导乡镇企业、社会组织、村委会、村民等多元主体积极参与乡村环境治理，扩大多元利益主体有序参与环境治理民主实践。其次，有利于完善协商共治的制度化，通过规范化的参与流程，保证多元主体广泛协商，促进乡村环境协商民主运行更加有序。再次，有利于提升村民参与乡村生态环境协同治理的意识、能力和方法，通过参与环境协商共治，强化协商沟通及合作能力，推动自治、法治和德治有效融合，促进乡村生态环境治理现代化。最后，有利于基层政府部门改变传统"上层权威高位推动"思维，以实地走访、深度调研和了解民情村情，广泛关注村民环境利益诉求，发挥"在场优势"，解决亟须解决的环境问题，满足村民对优美生态环境的需要。

## 一、引导树立协商共治理念

"协商就要真协商，真协商就要协商于决策之前和决策之中，根据各方面的意见和建议来决定和调整我们的决策和工作。从制度上保障协商成果落地，使我们的决策和工作更顺乎民意、合乎实际。"①"要完善共建共治共享的社会治理制度，实现政府治理同社会调节、居民自治良性互动，建设人人有责、人人尽责、人人享有的社会治理共同体。"②习近平总书记的重要论述，为乡村环境多元主体协商共治提供了理论支撑和实践指导。协商共治以协商为价值内核，承认现代社会的多元

---

① 《习近平著作选读》第一卷，人民出版社 2023 年版，第 274 页。
② 《习近平谈治国理政》第四卷，外文出版社 2022 年版，第 338 页。

利益分歧,尊重不同的价值偏好,通过多元主体环境利益的表达,促进主体间的沟通和认同,贯穿始终的是以人民为中心的价值立场。这一过程需要不断压实县级政府主体责任,发动多元主体参与环境治理,形成持续推动机制。乡村生态环境协同治理的顺利展开,需要树立协商共治理念,搭建协商共治平台,提升多元主体协商共治积极性。

乡村生态环境治理具有复杂性和长期性特征,在治理过程中依靠单一主体,不仅治理方式与手段会存在一定的局限性,而且容易形成思维定式。因此,需要基层党组织、基层政府、乡镇企业、社会组织、村委会和村民共同参与,充分发挥比较优势,共同推进生态环境问题的解决,助力乡村振兴战略的实现。基层党组织在制定环境治理具体方案时,应始终秉持"大家的事情大家商量着办",通过"村民议事会""民主恳谈会"等多样化方式,充分评估环境治理方案的可行性,把尊重村民的环境利益作为重要的价值追求。乡镇企业要主动履行环境责任,积极培育新型绿色产业形态,结合生态社会效益和企业经济效益,创新发展模式,发展生态农业产业。社会组织要充分发挥环境治理的主体作用,加强环境意识教育,参与生态环境治理。村民要积极参加政府组织的环境主题展览、环境知识宣讲和环保公益活动,提升自身的环保意识,在农业生产经营过程中,积极调整农业生产方式,以减少化肥农药使用量,增加有机肥使用比重等实际行动,努力实现生产生活方式的绿色转型。

## 二、积极搭建协商共治平台

协商共治平台的搭建有利于多元主体充分表达环境意愿,使环境协商过程更加科学有序,协商结果更加公平合理。保障多元主体平等参与权,是搭建协商共治平台的基本要求。平等参与权主要表现在以下两个方面:一是平等的参与机会。为了促进协商主体权益的最大化表达,应给予多元主体平等参与环境治理的机会,鼓励环境利益方积极参与环境治理协商。二是平等的协商地位。只有保障基本的协商权利,协商参与者在协商过程中才能表达真实想法,才能实现真正的平等协商。在乡村生态环境治理过程中,需要重视协商主体的主体地位,发挥好协商主体功能,不断扩大协商主体范围,确保多元主体依法行使相应权利。环境协商平台可以有民主议事会、民主评议会、民主听证会等多样化形式,由乡镇干部、社会代表、村民代表和村干部等利益相关者参与其中,对乡村环境事务进行公开公正的协商和沟通。

互联网、大数据、物联网等网络信息技术的发展,为搭建乡村环境治理协商共治平台提供了技术驱动力,促进了乡村生态环境治理方式的变革。通过在微信、微博、抖音等网络社交平台发布有关乡村环境治理信息,引导多元利益主体在不同时间、不同地域参与环境事务的沟通和建言献策,能够有效化解环境信息传输的时空障碍与交流成本,促进生态宜居美丽乡村建设。一要完善乡村环境数字基础设施。将人工智能、区块链等信息系统融入乡村生态环境治理全过程,扩展5G网络与光纤普及范围,降低环境信息网络咨询费用,推进乡村生态环境治理数据信息的有效整合和共建共享。二要推动建立乡村生态环境治理物联网感知平台。将人居环境信息、生态环境保护监测体系、大数据联网进行串联,及时发布乡村环境质量与检测信息,实现多元主体对乡村生态环境的动态监管,推动绿色宜居智慧乡村建设。三要强化乡村环境治理应急预警数字化建设。通过构建数字化环境应急管理体系,推动环境灾害风险精准防控,建立突发环境事件检测平台,方便多元主体及时快捷获取相关信息,有效参与乡村生态环境治理。

### 三、提升多元主体协商共治积极性

乡村生态环境治理同每个人息息相关,每个人都应该做生态环境的保护者和治理者。但是,乡村生态环境协同治理推进过程中,依然存在部分乡镇政府及职能部门为完成上级任务,代替乡镇企业、社会组织及村民决策问题,导致乡镇企业、社会组织、村民等环境主体因缺乏有效参与,成为乡村生态环境治理的"局外人"。进一步提升乡村生态环境协同治理效能,需要首先保持行动目标统一,明确环境主体角色,形成环境治理共识,不断提高多元主体环境治理协作效率。

#### (一)坚持行动目标统一

畅通乡村生态环境协同治理协商共治机制,提高多元主体协同参与积极性,就要首先坚持行动目标的统一。乡村环境资源本身具有的公共性,使得多元主体要协同有序参与环境治理,就必须充分沟通、整合与兼顾各个主体的利益诉求,实现行动目标的统一。乡镇政府作为乡村生态环境协同治理的主导力量,要严格遵守"第一责任人"制度,发挥主体优势,贯彻落实乡村环境治理政策和制度要求,把村民的环境利益需求放在首位,鼓励乡镇企业、社会环保组织等主体积极参与乡村环境治理,积极落实乡村环境政策和信息知情公开,规范环境听证会和环境监督,设立意见箱和举报热线,为多元主体参与乡村生态环境治理提供有效途径,确保乡村生态环境协同治理有序开展。乡镇企业应积极履行环境治理责任,规范和约束自身行为,合理设置排污指标,及时更新生产工艺,设立环境专项奖补资金、颁发环境保护荣誉激励,激发企业员工的环境责任感与荣誉感。

#### (二)提高主体协作效率

乡村生态环境协同治理不仅需要多元主体明晰职责和角色定位,

保持行动目标统一,还需要提升多元主体参与环境问题治理的协同效率。乡镇企业作为乡村环境问题的制造者和良好环境的享有者,应持续提高环保资金使用上限,应用绿色生产技术,减少污染物排放,将监测废气与污水排放相协同,及时掌握环境污染物排放动态,设立专人定时检查环保设施,加强污染源监控,把对生态环境的危害降到最低。村民要积极破解"熟人社会""人情思维"和传统宗族亲缘关系的固化观念,以实际行动履行环境责任与义务。提高多元主体参与环境治理的便捷性,整合环境资源,定期开展环保活动,开发环保 APP、微信环保小程序、网络平台直播,及时发布乡村生态环境治理的政策与信息,促进治理主体的有效协作。

## 第二节　完善奖惩激励机制

奖惩激励机制是在乡村生态环境协同治理过程中,通过经济、行政、法治、物质和精神激励等手段,激发和强化多元主体参与环境治理能动性和自觉性的政策体系。按照加快构建生态文明体系,促进乡村生态环境治理与农业农村现代化结合的具体要求,近年来政府财政预算增加了乡村生态环境保护资金,也积极鼓励社会资本参与环境治理,调动了多元主体参与乡村环境治理的积极性,改善了环境治理效能。进一步提升环境治理主体的积极性和治理效率,需要进一步优化环境法激励、经济激励、道德激励和教育激励。

### 一、优化环境法激励

环境法激励是指通过环境立法对环境主体的环境行为及行为结果

实施奖惩激励的方式、方法以及制度。环境法激励分为赋能激励、行政奖赏激励、环境补贴激励和宣示性激励,这些激励相互作用、协同配合,组成完整的环境法规奖惩激励体系。环境法激励机制的目的,在于减少污染物排放,高效利用自然资源,鼓励开发新能源,促使环境行为主体自觉加大环境保护。优化环境法激励机制,提升环境法激励效果,需要从以下几方面入手:

首先,扩大环境法激励范围。从现有环境法激励条款适用范围来看,主要针对环境保护科学教育事业、环境保护科学技术、环境保护科学知识等领域,环境法激励条款更多强调政府和环保部门应尽的职责,在鼓励环境教育事业发展、保护环境科技成果、宣传环境保护科学知识方面被赋予了一定的义务。从环境法激励实施角度而言,激励条款还应当对环境信息公开、环保组织权利保护、环境法律宣传和法律援助等方面进行支持。进一步优化环境法对政府及环保部门的激励,应该适当增加宣示性条款内容,比如鼓励环境主管部门制定创新、高效的工作方案,支持各级政府之间的协作,对环境保护作出突出贡献的部门进行表彰奖励等,使政府及其职能部门的环境权力与社会公众的环境权利相互协同,形成环境治理合力,共同推进乡村生态环境治理。

其次,扩大环境法激励对象。环境法的赋能条款赋予社会公众环境知情权与监督权,社会公众可通过监督举报形式,对环境污染者与生态破坏者进行举报,对环境保护工作进行监督。实际上,环境法激励对象应既包含社会公众实际享有的权利,也包含对环境保护起积极作用行为的肯定。比如"鼓励对环境保护做出突出贡献的行为,支持环境保护公益行为"等。奖励的设置是环境法激励机制发挥作用的关键,奖励"数量"要有诱导性,奖励"方式"要有差异性,才能激发环境行为主体的积极性。因此,在立法设置上要采取数量与方式相协调的立法形式,在数量上采取相对确定的奖励标准,结合环境行为主体行为的正面影响,依据环境保护的有益程度,设置不同梯度的奖励区间,综合运用物质奖励与精神奖励,因人因需激励,达到最优激励效果。

最后,明晰环境法实施细则。明晰环境法激励实施细则是提升激励效果的必然要求。在实施细则的法律位阶安排上,目前还存在笼统性、空泛性问题,应进一步明确激励的实体性规定,具体的程序性规定可根据各地经济发展水平和环境保护实践进行细化。在具体程序设置上,应遵循公平原则和回避原则,适当扩大激励对象和激励范围,排除不适宜激励主体。对激励的受理机关和激励主体做出明确,对受激励申报程序做出规范。坚持依法评选、科学评选和民主评选,设置多元化的激励评选方式,明确列举激励行为,完善激励公示程序和监督管理程序,拓宽受激励方行使权利途径,公开相关激励信息,对社会公众享有的激励权利进行明确,为社会公众行使相应权利提供法律依据。

## 二、加强经济激励

经济激励将环境主体的环境行为与成本效益挂钩,通过征收环境保护税、排污费、排放权交易、环境财政补贴、环境金融支持以及许可证交易和押金退款制度等经济方式,影响环境行为主体的行为选择,促进环境行为改善。在乡村生态环境治理中,应进一步发挥环境税法的调节刺激作用,完善排污权交易,促进经济激励效果的进一步提升。

一方面,要积极发挥环境税法的经济激励作用。一要有序推进环境保护税施行。环境保护税以"直接向环境排放应税污染物的企业事业单位和其他生产经营者"为纳税人,大气污染物、水污染物、固体废物和噪声为应税污染物。环境保护税与资源税和耕地占用税各自独立又彼此联系,共同构成以环境保护为目的的环境税收法律体系,提高了生态环境损害赔偿和修复的效率,保护了生态环境和人民环境权益。作为地方性税种,环境保护税的征收,也在一定程度上解决了地方政府环境事权与财权不对等问题,实现了"环境红利",加强了地方政府环境治理激励,引导了环境行为主体减少污染排放。二要深化完善与乡村环境治理密切相关的资源税。现行的资源税以森林、草场、滩涂为征税对象,税率相对较低、不同档税率差距较小,不能体现自然资源的实际价值,难以约束纳税人过度消耗资源行为,限制高耗能产业发展的作用有限。当前应进一步扩大征税范围,提高收费标准,推动自然资源有效充分利用。为了更好保护耕地资源,可以适当提高耕地占用税税率,扩大耕地占用税征税范围,发挥耕地占用税保护耕地、合理利用土地资源的作用。

另一方面,要积极完善排污权交易。促进乡村生态环境协同治理,需要充分发挥市场机制的调节作用,排污权交易能够以治污成本的市场化,有效缓解环境治理的"政府失灵",对于环境行为主体自觉减少排污具有较强的激励引导作用。进一步发挥排污权交易的激励作用,一要完善排污权交易的立法规定,《关于排污权有偿使用和交易试点工作的指导意见》,虽然对排污权交易的体系结构进行了规定和说明,但在法律层面上对排污权的交易并不具有强制作用。当前应在立法层面出台排污许可证制度,厘清排污权性质,明确排污权交易的法律地位。二要健全排污权交易的政策支持,科学确定初始排放权,建立总量调控指标体系,明确总量控制与排污权交易关系,通过交易政策的完善和行政监管的强化,约束环境行为主体的交易行为,促使排污行为更加公开透明,保障排污权交易体系的稳定运转。三要建立排污权交易信息公开制度,搭建排污权交易信息公开平台,对排污权核查、分配、使用、交易及定价进行全过程监督,对交易数据进行统计、核查和公开,定期进行数据结算,接受社会监督。

### 三、强化道德激励

道德激励在乡村环境治理中最容易实施,也是最为长效的激励机制。道德激励一般可以借助村规民约实现,在熟人村庄共同体内,约定俗成的村规民约可以提升村民的环境道德责任感,唤醒村民承担起保护环境的责任,提高环境行为自觉和环境保护积极性。村民一般具有的共同文化认同,对环境治理起着重要作用,影响着参与环境治理的态度和行动。因此,培养认同感是促进村民参与环境治理的有效手段。在具体实践中,一要加强优秀传统文化的广泛传播和传承,强化村民的共同文化认同,发挥道德激励的重要作用。二要鼓励成立环境治理社会组织,通过社会组织引导村民参与环境治理,凝聚村民力量,提升村庄环境保护荣誉感,带动村民参与环境自治。三要鼓励老党员、退休干部、大学生村官示范带动村民参与环境治理,增强沟通、信任和向心力,强化村民参与环境治理的精神动力,构建乡村生态环境治理的社会网络。四要实施积分奖励制度,创新开展诸如"村容村貌清洁日""河道湖泊清理日"活动,激发村民参与村级环境治理积极性,对积极建言献策的村民给予表彰奖励,对因环境破坏受到财产损失的村民进行事后补偿,引导村民成为环境治理的主体力量。此外,村民参与环境治理会发生时间和人力成本,要通过相应的生态补偿降低村民参与环境治理的成本。

## 第三节　健全监督约束机制

监督约束机制是为实现既定目标,对组织内部成员行为进行控制约束的过程,旨在提升乡村生态环境治理的法治化与规范性水平,促进乡村生态环境协同治理依法合规、公开公正进行。健全治理监督约束机制,需要将多种监督方式相结合,把治理过程作为监督重点,明确多元主体应承担的环境责任,形成多主体共同参与的监督体系,及时公开督查结果,促进乡村生态环境协同治理有序进行。

## 一、乡村生态环境治理的监督主体

在乡村生态环境协同治理过程中,环境治理监督主体主要分为中央、省级政府、基层政府以及自我监督的村委会、普通村民以及社会组织,不同监督主体拥有不同的职责范围与权利义务。中央及省级政府对乡村生态环境协同治理的监督制约,体现在通过出台相关法律法规与规章制度,促进乡村环境问题有效解决。全国人大及其常委会制定的法律、国务院的行政法规和省市人大制定的地方性法规以及各级政府制定的各项环境政策,都对乡村环境治理起着监督约束作用。省级地方行政建制一般会结合本地区实际情况发布切合地方实际的地方性环境法规和规章,对乡村生态环境治理起到监督调控和指导作用。

基层政府及职能部门是直接面对乡村基层的地方政权实体,其主要任务是将中央和省市的环境法律法规进一步具体化,使其更具有操作性和适用性,承载着环境政策的具体实施和对乡村环境治理进行细化指导的职能,与乡村生态环境治理关系最为直接。在乡村生态环境协同治理中,基层政府扮演着主导角色,也是治理成效的主要考核者,负责监督引导其他治理主体,起着重要的推动作用。基层党委作为乡村环境治理中的领导角色,会结合乡村环境发展实际和治理目标,对乡村生态环境治理的体系原则、主体内容、方式方法等进行明确,对治理过程与程序进行统筹安排,按照国家环境法规、地方环境制度指导村

"两委"展开环境治理,提升环境治理的规范性。

村支部委员会和村委会既是乡村生态环境治理的主要参与主体,也是乡村环境治理的民主监督主体,接受村民监督和自我监督。村务公开是乡村环境治理监督的有效途径,也是村民参与监督的主要形式。《中华人民共和国村委会组织法》对村务公开的形式、内容作出了明确规定,村干部从上任起就负有保障村务公开的责任和义务,村务公开也是村民自治得以落实的重要保障。村民是乡村环境治理中的自治主体和监督主体,既通过村民代表会议等形式参与乡村环境治理,也对村委会和村民代表进行监督。这种监督具有直接的参与性与广泛的群众性特点。村民民主评议也是监督的主要方式,主要通过村民会议和村民代表会议审议村委会及其成员的工作,督促村委会及其成员规范环境治理行为、改进治理方式。

进入新时代以来,人民群众对生态环境质量的期望值更高,对生态环境问题的容忍度更低,迫切需要集中治理老百姓身边的突出生态环境问题,让老百姓实实在在感受到生态环境质量的改善。营造风清气正的环境监督生态,对乡村生态环境协同治理具有重要意义。既要保证基层党组织对乡村环境协同治理的全面领导,坚持正确政治方向,加强乡镇政府治理能力建设,确保各项环境治理政策部署全面贯彻落实。也要加强村党支部和村委会建设,明确村"两委"的权力和职责权限,促进其在乡村环境治理中有效协同。同时,乡村生态环境治理需要结合当地发展实际和具体情况,不断创新工作方式方法,建立容错机制和问责机制,以有效监督促进乡村生态环境协同治理在法律法规框架下规范运行。

## 二、加强基层政府监督

一个强有力的政府恰恰是保障环境治理有效性的基础性条件,乡村生态环境治理中,既要发挥多元主体的参与作用,也要发挥政府的积极主导作用。离开政府的有效监督与制约,乡村生态环境协同治理目标将难以实现。基层政府应积极落实乡村环境政策法规,制定乡村环境治理具体方案,增强环境治理执行能力,提升监督执法能力,形成有效的对内对外监督体系。

### (一)完善基层政府内部监督

严密而有效的基层政府内部监督,是乡村环境协同治理有序运行的重要保障。只有积极发挥主导作用,强化自身内部监督,提高乡村环境协同治理的重视度与参与性,才能更好引导多元主体在乡村环境治理中尽职尽责。一要强化基层政府内部自上而下的垂直监督制约。建立以基层领导干部负责制为基础的垂直监督制约体系,考察区域内各村镇环境治理任务完成情况。建立环保部门自上而下的垂直监督,考察乡村生态环境治理方案落实情况,以及环境治理规范性问题。二要完善乡村生态环境协同治理综合考核制度,以制度体系促进基层政府自我监督制度化、程序化,避免内部监督不公正情况发生。三要优化基层政府政绩考核结构,科学合理设定考核内容指标和权重,提升考核标准的精准性和客观性。

### (二)强化基层政府外部监督

基层政府作为乡村生态环境协同治理的主导力量,负有对外监督乡镇企业、社会组织、村委会和村民等主体的责任。追求利润最大化是乡镇企业经营的基本出发点,缺少基层政府监督与规制条件下,乡镇企业易出现无序参与和无效参与问题。村民作为乡村环境治理的主要见证者与参与者,由于环保知识和治理能力的欠缺,如果缺乏基层政府引导与规制,会在某种程度上偏离环境治理的目标。因此,基层政府需要对乡镇企业建立周期化、常态化的环境监督,对其生产经营活动依法进行合理监管,引导乡镇企业落实环境责任。对于村民来说,基层环境执法部门既可以通过环境行政执法活动引导村民的环境行为,也可以建立事前咨询指导、过程配合融入、事后科学评价的村民参与机制,提高村民参与环境治理的水平和对乡村环境协同治理的满意度。此外,应优化社会组织参与环境治理准入门槛,简化审批程序,既要让机制完善、建设成果丰富的社会组织深度参与到乡村环境治理中,也要及时取缔不作为、乱作为的社会组织,保证社会组织合法合规参与乡村生态环境治理。

### 三、推进市场化监督

价格机制、竞争机制等市场化机制能够有效提升乡村环境资源配置效率,优化乡村环境资源配置结构,提高乡村生态环境协同治理的监督效率。因此,在乡村生态环境协同治理中,应完善绿色发展的价格、财税、金融政策,强化竞争机制运用,形成完善的市场化监督体系。

#### (一)重视价格机制运用

价格机制是推动乡村环境治理资源有效配置的主要途径。通过价格机制不仅可以监督约束乡镇企业、社会组织和村民等主体的环境行为,使负外部性内部化,也可以调整乡村环境多元治理主体之间的利益关系,激励投入更多的资源参与乡村生态环境治理。一要按照"谁污染,谁付费"原则,逐步建立起计量收费、分类计价的污染物收费制度,以阶梯式污染物收费将生产经营过程中产生的污染物,内化为生产经营成本,激励源头防范并遏制污染产出。二是建立综合性环境税制功能清单制度,深化税制功能管理体制改革,通过征收资源税、环境税等税种,变"费"为"税",规制并调整环境行为。也可运用市场价格杠杆,引导生产经营活动与乡村环境保护有机结合,促进市场利益增长与环境保护双赢。三是基于"利益协调—利益合作—利益共赢"的利益机制,建立生态损害补偿机制。乡村环境协同治理涉及区域广、主体多,达成区域与主体间的多元合作共治,需要以市场原则为导向建立环境补偿机制,保证多元主体在参与环境治理中合法保障自身权益。四是加大对环境污染行为的处罚力度,对污染行为规制警示,罚款收入用于投入环境治理,增加乡村环境治理资金来源。

### (二)强化竞争机制运用

将竞争机制运用到乡村环境多元协同治理监督,既能够增进发展环保产业的自主性与自觉性,为实现生产方式绿色转型提供驱动力,同时也能为企业间的相互监督提供市场化路径,在技术层面也能够提供多样化选择,从而提高乡村环境治理效率。首先,要保障竞争机制合法合理运用,防止不规范市场竞争带来"劣币驱逐良币"现象。其次,要提升绿色生产经营监督标准,适应农业农村现代化发展要求,升级换代生产技术与设备,优化经营管理方式,使之更加契合乡村生态环境保护要求,提高绿色生产能力,降低资源浪费,提高绿色环保竞争力。最后,推动贯彻落实新发展理念,坚持资源节约、环境保护与绿色发展并举,统筹经济利益与生态利益。竞争机制的运用将倒逼生产技术与理念的改革与创新,优化资源环境要素的市场化配置,提高乡村生态环境协同治理的监督效率。

### 四、提升村民监督能力

村民对乡村生态环境变化具有较高敏感度,能够零距离无延时感知环境状况,是乡村生态环境治理的基础力量。乡村生态环境治理需要进一步调动村民参与积极性,畅通村民环境利益诉求多元化表达渠道,最大程度发挥村民环境监督作用。当前,要发扬团结与批评的优良传统,广开言路,集思广益,促进不同思想观点的充分表达和深入交流。引导村民深度参与环境治理,为乡村环境治理集民智、增活力。一要依法保障村民的环境知情权、参与权、监督权和诉讼权,提升村民参与乡村生态环境治理的效能感。二要拓展村民参与乡村环境治理的监督渠道,设置专门接待日、建设网络问政平台,增强主体间的沟通与理解,邀请村民代表参加听证会和评议会,充分听取村民对环境治理的意见和建议,将村民的意见纳入农村环境治理绩效考核。三要依法保障村民的环境监督权。新《环境保护法》给予村民对环境违法行为以及政府环境保护职能的监督权,重视村民对环境违法行为的监督,要求设立专职部门处理村民环境举报,并及时告知举报处理结果。四要通过农机校、乡村振兴学院以及与高等院校合作等多种方式,举办村民环境知识和治理能力培训班,加强对新《环境保护法》以及乡村环境保护政策的培训宣传,提高村民对农村环境政策的理解力和执行力,促进村民环境观念和环境治理监督能力提升。

## 五、促进村级监督组织良性发展

乡村环境监督效能的提升,需要落实环境治理村级"四权"决策制度①,促进乡村环境治理决策科学化、民主化和公开化,推动形成以村党委为核心、村民委员会、村民代表会议和村民监督委员会共同组成的环境监督体系,扩大村级监督组织环境监督范围。一要加强环境监督组织能力建设,按照党委领导、政府负责、社会协同、村民参与、法治保障的要求,对于符合建立监督组织条件的行政村,设立乡村环境监督联络员或乡村环境监督专门组织,将环境治理与监督延伸至村级末梢,实

---

① "四权"决策制度是指村党委落实环境决策组织权,村民代表会议落实环境决策表决权,村委会落实环境决策实施权,村民监督委员会落实环境决策监督权。

现乡村环境监督的全方位覆盖。二要常态化举办村民会议和村民听证会环境监督实践活动,以"村干部下访""村民环境日记"等形式,从严规范环境事务公开范围、程序与方法,对乡村环境治理落实情况进行有效监督。三要引入第三方监督评价主体,邀请环境监督评估专家作为第三方监督评价主体,积极参与村民议事会和村民恳谈会,探究乡村环境治理的难点痛点问题,协调解决村民合法环境诉求。四要在立法环节强化对乡村环境监督组织的管理,制定详细规范的乡村环境监督委员选任规则、权利义务关系、民主监督程序,明确村级监督组织及其成员权责关系,积极开展村级环境事务监督,定期向村民代表大会汇报环境监督情况,发挥村级环境治理监督的积极作用。

## 第四节　建立绩效考评机制

绩效考评机制是对多元主体参与环境治理进行科学测量与评定的程序和方法的总称,能够反映多元主体环境治理效率和效果。完整的绩效考核评价机制应包括考评目的、考评主体、考评内容和考评方式等主要环节,分别回答"为什么考评、谁来考评、考评什么、怎样考评"等问题,在本质上是对乡村环境协同治理目标的实现程度展开评价,评估取得了哪些成就、哪些方面亟须加强,以检验协同治理效果。建立乡村环境多元协同治理绩效考评机制,能够起到有效的导向、监督和激励作用。通过对乡村生态环境现状、治理目标、治理成果等事项进行绩效考评,有助于构建和完善绩效考评体系,推动乡村生态环境协同治理科学化。

# 一、促进考评主体多元化

明确乡村环境协同治理绩效考评主体,是建立完善绩效考评机制的关键。考评主体在环境绩效考评过程中处于核心地位,需要基层政府、乡镇企业、社会环保组织和村民等环境利益主体共同参与。考评主体不仅是绩效考评的"观察者"还是"研判者"和"评价者",多元考评主体均有独立的价值判断和认知局限。因此,无论从应然逻辑还是从实然逻辑看,都需要促进考评主体多元化。从国家环境政策具体要求和治理实践角度,环境治理绩效考评主体可以分为政府主体、农民主体和第三方主体。

## (一)政府主体

党的十九届四中全会明确提出,以科学、完善的生态文明目标评价考核制度为重要抓手,强化各级政府和党政领导干部生态环境保护责任,推动我国生态文明建设事业迈上新台阶。由于信息获取的便捷和高效,政府主体在乡村环境治理绩效考评中具有明显优势。设置政府考评主体,有利于完善与加强各级环境职能部门考评权制度,提升乡村环境协同治理考评的科学性、全面性和客观性。政府考评可以分为以下几类:一是按照政府权力结构运行的"纵向"考评,既包括上级政府对下级政府的考评,也包括下级政府对上级政府的考评。二是按照权力支配从属关系的"横向"考评,主要包含来自同层级之间的相互考评,是对主管农村环境工作职能部门之间的互评,考核乡村环境协同治理各主体间的认可度。三是政府职能部门人员的自我考核与评估。针对参与乡村环境治理实际情况进行自我评价,促使对工作过程与成绩进行全面总结与反思。四是绩效评估专职机构。一般省级环境部门设立有环境绩效评估委员会,下级政府也会相应设置绩效评估办专门统筹与协调绩效考评。

## (二)村民主体

村民是乡村环境直接的受益者,有效的环境治理能够为村民提供良好的生产生活空间,促进生产方式和生活方式的绿色持续发展。因此,村民是乡村环境协同治理的关键主体,也是乡村环境绩效的主要考评主体。乡村环境保护与治理效果如何,村民感知最直接,"金杯银杯不如老百姓的口碑",农民群众的"口碑"可作为检验乡村环境协同治理绩效的"试金石",也是乡村生态环境治理成效的"检测仪"。因此,村民对乡村环境的满意度可作为乡村环境协同治理绩效考评的依据。同时,也应该看到,由于主客观因素的制约,村民的直观感受具有感性特征与主观色彩,因此在科学设置考评程序,充分了解考评信息的基础上,让村民能够全面了解乡村环境协同治理的客观情况,做出接近客观实绩的判断。

## (三)第三方主体

引入第三方考评是推进国家治理体系和治理能力现代化的必然要求,是治理决策民主化、科学化的重要方式。在乡村生态环境协同治理绩效考评中,第三方考评主体与各级政府没有隶属关系和利益关系,是能够对环境治理绩效进行客观评价的力量,具有其他考评主体无法比拟的独立性优势,以客观性、公正性和专业性在乡村环境协同治理绩效考评中发挥重要作用。但是,第三方考评主体也存在一定的现实障碍和潜在风险。就现实障碍而言,资金、技术、专业环境人才的不足制约了第三方考评主体的健康发展,同时由于缺乏规范的制度支持与完善的法律保障,第三方考评在很大程度上处于"运动式"考评,只有接受委托时第三方主体才进行评估,具有随机性和不确定性的特点。就潜在风险而言,一是村民等环境利益主体对第三方考评主体考评结果认可度较低,这也是制约第三方考评主体发展的主要内在因素。二是由于乡镇政府等对第三方考评主体存在指导监督等人为干预,存在潜在客观性缺失风险。三是第三方考评主体使用的环境考评数据大多为考评单位提供,在收集与传递过程中存在信息失真风险。

## 二、推动考评方式科学化

加强乡村生态环境多元协同治理,对于宜居宜业和美乡村建设和人与自然和谐共生现代化的实现具有重要推动作用。健全乡村环境协同治理绩效考评机制,要采用适合乡村实际情况的考核指标体系,合理设置绩效考评内容,建立双向考评方式,促进环境绩效考核更加科学和规范。

### (一)合理设置考评内容

考评内容的设置在绩效考评机制中具有先导作用,必须把解决"考评什么"的问题放在优先考虑位置。首先,转变乡村生态环境治理传统观念,坚持绿色发展理念,遵循经济社会发展客观规律,探寻乡村经济发展与环境保护均衡发展的绩效考评指标,促进乡村经济社会环境可持续发展。其次,考核指标设置要注重可行性、体现差异性。针对不同地区乡村环境治理的实际情况制定考评目标,既突出乡村环境治理的重点问题,又尊重不同地区环境治理的差异性,进行有针对性的考评,提高考评的可行性和合理性。再次,科学设置考评内容,细化考评流程,考评内容尽可能覆盖环境治理细节、问题处理结果和农民满意程度等方面,把反映村干部环境治理能力、乡村经济社会发展要素、广大村民环境利益等关键性指标作为考评重点,在环境治理过程的不同阶段和多方面设定相应分值,逐一细化考评指标并制定奖惩标准。最后,乡村生态环境协同治理考评指标设置需注重相对权重和分值,在环境治理的重点难点工作上提高分值比重,提升村干部环境治理能力和任务完成质量分值,激励村干部在乡村生态环境治理中发挥积极作用。

### (二)建立双向考评方式

在乡村生态环境协同治理绩效考评中,建立起正向与反向相结合的双向考评方式,能够有效调动多元主体参与环境治理积极性。正向考评方式分为精神奖励与物质奖励。开展村庄环境卫生评比活动,制定具体评选标准,评选文明户与美丽村庄,对于能够按时完成治理任务,治理效果显著的村庄给予奖励,在精神层面激发和肯定村民的积极性和自豪感。对于参与乡村环境治理成效突出的乡镇干部,通过薪酬福利、职位晋升、荣誉授予等物质与精神奖励,肯定其价值贡献,提升乡镇干部参与乡村生态环境治理的工作热情,不断提高环境治理效率,充分发挥正向激励的积极作用。反向考评方式是通过教育提醒、警告批评、问责惩戒等方式,激励多元主体落实环境责任,从而达到反向激发其工作潜能的效果。可采取匿名调查、明察暗访、组织谈话等考评方式对乡村环境治理情况进行调查,治理不作为、乱作为环境行为,推动乡村生态环境治理有效有序。

# 第八章　乡村生态环境协同治理的现实路径

乡村振兴是产业强、生态美和农民富的有机统一,加强乡村生态环境治理是乡村全面振兴的重要内容,关系着村民优美生态环境需要的满足和农业农村现代化的实现。乡村生态环境治理中,要以不断健全党委领导,政府主导,企业主体、社会组织和公众共同参与的现代环境治理体系为指导,构建共建共治共享的协同治理格局。当前需要通过优化环境治理法规制度,统筹配置环境治理资源,增强协同治理合力,形成多元主体共同参与环境治理的共治氛围,为乡村生态环境协同治理提供法制保障、资源基础和治理合力。同时,也要优化乡村生态环境治理的数字环境,推进乡村生态环境数字化治理,进一步提升乡村生态环境治理效能,促进乡村生态效益、经济效益与社会效益的有机统一。

## 第一节　优化环境治理法规制度

乡村生态环境协同治理顺应了新时代多元主体对环境知情权、参与权和监督权的现实需要,是乡村环境治理实践演进的逻辑必然,也是环境资源公共性的必然要求。建立健全乡村生态环境协同治理的法律法规制度,以法律手段规制乡村环境治理,能够从根本上保护和改善生态环境,实现生态宜居的乡村振兴。当前应从协同立法、协同执法和协同司法三个方面入手,推动形成基层党委领导、基层政府主导、乡镇企业和社会组织协同、村委会和村民积极参与的乡村生态环境协同治理新格局。

## 一、加快乡村生态环境治理协同立法

严格的法律法规制度是乡村生态环境治理的可靠保障。因此,应当首先从立法层面加强乡村生态环境治理法律法规的完善,回应时代发展变化带来的乡村生态环境立法相对不足等问题,促进乡村生态环境治理协同立法。

### (一)健全乡村环境治理法规体系

乡村环境问题的形成具有多样性、地域性和复杂性特点,健全乡村环境治理法规体系,需要坚持以人民为中心的发展思想,充分听取村民的环境诉求和治理意见,围绕农业生产污染、生活污染、工业外溢污染带来的不同环境问题,因地制宜完善乡村环境保护立法,既体现统一立法的严肃性和规范性,也体现尊重村民意见和地域特点的人本性和灵活性。首先,树立环境公平立法理念。改善乡村环境治理法律法规、完善环境保护保障制度,亟须加强环境立法的专业性,树立环境公平立法理念,维护多元主体环境权益,统筹兼顾乡村经济发展和环境治理,建立乡村环境法规协调机制,促进基层政府及其职能部门、社会组织和乡镇企业等主体共同协作。其次,构建城乡一体化环境保护法规制度。目前我国城乡一体化发展的趋势进一步增强,逐渐形成了"城中有乡,乡中有城"的城乡融合局面。因此,完善涉农环境保护法律法规制度,既要立足统筹城乡环境一体化发展,也要充分考虑乡村环境发展的具体情况,引导农民生产生活方式绿色转型,在统一城乡环境保护法规制度规范的同时,给予乡村环境立法相应的灵活性,明确相关主体权利义务并保障正常运行。最后,要建立乡村环境标准体系。无论是农业生产还是工业排污,都应严格执行环保标准规定,减少对乡村生态环境的污染损害。对于已有的与乡村生态环境治理相关的法律法规,如《森林保护法》《农业法》《土地管理法》《农药管理条例》及其他相关污染防治法规,也应根据农村生态环境问题的新变化进行修改和完善,促进形成针对乡村地区的环境保护法律法规制度体系,保证乡村生态环境协同治理有法可依。

### (二)提升乡村环境法律法规操作性

乡村生态环境问题具有"点多面广""复杂多样"的特点,在完善乡村环境法律法规条款时应减少宽泛抽象的概念性规定,增加具体明确的描述性表达,提升法律法规的适应性和可操作性。一方面,要提高乡村环境法律法规的适应性。乡村环境问题形成原因多样,分布地域宽广,地方性环境法律规范应当指向明确,减少含糊规定,条文内容应详尽细化,加大描述性内容的使用,让相应法律规定和违法责任更为具体,减少执法、司法人员的自由裁量权,提升法律的专门性和层次性。可以将现行法律法规制度进行归纳整合,剔除存在的下位法与上位法相矛盾的法律法规条文,量化违法处罚标准,发挥环境法律法规的指导性功能,使执法、司法在实践中有法可依。另一方面,要提高乡村环境法律法规的可操作性。乡村"家庭化"的生产生活方式带来了环境问题的"分散性""多样性"特点,相同的环境法律法规在适用不同地域的相同环境问题时,会产生截然不同的治理效果。因此,乡村生态环境立法应根植于乡村生产生活实际,因地制宜、因时制宜、因事制宜,提高乡村环境法律法规的可操作性。同一法域在不同地区应当有不尽相同的制度设计,对东部乡村地区与中西部乡村地区的环境法律法规制度要仔细考量,增强环境法律法规对具体地域具体环境问题的可操作性和适应性。

### (三)发挥地方环境立法补强功能

乡村区域宽广、地区差异性大的现实状况,决定了国家立法难以保证对环境行为的精确规范,需要发挥地方环境法规的补强功能,共同促进立法完善。首先,规范乡村环境授权立规。授权立法既是权力也是职责,我国《立法法》规定:"设区的市的人民代表大会及其常务委员会根据本市的具体情况和实际需要,在不同宪法、法律、行政法规和本省、自治区的地方性法规相抵触的前提下,可以对城乡建设与管理、环境保护、历史文化保护等方面的事项制定地方性法规"。其次,促进国家立法与地方立法分工协作,形成以国家立法为主,地方立规为辅的环境保护立法制度体系。相对于国家立法而言,地方环境法规对信息更敏感,这使得地方环境法规与地方具体环境问题关系更加紧密,更易解决乡村环境治理中的具体问题。国家环境立法侧重于法律规则的体系性,地方法规可侧重环境法规的可操作性与针对性,两者互为支撑,相互补充。最后,地方设立法规要树立整体意识和全局观念,针对现行资源保护和污染防治分别设立,将资源保护和污染防治相结合,将资源保护视为乡村生态环境治理的应有内容,打破地方环境立法区域分割,改变地方政府各自为政局面,加强区域之间、城乡之间的合作与交流,统筹区域和城乡间环境协同治理。

## 二、加强乡村生态环境治理协同执法

维护环境法律法规的权威性和乡村环境长远发展利益,是环境法律法规执行的基本要求,当前需要进一步加强乡村环境治理协同执法,健全乡村环境治理执法体系,创新执法方式,提升执法效率,为乡村生态环境治理提供环境执法保障。

## (一)完善乡村环境治理执法体系

首先,完善乡村环境治理执法机构。为促进环境执法主体与职权范围相一致,应设置专门环境保护和环境治理组织机构,同时加强环境执法的独立性,可考虑设置隶属于县环保机构的乡镇环境保护办公室,配备专职人员,负责接受群众环境举报,测量乡村环境指标,及时了解乡村环境数据,有针对性开展环境保护和治理。其次,建立执法部门联合执法机制。由于乡村环境问题产生的原因复杂,涉及各种复杂利益关系和多个职能部门,在推进乡村生态环境执法中,涉及环保局、农业农村局和水利局等行政职能部门,由于各部门之间利益不一致,这就需要加强相关职能部门之间的相互协调和联合行动,创新乡村环境执法工作机制,形成各行政职能部门之间、行政职能部门同乡镇政府之间的工作协同,提高乡村环境执法效率,确保乡村环境执法效果。最后,推动执法监督有序发展。应在乡镇政府主导作用基础上,完善对乡村环境执法的监督管理,积极引导广大村民参与乡村生态环境治理,促进乡镇企业将环境保护效益转化为经济效益,开通监督电话、电子邮箱和微信微博信息化平台,拓宽社会舆论参与环境执法监督渠道,使环境执法行为更加规范。

## (二)提高乡村环境治理执法能力

执法人员的素质和能力影响着乡村环境法规的约束效力,对乡村生态环境治理起着有力的推动作用,进一步提高乡村环境治理执法能力,需从乡村环境执法人员的数量和质量两方面着手。一方面,增加乡村环境执法人员数量,强化乡村环境执法队伍建设。环境执法工作既需要专业的环境知识储备,也需要熟练运用环境法律法规,当前可以参照一般公务员招录的程序和要求,开辟专门通道招录保护环境意识强、专业能力水平高的人才充实乡村环境执法队伍。另一方面,强化乡村环境执法人员教育培训,通过对环境执法人员环境理论知识和法律知识的定期培训,明确执法人员权责,强化执法服务意识,提高执法人员环境法律认知水平和执法能力。在县镇两级政府间建立环境执法人员交流机制,县级环境保护职能部门执法人员,要到乡镇政府参与和指导乡镇环境执法工作,乡镇环境执法人员也要到县级职能部门学习,提升环境执法素质和水平,推进乡村环境治理执法人员能力可持续发展。鼓励乡村环境执法人员优化环境执法方式方法,严格按照法律规定实施执法管理,从事后执法向事前服务转变,把预防违法行为、减少违法数量作为执法目标,提升乡村环境执法效果,为乡村生态环境协同治理提供良好的执法环境。

### (三)加大乡村环境治理执法力度

加大乡村环境治理执法力度,是促进乡村生态环境协同治理有序依法进行的直接手段,通过乡村环境法律法规的落地实施,可以有效解决乡村环境执法不顺畅等问题。首先,严格落实跨区跨部门环境执法。乡村环境执法过程中要充分考虑不同乡村地区的实际情况,由于地理区位的不同和资源禀赋的差异,乡村经济社会发展程度、村民生产生活方式以及民风民俗差异很大,严格跨区域、跨部门交叉执法,能够杜绝"熟人社会"下的"人情化"执法和"寻租性"执法,防止因地域原因带来的执法不严格和执法不公平现象。其次,严格依照环境法律法规执法。乡村环境执法应严格遵守环境法律法规,以法律强制力和威慑力降低乡村环境问题负面影响,注重环境执法中先进信息技术手段的应用,提高依法执法能力和违法监管能力。最后,严格地方环保部门执法。基层环境保护职能部门是乡村环境治理的保障力量,具有对违法环境行为进行监督惩戒的主要职责,乡村环保部门在环境执法中,应改变原有不适宜的执法程序,加强与其他具有环境保护职能行政部门的协调沟通,推广异地执法和垂直执法,保障乡村基层环保部门开展环境执法的独立性,提高乡村环境执法效能。

## 三、优化乡村生态环境治理协同司法

乡村环境治理协同司法需要从乡村环境问题现实出发,健全乡村环境司法制度,提升乡村环境司法能力,完善乡村环境诉讼制度,充分发挥环境司法在乡村环境治理中的调整引导功能,促进乡村生态环境协同治理持续健康发展。

### (一)健全乡村环境司法制度

一方面,完善乡村环境法律援助制度。根据《中华人民共和国法律援助条例》,乡村环境侵权案件并不当然属于法律援助的范围。但由于村民经济能力、文化素养、法律知识相对欠缺,在环境事件中属于事实上的弱势群体,加之环境司法专业性、技术性强,导致其面临环境法律问题时维权能力不足,对环境事件制造者行为制约有限。因此,可考虑将乡村环境侵权案件中权益受损村民纳入法律援助对象,建立乡村环境法律援助机构或乡村环境法律援助机构专门律师值班制度,配备专业的法律服务工作人员,通过现场值班或电话交流方式,提供法律咨询、收集证据、诉讼代理等司法援助服务,为有需要的村民及时提供环境法律咨询及援助。也可在乡镇司法所设立乡村环境法律援助联络员,便于村民就基本环境问题咨询和联络法律援助律师。另一方面,构建乡村环境保护法律责任制度。法律责任包括了民事法律责任、行政法律责任与刑事法律责任,在追究乡村环境行为行政责任方面要规定违法者依法应承担的责任,根据不同的情况由行政机关追究相关人员违法排放、超标排放、擅自开工建设、违反信息公开等直接责任人的行政责任。

此外,还应规定行政问责制度,对不履行或者未正确履行环境法定职责、影响环境行政秩序合法权益的行为,进行内部监督和责任追究。

### (二)提升乡村环境司法能力

首先,通过加强环境基础设施建设,强化环境专项资金保障,畅通环境人才培养渠道,将业务培训、学术研讨、案例指导、外出交流、实践考察、挂职锻炼、远程学习等多种方式相结合,为乡村环境司法队伍创造充分的学习条件。其次,创新乡村环境司法人才引进机制。通过招考聘请、借调挂职等形式将刚性引进和柔性引进相结合,为乡村环境司法高质量发展聚集专业人才。针对乡村环境违法案件具有综合性、复杂性的特征,在招聘选拔中加大对环境资源保护法学、法律与生态环境资源等交叉学科法律专业人才的录用,组建高素质复合型司法人才队伍,促进乡村环境案件高效依法解决。完善基层人才引进配套措施,在薪酬待遇、住房补贴、职称评审、职务晋升等方面予以适当倾斜,吸引优秀专业人才扎根服务乡村环境治理,提高乡村环境司法效率和治理能力。最后,将表彰奖励正向激励和通报批评反向约束相结合,引导乡村环境司法人员树立正确的生态文明观和办案政绩观,秉公司法,保障多元主体的正当环境权益。

### (三)完善乡村环境诉讼制度

环境诉讼法律制度在保护环境、维护公众环境利益中发挥着重要作用。但由于受案标准不统一,受案范围和原告资格范围小,诉讼费用高,现有的环境诉讼制度不能适应乡村生态环境治理的需要,当前应进一步完善乡村环境诉讼制度。首先,拓宽乡村环境诉讼主体的资格范围。现有法律规定,当出现环境问题需要以诉讼方式追究环境污染者法律责任时,只有少数环保组织具有诉讼资格,公民、法人和其他组织不具备相应资格,应研究降低提起环境诉讼主体的资格门槛,推动将公民个人、社会组织团体、企事业单位纳入环境诉讼主体范围,允许村民个人和村委会提起环境公益诉讼,扩大乡村环境直接监督主体和诉讼主体。不仅允许提起环境民事公益诉讼,还可以提起环境行政公益诉讼,充分调动多元主体参与乡村环境治理积极性。其次,扩展乡村环境诉讼的受案内容和受案范围,可以考虑将乡村环境受案范围从常见的土壤、大气、水资源等常见环境问题,扩展到破坏和影响矿藏、森林、草原、湿地、珍稀动植物产生的环境问题,既包括已发生的乡村环境利益损害行为,也包括具有损害乡村环境利益风险的潜在损害行为。最后,完善乡村环境诉讼费用制度。现行的《诉讼费用交纳办法》中明确规定了法律案件诉讼费用的缓交、减交、免交细则,在乡村环境诉讼案件中,应当明确告知并允许诉讼主体根据相应规定请求减交或者免交诉讼费用,法院应当对原告请求缓交、减交、免交诉讼费用予以支持。也可设置乡村环境诉讼专项基金,为乡村环境诉讼提供资金支持,降低乡村环境诉讼成本。针对乡村环境案件鉴定费用高、鉴定标准不统一等问题,应不断改进鉴定规定和标准,进一步降低乡村环境诉讼的成本,增强法治对乡村生态环境治理的保障作用,激发多元主体依法参与乡村生态环境治理的积极性和能动性。

## 第二节　统筹配置环境治理资源

"乡村振兴要靠人才、靠资源。如果乡村人才、土地、资金等要素一直单向流向城市,乡村长期处于失血、贫血状态,振兴就是一句空话。"[①]

---

① 《习近平关于"三农"工作论述摘编》,中央文献出版社 2019 年版,第 176 页。

在乡村生态环境协同治理中,应着力推动基础设施、资金、技术、人才等资源的城乡流动,促进环境治理资金、人才和技术在城乡之间的统筹配置,缩小城乡环境治理资源鸿沟,实现城乡资金、人才、技术以及信息的互联互通,以新发展理念引领乡村生态环境治理高质量发展,不断满足村民日益增长的优美生态环境需要。

## 一、统筹环境治理基础设施资源

《中华人民共和国国民经济和社会发展第十四个五年规划和 2035 年远景目标纲要》要求:"要健全城乡基础设施统一规划、统一建设、统一管护机制,推动市政公用设施向郊区乡村和规模较大中心镇延伸,完善乡村水、电、路、气、邮政通信、广播电视、物流等基础设施,提升农房建设质量。"因此,统筹配置乡村环境治理资源,必须抓重点、补短板、强弱项,促进城乡环境基础设施建设提档升级,改善乡村生态环境治理的基础性条件。

### (一)强化乡村环境基础设施供给

受一定时期内二元经济结构的影响,我国城乡环境基础设施供给差异较大,当前应强化乡村环境基础设施供给,加强城乡环境设施资源共享,促进城乡生态环境治理的互联互动。一方面,建设城乡一体的环境基础设施供给体系,坚持城乡统筹和均等化原则,统一规划城乡环境基础设施建设,推进城市与乡村环境基础设施协调发展,加快乡村环境基础设施建设步伐,建立区域环境基础设施网络体系,共享规划信息,保障有效对接。编制城市环境基础设施建设规划时,要考虑城市环境基础设施对周边乡村地区的辐射效应,使乡村环境基础设施与城市基础设施相对接,形成相互联系的统一整体。另一方面,完善乡村环境基础设施建设规划,乡村环境基础设施规划应具体问题具体分析,根据各地区乡村的实际条件,坚持以村民为中心,尊重村民的选择和意见,制定符合本地区发展的环境基础设施建设规划,有步骤、有层次地精准规划,面向未来超前谋划,提升前瞻性和长远性。同时,推进乡村基础设施服务均等化,充分发挥政策优势,坚持政府引导、典型带动、全面推进,运用税收政策鼓励和引导私人投资乡村环境基础设施,对乡村环境基础设施建设给予税收减免,提高环境基础设施投资积极性。

### (二)加强乡村环境基础设施管护

当前,一些乡村环境基础设施建设中存在的"重建设、轻管护"倾向,降低了环境基础设施的利用效率和使用期限,影响了乡村生态环境治理的持续发展。因此,当前应着力加强乡村环境基础设施管护。一方面,加大对乡村环境基础设施的监督力度。良好的监督需要政府、社会以及村民三方共同参与。从政府层面看,应当明确监督管理职责,杜绝环境基础设施"一建了之"现象。从社会层面看,应发挥舆论监督作用,监督建设成果及建设质量,有效加强环境基础设施后续管护。从村民层面看,要通过宣传教育和培训等方式强化监督管护意识,提高环境基础设施的使用效率,为乡村生态环境治理提供良好的基础设施条件。另一方面,完善乡村环境基础设施管护机制。将环境基础设施后续阶段的管理和维护费用纳入专项资金核算,保证环境基础设施管理和维护资金供应。在项目建设的初期规划阶段,合理预算项目专项管理费,安排专项经费用于环境设施维护,也可将环境设施管护进行服务外包,由专业管护公司对环境基础设施进行后期管护,或者聘用专业的管护人员专人负责管理,确保环境基础设施的维护维修及正常运行。同时,完善奖惩措施,激发村民参与环境基础设施管护的积极性,鼓励引导村民参与环境基础设施管护。也可将环境基础设施管护规范制定成村规民约,利用村公务栏及广播站,加大管护意识宣传,形成全员共同管护环境基础设施的良好社会氛围。

## 二、统筹环境治理资金资源

乡村生态环境治理具有鲜明的复杂性和系统性特征,一定的资金投入是乡村生态环境治理的基础和前提。当前,应在保证政府财政资金投入的前提下,积极动员社会资本支持和参与,保障乡村环境治理资金的持续性和多元化供应。

### (一)加大政府财政资金支持

在环境治理资金投入方面,城市地区的投资远远大于乡村地区,乡村基础设施和公共服务水平相对较低。改善乡村环境治理,首先需要有足够的财政资金投入。一方面,应常态化制定乡村环境治理预算规划,把乡村环境治理资金纳入财政预算,设立乡村环境治理专项资金和配套资金,引导财政资金向乡村环境治理倾斜。优先对乡村环境治理的重点难点所需资金进行合理预算,重点保障生活垃圾分类处理、建设污水管道维修管护等支出,发挥专项治理资金保障作用。另一方面,保障稳定的乡村环境治理财政资金投入,将乡村环境治理作为财政优先保障项目,公共财政投入要向乡村环境治理倾斜。乡镇政府要发挥主导作用,既要积极向上级部门争取财政资金和项目扶持,还要根据各村集体经济收入情况,建立和完善乡村环境治理乡镇财政资金奖励补助,推动资金要素向环境友好生产生活行为主体流动。实施环境综合服务补短板工程资金支持,保障废弃物资源化利用有效进行和乡村保洁员合理配备,促进乡村生态环境治理的可持续性。

### (二)拓宽环境资金筹集渠道

促进形成政府主导、社会资本投入、村民参与的多元化环境治理资金供应格局。一方面,引导社会资金投资乡村环境治理。基层政府应发挥主导作用,拓宽乡村环境治理资金的来源渠道,以土地税收减免和担保贷款刺激市场主体投资乡村环境治理。制定激励引导政策,鼓励社会企业利用采购承包方式参与乡村生态环境治理,允许市场主体参与乡村环境治理设备研发及后期管护。同时,引导社会组织和个人支持乡村环境设施建设和运行管护,充分利用乡贤文化,以乡情乡愁为纽带吸引社会贤能参与乡村环境治理。另一方面,鼓励村民自筹环境治理资金。村民是乡村环境治理中的主要参与主体,环境治理效果直接影响到村民切身利益,各行政村应通过电话联系、登门拜访等多种方式,广泛发动致富能手、优秀乡贤、在外人才共同努力,动员汇聚多方力量,多方式多渠道筹措环境治理资金,保障村民的持续性环境利益,将村民个人利益与村庄发展密切结合,实现政府资金、社会资金、个人资金的有效融合,形成以政府财政投入为主导,社会资本和村集体多渠道投入相结合的环境治理资金投融资机制,共同促进乡村生态环境治理的资金保障。

### (三)提高环境治理资金利用率

统筹乡村环境治理资金,既需要加强对乡村环境治理的资金投入,也需要提高环境治理资金使用效率,确保乡村环境治理规范化、高质量运行。首先,优化乡村环境治理资金使用方式。明确各级政府在乡村环境治理中的资金支用权力和责任,完善相应监督制度,增强资金使用透明度,规范乡村环境治理项目跟进和评估,确保资金的高效利用。其次,发挥环境治理项目资金的最大价值。不同乡村地区区位不同、发展程度不同,环境问题也有所不同,要对不同地区乡村环境进行实际考察,明确环境治理工作的具体内容,本着科学化、区域化原则设计治理方案,保证环境治理专项资金的合理有效使用,将政府财政支持与乡村环境治理效果相联系,建立相应的环境治理绩效评估和资金奖惩制度。

最后,拓宽乡村环境治理社会资金融资渠道。依托地区特色资源因地制宜发展特色产业,培育家庭农场、农民合作社、龙头企业等新型农业生产经营主体和服务主体,以产业发展带动村民收入稳定增长和乡村环境治理资金的可持续投入。

### 三、统筹环境治理技术资源

在技术变革日新月异的现代社会,先进的环境技术已成为推动乡村环境治理的驱动因素。因此,积极完善乡村环境治理技术标准,发挥技术数据收集、信息共享的环境监测功能,能够提升乡村环境治理的精细化、信息化和科学化水平,推动乡村环境从经验治理到技术治理的转型。

#### (一)完善乡村环境治理的技术标准

提升乡村环境治理成效,需要强化乡村环境治理的技术标准,充分发挥技术标准的引领作用,促进乡村环境治理高质量发展。在污水处理方面,不仅应根据各地乡村实际,选择适宜的生物、生态或"生物+生态"组合污水处理工艺,合理确定出水质标准,还应充分结合碳达峰、碳中和的"双碳"目标,加强污水配套管网建设,进行管网有效收集,尽量降低污水处理设施建设和运行过程的碳排放。在厕所改造方面,要推进农村厕所革命,因地制宜选择改厕技术模式,引导新改户用厕所基本入院入室,合理规划布局公共厕所,稳步提高卫生厕所普及率,严格把好技术模式、产品质量、施工质量关,按照乡村户用厕所建设"十有"标准①,规范施工建设,确保改厕质量优良、使用有效、群众满意。在垃圾处理方面,要针对易腐有机垃圾开展技术研发,以适应乡村易腐有机

---

① "十有"标准是指室内有门窗、有房顶、有地坪、有平整墙面、有一人高度、有蹲便器或坐便器、有水冲、有纸篓、有标牌,室外有无害化处理设施。

垃圾产出量大的现实。同时,生活垃圾处理应结合环境、经济、社会、资源等方面的因素,建立多样化的乡村垃圾处理模式,采取市场化运作机制,推进处理环节之间形成闭环,实现乡村生活垃圾规范化处理。

### (二)加大乡村环境信息技术建设力度

信息技术的快速发展,为乡村环境治理技术创新提供了多样的信息化选择,利用信息技术对乡村环境治理进行全方位、全产业链改造,发挥信息技术对乡村环境治理的加速作用,提高乡村环境治理的数字化、信息化和智能化。一方面,完善乡村环境数据信息来源。建立健全乡村环境信息资源中心,加快推进乡村生态环境治理信息化,推动跨部门信息共享和业务协同,有效整合、全面共享乡村环境数据资源。结合第二次全国污染源普查公报、环境状况公报和环境统计数据等数据信息,完善生态环境大数据资源体系,打通各级生态环境部门环境信息平台,实现数据信息同步获取。另一方面,加强乡村环境信息应用能力建设,建立集数据信息分析、发布和服务于一体的综合信息服务平台,研发手机 APP、微信小程序等便捷操作,嵌入生活污水治理、生活垃圾治理、农药化肥施用、农业绿色发展等模块,为多元主体提供即时环境信息。调研中发现,H 县在生活垃圾治理中,创建了垃圾回收 APP,村民经注册成为用户后,可以利用 APP 定时获取垃圾收运的时间、路线、中转站等信息,同时设有环卫基础设施、垃圾处理进展等在线数据,增强了村民对垃圾分类回收的认知和对垃圾处理路径的了解,调动了村民参与环境治理的积极性。

### (三)优化乡村环境质量监测技术

科学的环境质量监测技术能够为乡村环境质量监测提供技术上的保障,提升环境治理质量。当前要进一步加强环境监测技术的优化与创新。一方面加强技术整合,完善环境治理监测系统。为促进环境保护与环境监测有效融合,需要环境保护部门和环境监测部门紧密联系,构建更加完善的环境监测系统,保障环境监测落到实处。在环境监测过程中,加强计算机网络技术的应用,制定针对性的解决方案。另一方面,合理利用现代环境检测技术,强化环境数字化智能化治理。利用卫星遥感技术、无人机、高清远程视频监控系统对农村生态系统脆弱区和敏感区实施重点监测,全面提升美丽乡村建设水平。传统环境治理以人工信息搜集为主要方式,效率低下且难以满足实时信息传输需求,现代环境监测技术能够有效提升环境信息搜集与传递效率,为数字化、智能化环境治理提供技术支持。同时,计算机技术与云端技术的互联互通,促进了环境监测的有效落实,环境监测部门应即时上传环境监测信息,与多元治理主体建立广泛联系,共同解决统计分析出的环境问题,制定最优方案,提升治理效率。

### 四、统筹环境治理人才资源

人才是乡村振兴的关键,也是提升乡村环境治理效能的关键,要把人力资本开发放在首要位置,强化乡村生态环境治理的人才支撑。当前应立足乡村环境治理需要,合理统筹环境治理人才资源,将培育本土化环境治理人才与引进大专院校专业人才相结合,加快完善专业人才引进与培养机制,把有环境治理经验和创新创造精神的治理"能人",纳入乡村环境治理体系,为乡村生态环境协同治理奠定良好的人才基础和智力支撑。

#### (一)保障乡村环境治理人才资源供给

化解乡村环境治理人才资源瓶颈,需要促进"人才培养、人才吸引、人才交流"彼此相互协调融合,推动乡村环境人才资源供给的不断优化和可持续发展。一要用好本土环境人才,本土人才对家乡有着强烈的乡情乡愁,和邻里之间互相熟知信任,具有一定的乡村影响力和感召力,要积极培养本土人才,鼓励外出能人返乡创业,鼓励大学生村官扎根基层,为乡村振兴提供人才保障。二要加强与农业类大专院校合作,实施乡村环境人才订单培养计划,配套大学生实践实习条件,吸引大学生进村宣传环境政策和环保知识,同时建立联合培训基地,科学设置培养计划,聘请农业、科技和管理类专家和环保职能部门专业人员开展环境治理专题讲座,以进修培训和挂职锻炼形式,促进环保职能部门人员环境治理技能专业化,补齐环境保护专业知识不足短板。三要发挥第一书记"头雁"作用,选派更多优秀干部担当驻村"第一书记",既要"选得准、下得去",更要"融得进、干得好",通过选优配强"第一书记",夯实乡村环境治理人才基础。

**(二)改善乡村环境治理人才发展条件**

鼓励环境人才全身心投入乡村环境治理,需要不断改善人才发展的外部条件,营造良好的用人留人氛围。破除环境人才培养、使用、评价方面的体制机制障碍,加快形成有利于环境人才成长的培养机制、使用机制和激励机制。一要充分利用网络、微信、报刊、电视媒介,宣传推广返乡创业成功典型,加大对乡村振兴成果宣传,推动形成环境人才返乡创业的良好社会生态。二要营造尊重人才的社会环境、公正平等的制度环境和保障有力的生活环境,为环境人才钻研业务创造良好条件,增强人才返乡留乡吸引力和归属感,不断提升环境人才待遇水平,切实提高物质生活条件,为乡村环境人才发展奠定坚实基础。三要为环境治理人才提供物质和资金支持,加大对乡村环境治理科研支持力度,保证人才做事渠道通畅,健全乡村环境治理人才奖励措施,提升人才专业认同度,完善环境人才职称评定晋升政策体系,建立城市环境专业技术人才定期服务乡村激励机制,在职务晋升、职称评定方面予以适当倾斜。

# 第三节　增强协同治理合力

提升乡村生态环境协同治理效能,需要进一步增强基层党委、基层政府、乡镇企业、社会组织和村民等主体协同共治理念,提升多元主体协同治理能力,综合利用行政、经济、法治等手段,统筹治理多样化、复杂化的生态环境问题,促进宜居宜业和美乡村建设。

## 一、加强治理主体协同

乡村环境协同治理首先是主体的有效协同,其前提指向治理主体主体性的觉醒和治理能力的提高。只有多元主体认识到自身在乡村生态环境治理中承担的权责,才能做到主动参与、人人尽责,才能有效释放治理动能,提升治理效能。因此,乡村环境协同治理的顺利展开,需要坚持有事好商量,众人的事情由众人商量,提升多元主体协同治理理念,增强多元主体协同治理能力,为乡村生态环境协同治理奠定坚实主体基础,提供强大内生动力。

### (一)引导树立协同治理理念

首先,基层党组织要坚持统揽乡村生态环境治理全局。党政军民学,东西南北中,党是领导一切的,党的领导是中国特色社会主义最本质的特征,是中国特色社会主义制度的最大优势。党的领导是党和国家的根本所在、命脉所在,是全国各族人民的利益所系、命运所系。乡村生态环境治理中,必须始终坚持基层党组织的全面领导,为乡村环境治理现代化提供政治保证和组织保证。基层党组织要不断强化政治意识,提高政治站位,从"生态环境是人类生存和发展的根基,生态环境变化直接影响文明兴衰演替"①的高度认识和把握乡村生态环境治理，贯彻落实党的乡村环境政策，围绕乡村全面振兴和农业农村现代化大局，坚定不移走生产发展、生活富裕、生态良好的文明发展道路，牢牢把握农村生态环境治理的正确方向，妥善处理好与基层政府、乡镇企业、村民等主体的关系，以农民群众对优美生态环境的期盼为导向，精准发现问题症结，精准谋划破解之道，推进乡村生态环境高质量发展。

其次，基层政府要坚持主导乡村生态环境治理。基层政府是与乡村社会关系最为密切的政权实体，肩负着贯彻落实国家"三农"政策和维护乡村生产生活秩序稳定、促进乡村经济社会生态高质量发展的重要责任，发挥着"上面千条线，下面一根针"的作用。在乡村生态环境协同治理过程中，基层政府要妥善处理与其他治理主体的关系，改变传统"政府单一主导"环境治理的观念，牢固树立绿水青山就是金山银山的责任意识，深刻认识生态环境保护和经济发展的辩证统一关系。从乡村生态环境建设的整体战略出发，与区域具体实际情况相结合，引导其他主体有序参与乡村生态环境治理。优化环境治理结构要素，重构环境治理组织模式，加快推动绿色循环发展，形成资源节约、环境保护的生产生活方式。把农民群众对优美生态环境的向往贯穿乡村环境治理全过程，让良好生态环境成为美好生活的增长点，成为经济社会持续健康发展的重要支撑点。

最后，乡镇企业要强化在乡村生态环境治理中的主体责任意识。市场经济条件下，企业以追求经济利益为目标，在乡村环境保护和企业可持续发展之间需要平衡。从长远发展来看，企业要自觉履行社会责任与环境责任，自觉践行绿色发展理念，处理好自身经济利益与社会环

---

① 《习近平新时代中国特色社会主义思想学习纲要（2023年版）》，学习出版社、人民出版社2023年版，第222页。

境利益之间的关系,促进环境保护和利润增长协调可持续。自觉培育绿色企业文化,利用自然优势发展特色产业,促进生产工艺的绿色转型,挖掘参与乡村环境治理的内生动力,加快形成资源节约和保护环境的产业结构,把经济活动限制在资源和生态环境能够承受的限度内,主动成长为乡村环境协同治理的自我规制者和主动守法者,发挥在乡村生态环境治理中的积极性、主动性和创造性。最后,村民以及社会组织要积极主动参与乡村生态环境治理。乡村环境协同治理过程中,"政府失灵""市场参与碎片化""政府干、百姓看"的现象时有发生。为此,村民以及社会组织需要主动树立环境责任协同理念,按照规范程序正确行使环境建议权和监督权,破除"不会说""不能说""不敢说"束缚,通过参加环境议事会、环境事务讨论会落实"民事民议,让民做主",形成人人有责、人人尽责的良好环境治理氛围。同时,社会组织还应从村民的现实环境需求出发,引导村民塑造公共精神、公共意识、责任意识与规则意识,定期组织开展环境知识宣讲活动,提升村民环境素养和治理能力。

### (二)提升协同治理能力

首先,基层党组织积极提升环境治理组织力。做好农村的事情,实现乡村振兴,关键在党,必须加强和改善党对"三农"工作的领导,切实提高党把方向、谋大局、定政策、促改革的能力和定力,确保党始终总揽全局、协调各方,提高新时代党领导农村工作的能力和水平。要将"党管农村"工作方针贯穿于乡村生态环境治理全过程,发挥好基层党组织的组织协调和价值引领作用,建立环境治理阳光运行机制,为多元主体参与乡村环境治理拓宽渠道、搭建平台,引导村民广泛参与环境治理,重视对村民环境利益表达和环境权益维护的支持,敦促村务监督委员会发挥好对环境的常态化监督作用,增强在乡村环境治理中的领导核心地位。引领村委会不断提升服务能力，依法公开村务，坚持把自治、法治和德治相融合，推进服务理念和监督方式转变，让乡村环境问题在平等协商中得到有效解决，使环境矛盾在友好协商中得到化解。

其次，基层政府要发挥"元治理"作用。基层政府作为乡村环境协同治理的主导者，要牢固树立人与自然和谐共生的发展理念，依据乡村生态环境问题现状与实际制定环境治理行动方案，在促进乡村经济社会发展的同时加大对乡村环境的治理与保护。推动乡村环境治理中，基层政府应转变行政方式，去除行政化的环境管理惯性，以服务为导向，提高乡村环境治理服务能力和服务水平，打造"领导力强、执行力高、创新力足"的基层政府生态环境治理机制，统筹规划各类职能部门互联互通、协同治理，搭建适应新时代乡村生态环境发展要求的现代乡村环境治理体系。同时，完善公众参与制度，及时准确披露各类环境信息，扩大环境信息公开范围，保障公众知情权，维护公众环境权益，引导动员企业、社会组织等多元主体积极参与乡村生态环境治理。

再次，乡镇企业要多措并举推动绿色生产。在乡村生态环境协同治理过程中，乡镇企业要坚持环境权责统一，严守生态保护红线、环境质量底线、资源利用上线三条红线，遵守环保法律法规和绿色生产标准，研发绿色生产技术，激发环境技术创新活力，积极承担环境治理的社会责任。在日常经营管理过程中，要做到自觉规避环境污染生产行为，加快构建绿色低碳循环的产业经营体系，对已经造成的环境污染主动承担相应补偿。加强与村民等环境利益相关群体的沟通交流，减少环境矛盾与环境利益冲突，自觉接受基层政府、社会组织和村民的监督，通过生态补偿、资金支持等方式，积极参与乡村生态环境治理。

最后，村民以及社会组织要提高环境治理的协同能力，筑牢乡村环境协同治理的社会基础。积极参加乡村环境保护技能培训学习，深刻理解乡村环境治理的重要意义与方式方法,主动参与村庄环境治理座谈会,共同商定环境治理方案,不断增强沟通协调能力、多元协作能力和集体行动能力。社会组织要加强自身专业人才队伍建设,利用各种渠道与方式引进吸引大学生村官、退伍军人等人才加入,提高薪酬福利和员工满意度,培养具有专业职业品格和环境治理能力的专业人才,为乡村生态环境治理储备人才力量。同时,社会组织要积极提供优质环保咨询和环保政策援助服务,客观公正地提出意见和建议,提高乡村环境协同治理的专业性和科学性,配合基层政府及乡镇企业等主体,全方位、全过程参与乡村生态环境治理,促进乡村天更蓝、山更绿、水更清、环境更优美。

## 二、推进治理手段协同

### (一)坚持行政手段的基础地位

行政手段是环境行政主体通过强制性的行政命令措施,调节和管理环境的手段。对乡村生态环境进行保护和监督是相关行政职能部门的应有职责。由于工作职能和业务的关系,环境行政主体能够第一时间了解乡村生态环境情况,采取针对性措施对环境问题作出合理判断,实现对乡村生态环境的有效监管与保护。坚持行政手段的基础地位,一要改进乡村环境行政管理体系,严格落实"管发展必须管环保、管生产必须管环保、管行业必须管环保"要求,明确相关职能部门在环境监督执法中的权责边界,促进部门之间的有效联动,严格按照环境责任履行自身职责,促进乡村环境治理从严有序。二要完善乡村环境行政法律体系,从广大乡村地区环境问题实际出发,以促进乡村经济社会与环境协调可持续发展为根本原则,及时完善环境法律法规制度,提升环境法律法规的现实可操作性,促进乡村生态环境依法而治。三要健全乡村环境行政监测体系,对乡村地区集中饮用水水源地、生活污水处理设施、畜禽养殖场等场所进行常态化环境行政监测,拓宽农村环境行政执法路径,使乡镇企业、社会组织、村民等相关环境利益主体能够有效参与乡村环境行政执法过程,促进行政手段在乡村环境协同治理中的应用和发展。

### (二)加大经济手段治理力度

经济手段的有效运用,能够提升乡村环境治理效果,促进治理交易成本高、供需信息不对称等问题的有效解决。加大经济手段治理力度,需要从以下几方面入手:一要健全乡村环境排污收费管理制度,组建高素质环境执法队伍,严格按照相关制度收取排污费用,完善资源环境价格机制,将生态环境成本纳入经济运行成本,提高排污收费的规范性和权威性。二要完善乡村环境税费体系,由静态收费向动态收费转变,加强乡村生态环境治理的政企合作、政社合作,通过提供税收优惠、投资补助等经济方式吸引市场主体投资,扩大环境治理资金来源渠道。三要加强乡村生态环境治理资金整合,坚持把上级政府下拨的财政预算作为乡村环境治理的基础保障,将乡村环境治理进行项目划分,有梯度地制定经费使用标准,完善自上而下的财政预算拨付体系,提升财政预算供给,制定明确的环境费用支出方案。四要加快推动基于乡村环境治理的市场化手段应用。通过党政部门引领、市场团体介入、社会组织辅助、基层群众参与,建立公共部门与私人部门协同共治的 PPP 模式,推广使用排污许可证制度,以经济手段刺激市场主体形成节约资源和保护环境的产业结构、生产方式和生活方式,推动乡村生态环境治理现代化。

### (三)强化法律手段保障作用

法律手段是推动乡村生态环境依法而治的有效工具,能够有效保障多元主体的合法环境权益。强化法律手段在乡村环境治理中的保障作用,一要完善乡村环境法律法规体系,提升乡村环境法律法规的科学性、可行性和指导性,为地方政府制定地方性政策法规和配套政策提供法律依据。二要提升乡村环境法律法规的可操作性和监管执行力度,规范立法标准,制定相关责任条款和处罚条款,加大对污染责任人的惩罚力度,实行自然资源资产离任审计,对监管不力的环境行政主体,追究相应民事、刑事责任。三要建立乡村环境综合执法体系,整合乡村环境执法队伍,公开环境执法队伍权责清单,加强环境执法清单管理,派驻执法队伍开展环境执法。四要创新乡村环境法律法规宣传体系,利用电视、报纸等传统媒体和微信、微博、抖音、快手等新媒体,向乡镇企业和村民等环境利益主体普及乡村环境法律知识和环境保护常识,做好环境法律法规宣传教育,营造良好的环境治理法律氛围,引导多元主体自觉依法参与乡村环境治理。

### (四)加大第三方治理手段应用

随着乡村环境治理的深入推进,参与环境治理的市场主体日益丰富,合理运用第三方治理手段参与乡村生态环境治理,既符合当前乡村环境治理的实际需求,也能有效减轻基层政府和乡镇企业的治理压力。加大第三方治理手段应用,一要明确第三方治理手段的责任分配,明确划分排污企业与第三方治理企业的权利义务,以有序的市场环境推动排污企业与第三方治理企业的合作与业务对接,严格落实“谁污染,谁付费”,促进排污企业减少污染排放。二要完善第三方治理配套政策,建立第三方治理准入制度,明确规定技术资质,杜绝投机企业。同时对治污企业参与环境治理的技术要求进行多档管理,对排污企业选取治污企业的标准进行指导,有效规范第三方治理市场秩序。三要建立第三方治理效果评价体系,由环保职能部门对第三方治理企业进行统一评估,将第三方治理公司的相关信息向社会公布并纳入征信系统,开展第三方治理企业环境服务能力评价,促进第三方治理手段发挥积极治理作用。

### 三、加强治理对象协同

党的十八大以来,乡村生态环境治理取得巨大成就,乡村环境质量及环境产业发展取得长足进步。但同时也应该看到,过度养殖、过度捕捞、过度放牧等现象依然存在,秸秆农膜问题还没有得到有效治理和利用,乡村生态环境问题多样复杂,环境基础设施相对滞后,生活污水排放、生活垃圾丢弃、化肥农药滥用等现象依然突出,加强乡村生态环境治理需要加大各种环境问题的协同治理。

首先,要建立乡村垃圾收运处理和资源化利用系统。根据乡村经济社会发展水平和村庄实际,按照"因地适宜"原则,实行"集中收集、就地分拣、综合利用、无害化处理"垃圾收运处理。垃圾收集运送处理运行中,一般可经由三个主要环节,先由村庄保洁员负责将本村垃圾统一收集到垃圾集中堆放点,再由各镇组织转运到垃圾中转站,随后由县环卫部门统一将垃圾清运到县、市垃圾填埋场或垃圾焚烧场进行无害化处理。同时要做好垃圾的分类分选加工,利用微生物降解法将垃圾转化成沼气或肥料,也可有机联通沼气池、禽畜舍、蔬菜温室,用沼气池将易分解垃圾进行厌氧消化,形成闭环衔接的能源生态系统和生态农业模式,实现垃圾的资源化再利用。

其次,完善乡村污水处理系统。成立相应技术团队,对乡村生活污水设施建设进行技术指导,及时解决乡村污水处理设施建设及运行维护方面的困难和问题。在污水设施修建过程中,应加强工作组织、项目设计、施工验收、运行维护等各方面制度建设,规范管理程序,强化项目设计审批和施工监理验收等全链条全过程监管,规范项目质量管理,建立按"效果付费"的绩效考评制度,规范项目运行管理。加强乡村生活污水治理专业技术人才、管理人才培养,使污水处理设施运行管护向专业化和社会化转变,提高乡村生活污水处理设备的建设及运营管护水平,综合运用互联网、物联网等技术,建立数字化服务的网络平台,对乡村生活污水处理设施运行进行实时动态监控,建立科学有效的运营和管护机制。

最后,推动化肥农药使用零增长。针对农药化肥过度使用造成的乡村环境面源污染,综合运用奖励惩处手段,对农药化肥的施用进行引导,加大对村民日常生产行为绿色转型的培训,推广和应用绿色农业生产技术,规划和编制符合乡村实际的农业绿色技术手册和宣传文案,做到送技上门、送知到村,指导村民选择少污染的农作物品种,减少化肥、农药的施用,使用生物可降解塑料农膜,推进秸秆和畜禽养殖废弃物资源化利用,开展土壤污染治理和修复,推动化肥农药减量增效和农业节水,加强农业面源污染治理。

## 第四节　深化环境数字化治理

以数字技术赋能乡村生态环境治理,是适应数字技术发展趋势的必然要求。中共中央办公厅、国务院办公厅印发的《数字乡村发展战略纲要》指出,"要着力发挥信息化在推进乡村治理体系和治理能力现代化中的基础支撑作用"。2022 年中央一号文件指出:"大力推进数字乡村建设,以数字技术赋能乡村公共服务,推动'互联网+政务'向乡村延伸覆盖。"《数字农业农村发展规划(2019—2025 年)》要求,"将数字乡村建设与农村环境治理相融合,建立农村环境智能监测体系和秸秆农膜、畜禽粪污等农业废弃物长期定点观测制度,推进农村水源地、规模化养殖场、农村生活垃圾处理点、农业废弃物处理站点远程监测"。这些政策的出台为乡村生态环境数字化治理提供了政策保障。

推进乡村生态环境数字化治理,首先要明晰应该遵循的基本原则。一要坚持以人为本原则。始终将村民的环境权益和环境诉求放在第一位,协调好经济增长与环境治理,促进村民生产生活方式绿色转型。二要坚持人才优先原则。乡村环境数字化治理的核心在于拥有大量扎根乡村的数字人才,掌握先进数字技术和网络创新应用,为乡村环境数字化治理提供持续动力。三要坚持实效安全原则。推进环境数字化治理的基础是数据信息的实效安全,必须正视数字信息安全问题,完善环境数据信息安全监管体系,筑牢乡村环境数字化治理安全基石。四要坚持系统治理原则。要用系统论的思想方法看问题,将数字化治理与传统环境治理同步协同,既发挥现代数字化技术的信息优势,也发挥传统治理手段的即时性人性化优势,全方位、多角度、系统化促进乡村生态环境数字化治理高质量发展。

## 一、夯实环境数字化治理基础

### (一)拓宽环境数字化治理资金投入

推动乡村生态环境治理与互联网、大数据、人工智能的深度融合,能够畅通乡村环境治理的信息流,优化乡村环境治理技术迭代,促进乡村经济发展的绿色转型和乡村环境的高质量发展,这一过程中需要持续的资金投入作为基础保障。一要加大财政对乡村环境数字化治理的支持,发挥财政支持的基础性和支柱性作用,把乡村环境数字化治理作为财政预算优先保障项目,引导各级财政预算向乡村环境数字化治理倾斜,促进数字化基础设施建设财政投入的持续增长,设立乡村环境数字化治理专项发展资金,增强财政支持乡村环境数字化治理政策工具的多样性。二要积极引导社会资本参与乡村环境数字化治理,大力推广政府和社会资本合作的 PPP 模式,以投资补助、担保补贴、贷款贴息等方式,推动农业面源污染、秸秆生物质能源转化、污水垃圾数字化治理的政府和社会资本合作,建立统一规范的社会资本平台,健全市场信息公开机制,为社会资本支持乡村环境数字化治理培育良好的市场环境。三要扩展村级组织的资金筹措渠道,村党支部、村委会可与当地农村信用社、农村商业银行等金融机构合作,共同开发乡村环境治理数字服务平台,吸引市场化资金支持乡村环境数字化治理,补齐乡村环境数字化治理资金短板,推动乡村环境数字化治理资金投入多元化。

**(二)加强环境数字化治理技术支持**

数字技术的发展使得环境信息的获取与传播更加高效,突破了环境信息交互的时空界限,有利于依托海量的环境数据预测环境事件发展趋势,作出符合即时情境的精准化环境治理决策。推动乡村生态环境数字化治理,需要进一步加强数字技术的应用支持。一要完善乡村环境数字化基础设施。加快补齐乡村数字基础设施和公共服务短板,深耕数字惠民工程,提高互联网、大数据、5G 网络、物联网等基础设施的覆盖密度,推进乡村环境信息与基础设施的共建共享。二要拓展数字环境技术应用场景。一方面可基于乡村环境治理的业务数据,促进数据精准化分级展现、直观对比和动态跟踪,科学引导公众环境意识与行为。另一方面可通过微信环保小程序、抖音环保短视频、村级环境文化网站等数据终端及时发布乡村环境信息,推动智慧环境建设。三要突破单一区域和主体限制,建立开放、统一、协调的联动共治机制,整合各类资源要素,发挥基层乡镇政府、乡镇企业、高校、科研机构、社会组织和村民的比较优势,打造产学研一体的环境治理数字化平台,积极鼓励校企合作,建立乡村环境数字化治理示范基地,开发各类环境应用软件,提高环保设施设备的远程操作和管理应用能力。

### (三)优化环境数字化治理人才供给

乡村生态环境数字化治理不仅是治理技术和手段的革新,更是治理主体综合素养和思维模式的转变,需要依托人的数字化能力和数字化认知,对乡村环境治理的组织架构、方式流程、手段工具进行全方位系统性重塑。因此,数字人才是推进乡村环境数字化治理的重要推动力。只有想方设法创造条件,让条件吸引人,让环境留住人,才能为乡村环境数字化治理提供人才支撑。当前迫切需要提升村干部和村民等治理主体的数字素养。一要提升村干部的数字应用能力,整合农业技术学校、农技推广中心等教育资源,推动建立布局合理、功能齐全的乡村信息技术培训体系,有针对性地开发数字素养课程,打造具有区域特色的村干部数字素养培育基地,以专业班级集训、在线网上学习等方式,加强村干部数字技术技能培训,展开精准化的数据操作实训,提高村干部信息化、智慧化技术应用和业务管理水平。二要提升村民的数字化应用能力。借助微信、微博、抖音等网络平台,采用线下与线上并行的方式,定期组织网络信息化专题讲座,给村民教授数字应用技术,引导村民积极利用网络信息平台表达环境利益诉求,提升数字信息获取和处理应用能力。三要加强数字专业人才引进,给予大数据相关专业大学生回乡就业创业和职级晋升优待,为环境治理智能化和信息化提供数据专业人才。四要建立乡村环境数字化治理远程人才服务系统,依托大数据和远程教育平台,搭建乡村环境数字化治理智库,在系统规划、信息供给等方面提供数字化支持,助力环境治理专业机构和人才跨区域提供远程技术指导。

## 二、健全环境数字化治理平台

数字技术畅通了环境信息的传播渠道,实现了环境信息的跨时空流动,传统时空"在场"的信息交流转向跨越时空的"不在场"交流,便捷了多元主体环境诉求的表达,拓展了乡村生态环境治理主体范围,改变了乡村生态环境治理组织结构。进一步提升乡村环境数字化治理质量,需要完善环境数据分析和应用,畅通环境数据信息交流与共享,加强环境治理数字化协商。

### (一)深化环境数据分析

乡村环境数字化治理以环境数据为前提,数据的客观性直接影响数据分析结果的有效性和治理决策的精准性,这就需要一方面通过人工智能、物联网等技术积极采集污水排放处理、垃圾分类转运、厕所污物抽取、农膜回收利用、化肥农药施用等环境数据,在占有数据的基础上对来自不同部门不同地域的数据进行整合,对数据格式和组织结构进行标准化改造,形成无障碍的数据共享与信息交流,然后利用云计算、数据挖掘、模糊计算等技术进行环境数据的挖掘分析,通过统计分析、比较归纳及推理演绎,为分析决策提供有效的数据支撑,助力数据应用者明了环境数据的发展变化,识别污染受体和污染源之间的关系,建立污染溯源模型,厘清乡村环境问题成因。以乡村生活污水为例,通过已建立的乡村生活污水设施设备,采集污水收运全流程监控影像和数据,依靠物联网技术对生活污水排放标准进行数据分析验证,实现乡村污水排放量、处理方式的在线监测,为后续资源化利用打下基础。另一方面,建立技术赋能环境数据工具库,将不同环境要素的基础数据、算法程序等环境数据及治理工具进行专业化处理,采用动态网络技术提升环境数据采集效率,方便多元主体在环境治理决策中选择应用。

### （二）畅通环境数据共享

传统环境治理模式下,各级职能部门多以本单位事务范围为中心开展工作,从政策实践、治理推进到数据收集均有相对独立的运行逻辑,各职能部门之间的有效沟通协调不足,不同职能部门形成了对各自主管事务环境信息的垄断,使得相关环境数据成为信息孤岛,难以实现互联互通和信息共享,因此,要着力打破部门间环境信息壁垒。一方面,县镇基层政府应树立系统化思维,在统筹不同部门数据资源基础上把握农村环境整体情况,对不同行为主体的环境行为及其影响做出合理预判,对跨地区、跨部门环境数据采集和挖掘加以有效整合,从单向度的因果分析转向整体性相关分析,消解职能部门和多元主体之间的数字隔阂,提高乡村环境治理决策的科学化水平。另一方面,要强化以人为本的乡村环境数字化治理,以数字化手段促进基层党组织、基层政府、社会组织、乡镇企业和村民的有效协同,促使互联网信息技术和数字化应用成为增进乡村环境福祉、促进人与自然和谐共生的重要推动力量。

### （三）加强环境数据交流

中央网信办印发的《2022年数字乡村发展工作要点》提出,要建立乡村环境治理问题在线受理机制,引导村民通过 APP、小程序等方式在线参与环境治理。将意见征集、信息发布、民主协商等事务搬到网上,为不同主体参与环境协商创造跨越时空限制的便捷,实现农村环境治理主体的"共同在场"和"实时参与"。进一步提升多元主体参与乡村环境数字化治理效果,一要加快整合现有的环境信息传播渠道,建立乡村环境数字网站和微信公众号,用短视频和直播方式推动乡村环境数字化治理的普及,利用"乡村钉钉"、微信小程序建立一体化数据共享平台,打造"互联网+环境数据"应用场景,为多元主体提供一站式、集成化的环境数据共享平台。二要推动建立乡村物联网感知平台,把乡村环境信息平台、生态保护监测体系与环境数据联网,及时发布环境质量监测信息,实现乡村环境的精准化数字化监管。三要开放乡村环境信息服务平台,促进多元主体及时了解乡村环境信息,通过数字平台开展环境监测、管理和执法工作,在治理环节中设置更多的主体参与和互动协商单元。四要通过乡村环境治理数字化平台促进主体实时互动,设置多元主体环境信息互动专门窗口,实时更新互动参与调查问题和访谈主题,设置多元主体环境治理评价功能,鼓励参与投票评价和意见反馈,开展常态化星级评价交流,及时了解多元主体参与乡村环境治理的需求,优化乡村环境治理数据交流。

## 三、筑牢环境数字化治理安全基石

数字技术在乡村生态环境治理领域的应用,推动了乡村环境治理的信息化、科学化和即时化,但也面临着信息内容、信息存储及信息管理的安全问题。因此,推动数字技术赋能乡村生态环境治理,需要树立环境数字安全观,筑牢环境数字化治理安全基石,加强环境数据安全防护,强化环境算法动态监管,落实环境数据安全法规,实现数字技术与乡村环境治理技术创新的有效衔接和融合。

### (一)加强环境数据安全防护

客观有效的数据是乡村生态环境数字化治理的基础,在推进乡村环境数字化治理中,不仅面临着信息内容及信息存储的安全问题,同时也存在信息管理的安全问题。因此,必须重视乡村环境数字化治理中的信息安全问题,关注和加强环境数据信息内容、信息存储和信息管理的安全保障,构建高效的环境数据信息安全防护机制。从技术层面看,可运用数据加密、密钥管理、访问限制等数据安全与保护技术,防止环境数据被窃取或篡改,保障环境数据的安全。对不同访问主体设置不同访问权限,访问主体只能访问符合权限的对应界面,对核心数据采用加密传输,确保数据无法进行二次加工。从规则层面看,应制定环境数据指引及操作指南等规范性文件,明确数据安全边界,根据不同环境要素明确风险等级保护标准和信息安全管理标准。对数据模块的开发、平台的运营维护、数据的采集存储及备份,都要建立完善的信息安全制度,使数据的使用限定在国家网络安全法的规定之内。从举措层面看,应建立环境数据资源目录管理系统,区分可公开数据和保密数据,对乡村生态环境数据进行有效控制、分类管理。

## (二)强化环境算法动态监管

数字技术在乡村生态环境治理应用中,会产生基于开发者认知和数据选择带来的算法偏见问题,因此,要把安全意识贯穿乡村环境数字化治理全过程,守住安全底线,明确监管红线,重视对环境算法的动态监管,加强风险防范管理,注重数字化治理和传统线下治理、依法治理之间的相互协同,根据算法决策风险的现实情况建立对应的动态监管机制,实现乡村环境公正公平治理的价值目标。一要设立专门的乡村环境算法监管部门,负责算法道德和算法伦理建设,全程监督算法的设计测试和运行表现,合理监管环境算法数据。二要赋予公众环境算法解释请求权,数据的解释请求权应以数字化相关性为前提,以实际权益损耗为治理条件,以促进公众环境保护为目标,确保环境数据采集处理共享及应用过程中的正当性。三要建立乡村环境算法数据备案和定期审核制度,将算法研发和应用纳入监管备案,对不符合技术标准和制度规定的算法及时调整,定期对算法使用情况进行监测和审核,不断加强环境算法动态监管和技术创新,以技术进步消减技术风险,夯实乡村环境数字化治理的安全保障。

### （三）健全环境信息安全管理体系

乡村环境数字化治理的健康发展,需要进一步健全环境信息安全管理体系。一方面,要将保护环境数据安全贯穿乡村环境数字化治理全过程,完善乡村环境数据安全规章制度,设计科学的环境数据信息安全管理流程,严格按照法律法规采集农村环境数据,定期对环境数据安全状况进行评估,及时与相关职能部门进行沟通,保护乡村环境数据信息安全完整。另一方面,要强化乡村环境数据的安全保障,明确多元主体环境责任和政策标准要求,强化关键环境数据资源保护能力,构建全方位、立体式环境数据安全防护体系,采取用户标识鉴别、存取控制等手段严格环境数据使用,促进智能感知和动态监控安全技术应用,完善网络安全监测应急处置机制,增强乡村环境数据安全预警能力,提升环境数据访问和流向控制技术管控能力。同时,设定信息安全保密管理员岗位,由专人具体负责数据安全,重要数据的处理应明确数据安全负责人和负责部门,确保关键环境数据信息系统安全运行。

# 结　　语

　　党的十八大以来,城镇化、信息化和数字化共同推动了乡村治理结构发生历史性变革,取得历史性成就,共建共治共享的乡村治理格局初步形成,为乡村生态环境协同治理提供了良好的治理基础。乡村生态环境协同治理的核心,在于通过多元主体比较优势的发挥和治理合力的形成,推动形成共建共治共享治理格局。促进乡村生态环境协同治理,需要基层党组织、基层政府、乡镇企业、村委会、村民和社会组织等多元主体,在平等协商、相互协调的基础上,围绕环境效益、经济效益和社会效益的有机统一,推动治理主体、治理手段、治理内容、治理机制的有效协同。

　　在全面推进乡村振兴和生态宜居乡村建设过程中,乡村生态环境协同治理不断拓展和深化,多元主体的治理能力和治理意识不断提升,治理手段由传统行政管理为主转向行政、经济、法治和第三方治理多举并重,促进了治理效率的整体提升。但是,也存在多元主体治理权责不明晰、协同治理机制不完善、环境法规制度不健全、环境治理资源配置不均衡等问题。进一步提升乡村生态环境协同治理效能,需要明晰多元治理主体环境权责,坚持基层党组织全面领导,发挥基层政府主导作用,强化乡镇企业环境主体责任,提升村民及社会组织环境治理参与度,创新乡村生态环境协同治理协商共治机制、奖惩激励机制、监督约束机制和绩效考评机制,增强协同治理合力,统筹配置城乡环境治理资源,推进乡村生态环境数字化治理。

乡村生态环境治理是乡村振兴的重要内容,也是宜居宜业和美丽乡村建设的必然要求,具有复杂性、系统性和长期性,对其展开理论研究和学术探讨,涉及马克思主义理论、哲学、社会学、管理学、政治经济学等学科领域,如何搭建常态化乡村生态环境协同治理平台? 如何激发多元主体环境治理的内生动力? 如何将传统治理手段与数字化治理方式有机融合? 如何促进乡村优美生态环境价值的实现? 这一领域还有很多问题值得我们进一步深入研究和探讨。囿于笔者学术水平没能在本书中进行深入阐释,这也为今后的研究留下了广阔的空间。在今后的学术研究中,要不断增强学术能力与理论修养,将理论探讨与调查研究更加紧密结合,进一步从深度和广度上把握相关问题,使相关理论研究更加丰富饱满,现实指导性更强。

# 参考文献

《马克思恩格斯选集》第1—3卷,人民出版社1995年版。

《马克思恩格斯选集》第1—3卷,人民出版社2012年版。

《马克思恩格斯文集》第1—5卷,人民出版社2009年版。

马克思:《1844年经济学哲学手稿》,人民出版社2018年版。

《列宁全集》第37卷,人民出版社1986年版。

《毛泽东选集》第一卷,人民出版社1991年版。

《新时期环境保护重要文献选编》,中央文献出版社2001年版。

《毛泽东文集》第六卷,人民出版社1999年版。

《毛泽东文集》第七卷,人民出版社1999年版。

《毛泽东论林业》,中央文献出版社2003年版。

《毛泽东年谱:1949—1976》,中央文献出版社2013年版。

《邓小平文选》第一卷,人民出版社1994年版。

《邓小平文选》第二卷,人民出版社1994年版。

《江泽民文选》第一卷,人民出版社2006年版。

《江泽民文选》第三卷,人民出版社2006年版。

《江泽民论有中国特色社会主义(专题摘编)》,中央文献出版社2002年版。

《胡锦涛文选》第二卷，人民出版社 2016 年版。

《十五大以来重要文献选编》（上），人民出版社 2000 年版。

《十一届三中全会以来党和国家重要文献选编》（上），中共中央党校出版社 2011 年版。

《建国以来重要文献选编（1949—1965）》第二卷，中央文献出版社 1994 年版。

《改革开放三十年重要文献选编》（上），中央文献出版社 2008 年版。

《新时期环境保护重要文献选编》，中央文献出版社 2001 年版。

《十四大以来重要文献选编》（中），人民出版社 2011 年版。

《十八大以来重要文献选编》（上），中央文献出版社 2016 年版。

《十八大以来重要文献选编》（中），中央文献出版社 2016 年版。

《中国共产党章程》，人民出版社 2017 年版。

《中国共产党第十九次全国代表大会文件汇编》，人民出版社 2017 年版。

《中华人民共和国村民委员会组织法》，中国民主法制出版社 2019 年版。

《中共中央关于全面推进依法治国若干重大问题的决定》，人民出版社 2014 年版。

《论坚持人与自然和谐共生》，中央文献出版社 2022 年版。

《党的十九大报告辅导读本》，人民出版社 2017 年版。

《习近平关于社会主义生态文明建设论述摘编》，中央文献出版社 2017 年版。

《习近平关于"三农"工作论述摘编》，中央文献出版社 2019 年版。

《习近平著作选读》第一卷，人民出版社 2023 年版。

《习近平著作选读》第二卷,人民出版社 2023 年版。

《习近平谈治国理政》第一卷,外文出版社 2018 年版。

《习近平谈治国理政》第二卷,外文出版社 2017 年版。

《习近平谈治国理政》第三卷,外文出版社 2020 年版。

《习近平谈治国理政》第四卷,外文出版社 2022 年版。

《习近平新时代中国特色社会主义思想学习纲要(2023 年版)》,学习出版社、人民出版社 2023 年版。

《习近平关于全面建成小康社会论述摘编》,中央文献出版社 2016 年版。

《习近平生态文明思想学习纲要》,学习出版社、人民出版社 2022 年版。

《习近平总书记系列重要讲话读本》,学习出版社、人民出版社 2014 年版。

《中国共产党农村基层组织工作条例》,中国法制出版社 2019 年版。

《中华人民共和国村民委员会组织法》,中国法制出版社 2019 年版。

《中共中央国务院关于全面推进乡村振兴加快农业农村现代化的意见》,人民出版社 2021 年版。

《中华人民共和国地方各级人民代表大会和地方各级人民政府组织法》,中国法制出版社 2015 年版。

《中国共产党农村工作条例·中国共产党农村基层组织工作条例·关于加强和改进乡村治理的指导意见》,法律出版社 2019 年版。

《中华人民共和国环境保护法》,中国法制出版社 2015 年版。

《中华人民共和国循环经济促进法》,中国法制出版社 2018 年版。

《中华人民共和国农业法》,中国法制出版社 2012 年版。

《中华人民共和国民事诉讼法》,中国法制出版社 2022 年版。

《中华人民共和国行政诉讼法》,中国法制出版社 2018 年版。

《中共中央国务院关于实施乡村振兴战略的意见》,人民出版社 2018 年版。

习近平:《高举中国特色社会主义伟大旗帜　为全面建设社会主义现代化国家而团结奋斗——在中国共产党第二十次全国代表大会上的报告》,人民出版社 2022 年版。

习近平:《决胜全面建成小康社会　夺取新时代中国特色社会主义伟大胜利——在中国共产党第十九次全国代表大会上的报告》,人民出版社 2017 年版。

《中华人民共和国宪法》,人民出版社 2004 年版。

《数字乡村发展战略纲要》,人民出版社 2019 年版。

《论坚持人与自然和谐共生》,中央文献出版社 2022 年版。

费孝通:《乡土中国》,中信出版社 2019 年版。

徐勇:《中国农村村民自治》,华中师范大学出版社 1997 年版。

贺雪峰:《治村》,北京大学出版社 2017 年版。

朱启臻:《生存的基础——农业的社会学特性与政府责任》,社会科学文献出版社 2013 年版。

李海金:《实施乡村振兴战略前沿问题研究》,中国文联出版社 2022 年版。

王浦劬等:《政府向社会组织购买公共服务研究》,北京大学出版社 2009 年版。

陈德权等:《社会组织管理概论》,清华大学出版社 2016 年版。

黄晓勇:《中国民间组织报告》,社会科学文献出版社 2008 年版。

邵发军:《马克思的共同体思想研究》,知识产权出版社 2014

年版。

张立文:《中国传统文化与人类命运共同体》,中国人民大学出版社 2018 年版。

杨伯峻:《孟子译注》,中华书局 2008 年版。

王威威:《荀子译注》,上海三联书店 2014 年版。

董仲舒:《春秋繁露》,团结出版社 1997 年版。

冯达甫:《老子译注》,上海古籍出版社 2006 年版。

陈鼓应:《庄子今注今译》,中华书局 1983 年版。

陈晓芬、徐儒宗:《论语·大学·中庸》,中华书局 2015 年版。

杨思贤:《孔子家语》,中州古籍出版社 2016 年版。

方勇:《孟子》,中华书局 2015 年版。

张载:《正蒙》,中华书局 1978 年版。

张耿光:《庄子全译》,贵州人民出版社 1991 年版。

郭庆藩:《庄子集释》,中华书局 2013 年版。

杨伯峻:《论语译注》,中华书局 2006 年版。

陈鼓应:《老子今注今译》,商务印书馆 2003 年版。

陈鼓应:《老子注译及评介》,中华书局 1984 年版。

林尚立:《政治建设与国家成长》,中国大百科全书出版社 2008 年版。

余谋昌:《环境哲学:生态文明的理论基础》,中国环境科学出版社 2010 年版。

余谋昌:《生态思维:生态文明的思维方式》,北京出版社 2020 年版。

潘家华:《生态文明建设的理论构建与实践探索》,中国社会科学出版社 2019 年版。

刘西刚、徐明华：《马克思主义生态文明思想以及历史发展研究》，人民出版社 2017 年版。

李强：《生态文明建设的理论与实践创新研究》，中国社会科学出版社 2015 年版。

董强：《马克思主义生态观研究》，人民出版社 2015 年版。

周县华等：《环境公共治理多主体协同模式研究》，经济科学出版社 2018 年版。

朱信凯等：《环境治理与乡村振兴：记得住的乡愁》，中国农业出版社 2018 年版。

郭琰：《中国农村环境保护的正义之维》，人民出版社 2015 年版。

杨朝霞：《生态文明观的法律表达》，中国政法大学出版社 2019 年版。

蔡守秋：《中国环境资源法学的基本理论》，中国人民大学出版社 2019 年版。

彭曼丽：《马克思恩格斯生态思想发展史研究》，人民出版社 2020 年版。

田艳春：《法治视阈下农村生态环境治理研究》，南开大学出版社 2019 年版。

杨美勤：《新时代我国生态环境治理体系创新研究》，武汉大学出版社 2019 年版。

王志芳：《中国环境治理体系和能力现代化的实现路径》，时事出版社 2017 年版。

董正爱：《风险与回应：城乡环境风险协同共治法律研究》，中国社会科学出版社 2019 年版。

杜辉：《环境公共治理与环境法的更新》，中国社会科学出版社

2018 年版。

俞海、龙迪:《环境公共治理:欧盟经验与中国实践》,中国环境出版社 2017 年版。

龙睿赟:《中国特色社会主义生态文明思想研究》,中国社会科学出版社 2017 年版。

崔浩:《环境保护公众参与理论与实践研究》,中国书籍出版社 2017 年版。

周少来:《乡村治理:结构之变与问题应对》,中国社会科学出版社 2018 年版。

[英]埃文斯:《环境治理》,劳特利奇出版社 2012 年版。

[美]美埃莉诺·奥斯特罗姆:《公共事务的治理之道》,上海译文出版社 2012 年版。

[美]奥利弗·E.威廉姆森:《治理机制》,石烁译,机械工业出版社 2016 年版。

[美]福斯特:《马克思的生态学——唯物主义与自然》,高等教育出版社 2006 年版。

[美]曼瑟·奥尔森:《集体行动的逻辑:公共物品与集团理论》,陈郁等译,上海人民出版社 2018 年版。

[美]霍尔姆斯·罗尔斯顿:《环境伦理学》,中国社会科学出版社 2000 年版。

[美]奥兰·扬:《直面环境挑战:治理的作用》,赵小凡、乌仔亮译,经济科学出版社 2014 年版。

[英]伊恩·道格拉斯:《城市环境史》,孙民乐译,江苏凤凰教育出版社 2016 年版。

[德]斐迪南·滕尼斯:《共同体与社会》,商务印书馆 1999 年版。

［德］马克斯·韦伯:《学术与政治》,冯克利译,生活·读书·新知三联书店 1998 年版。

［美］詹姆斯·N.罗西瑙:《没有政府的治理:世界政治中的秩序与变革》,张胜军等译,江西人民出版社 2001 年版。

全球治理委员会:《我们的全球伙伴关系》,牛津大学出版社 1995 年版。

《中共中央国务院关于实施乡村振兴战略的意见》,《人民日报》2018 年 2 月 5 日。

《中共中央关于坚持和完善中国特色社会主义制度、推进国家治理体系和治理能力现代化若干重大问题的决定》,《人民日报》2019 年 11 月 6 日。

《中共中央国务院关于坚持农业农村优先发展做好“三农”工作的若干意见》,《人民日报》2019 年 2 月 20 日。

《关于构建现代环境治理体系的指导意见》,《人民日报》2020 年 3 月 3 日。

《中共中央国务院关于构建数据基础制度　更好发挥数据要素作用的意见》,《人民日报》2022 年 12 月 20 日。

《关于构建现代环境治理体系的指导意见》,《人民日报》2020 年 3 月 4 日。

《努力建设人与自然和谐共生的现代化》,《人民日报》2022 年 6 月 1 日。

《2022 年数字乡村发展工作要点》,《人民日报》2022 年 6 月 22 日。

《中华人民共和国国民经济和社会发展第十四个五年规划和 2035 年远景目标纲要》,《人民日报》2021 年 3 月 12 日。

《中共中央国务院关于做好 2022 年全面推进乡村振兴重点工作的

意见》,《光明日报》2022 年 2 月 22 日。

《中华人民共和国法律援助条例》,《中华人民共和国国务院公报》2003 年第 24 期。

张孝德:《中国乡村振兴对世界乡村发展的价值与启示》,《山西农业大学学报》2022 年第 6 期。

李小云:《中国现代化语境下乡村振兴的实现路径》,《理论与改革》2022 年第 4 期。

贺雪峰:《乡村治理中的公共性与基层治理有效》,《武汉大学学报(哲学社会科学版)》2023 年第 1 期。

李宁:《协同治理:农村环境治理的方向与路径》,《理论导刊》2019 年第 12 期。

左停:《生计过程中的农民行动与自然资源》,《中国农业大学学报(社会科学版)》2017 年第 3 期。

丁颖:《社会资本参与农村环境治理的现实困境与消解策略》,《农业经济》2021 年第 10 期。

赵保海:《生态文明建设视角下农村环境治理问题研究》,《农业经济》2021 年第 5 期。

文宇、竺乾威:《农村生态环境共生治理:机理、演进及挑战》,《广西大学学报(哲学社会科学版)》2021 年第 5 期。

段晓亮、王慧敏:《乡村振兴背景下农村生态环境治理的困境与对策》,《农业经济》2022 年第 4 期。

毛渲、王芳:《城乡融合视角下的农村环境治理体系重建》,《西南民族大学学报(人文社会科学版)》2022 年第 3 期。

范和生、唐惠敏:《农村环境治理结构的变迁与城乡生态共同体的构建》,《内蒙古社会科学(汉文版)》2016 年第 3 期。

张志胜:《多元共治:乡村振兴战略视域下的农村生态环境治理创新模式》,《重庆大学学报(社会科学版)》2020年第1期。

李宁:《协同治理:农村环境治理的方向与路径》,《理论导刊》2019年第12期。

温暖:《多元共治:乡村振兴背景下的农村生态环境治理》,《云南民族大学学报(哲学社会科学版)》2021年第3期。

冯旭:《乡村振兴中的农村生态环境治理共同体建设》,《甘肃社会科学》2021年第3期。

郑泽宇、陈德敏:《整体性治理视角下农村环境治理模式的发展路径探析》,《云南民族大学学报(哲学社会科学版)》2022年第2期。

陈琳:《"协作性治理"的概念界定与模式阐析》,《学习月刊》2010年第26期。

张俊哲等:《多中心理论视阈下农村环境污染的有效治理》,《理论探讨》2012年第4期。

李增元:《开放流动社会中的农村社区治理改革与创新》,《社会主义研究》2014年第3期。

邢宇宙:《多元共治视角下我国环境治理体制重构探析》,《思想战线》2016年第4期。

吕建华、单浩楠:《农村公共环境治理主体合作机制构建》,《环境保护》2021年第1期。

荆蕙兰、邹璐:《乡村生态环境治理共同体的审视与构建》,《烟台大学学报(哲学社会版)》2022年第5期。

吴越、庄斌:《我国农村环境治理的模式探讨》,《环境保护》2015年第17期。

樊翠娟:《从多中心主体复合治理视角探讨农村人居环境治理模

式创新》,《云南农业大学学报(社会科学版)》2018 年第 6 期。

鞠昌华、张慧:《乡村振兴背景下的农村生态环境治理模式》,《环境保护》2019 年第 2 期。

郑泽宇、陈德敏:《整体性治理视角下农村环境治理模式的发展路径探析》,《云南民族大学学报(哲学社会科学版)》2022 年第 2 期。

臧晓霞、吕建华:《国家治理逻辑演变下中国环境管制取向:由"控制"走向"激励"》,《公共行政评论》2017 年第 5 期。

刘建伟:《建国后中国共产党对环境问题认识的演进》,《理论导刊》2011 年第 10 期。

刘金海:《中国农村治理 70 年:两大目标与逻辑演进》,《华中师范大学学报(人文社会科学版)》2019 年第 6 期。

李成:《中国农村生态环境治理现代化政策发展研究》,《学术探索》2022 年第 8 期。

王思博、李冬冬等:《新中国 70 年生态环境保护实践进展:由污染治理向生态补偿的演变》,《当代经济管理》2021 年第 6 期。

邓玲、王芳:《乡村振兴背景下农村生态的现代化转型》,《甘肃社会科学》2019 年第 3 期。

王宾、于法稳:《"十四五"时期推进农村人居环境整治提升的战略任务》,《改革》2021 年第 3 期。

杜焱强:《农村环境治理 70 年:历史演变、转换逻辑与未来走向》,《中国农业大学学报(社会科学版)》2019 年第 5 期。

吕建华、单浩楠:《农村公共环境治理主体合作机制构建》,《环境保护》2021 年第 1 期。

于水、鲁光敏等:《从政府管控到农民参与:农村环境治理的逻辑转换和路径优化》,《农业经济问题》2022 年第 8 期。

陈秋红、黄鑫:《农村环境管理中的政府角色》,《河海大学学报(哲学社会科学版)》2018 年第 1 期。

谭斌、王丛霞:《多元共治的环境治理体系探析》,《宁夏社会科学》2017 年第 6 期。

谌杨:《中国环境多元共治体系中的制衡逻辑》,《中国人口·资源与环境》2020 年第 6 期。

段晓亮、王慧敏:《乡村振兴背景下农村生态环境治理的困境与对策》,《农业经济》2022 年第 4 期。

胡天蓉、刘之杰等:《政府、企业、公众共治的环境治理体系构建探析》,《环境保护》2020 年第 8 期。

樊艳芳:《生态文明建设攻坚期农村生态治理的出路》,《农业经济》2019 年第 8 期。

徐珂墦:《多主体协同治理下乡村振兴生态环境建设研究》,《环境科学与管理》2021 年第 7 期。

高明、陈云:《社会学习理论视角下乡村环境协同治理路径优化》,《北京化工大学学报(社会科学版)》2021 年第 3 期。

宋保胜、吴奇隆等:《乡村生态环境协同治理的现实诉求及应对策略》,《中州学刊》2021 年第 6 期。

李辰星:《分散与协同的取舍逻辑:乡村环境治理政策的执行方式研究》,《华中师范大学学报(人文社会科学版)》2022 年第 1 期。

姚树荣、龙婷玉:《农户福利视角下的美丽乡村建设模式比较研究》,《四川大学学报(哲学社会科学版)》2019 年第 1 期。

李欣铭:《乡村振兴背景下的环境保护法律制度体系建设》,《环境保护》2023 年第 3 期。

简聘:《社会资本嵌入乡村生态治理的逻辑理路与路径选择》,《海南大学学报(人文社会科学版)》2022年第3期。

操建华:《乡村振兴视角下乡村生活垃圾处理》,《重庆社会科学》2019年第6期。

赵国党、李慧:《乡村生态环境"微治理"的逻辑机理与运行机制研究》,《中州学刊》2021年第5期。

王雪梅等:《生态文明攻坚期乡村生态环境治理探析》,《农业经济》2021年第1期。

严燕等:《历史制度主义视角下的乡村生态治理观察》,《人民论坛·学术前沿》2019年第10期。

刘羿良、冷娟:《乡村振兴战略下乡村多元主体协同生态治理路径研究》,《云南财经大学学报》2022年第11期。

姚瑶:《农村生态环境治理的现实困境分析》,《农业经济》2021年第4期。

沈贵银等:《多元共治的农村生态环境治理体系探索》,《环境保护》2021年第20期。

刘春霞:《河南省农村地区人居环境治理:问题与对策——基于乡村振兴背景》,《农业经济》2022年第5期。

王树义、李景豹:《论我国农村环境治理中的司法保障》,《宁夏社会科学》2020年第3期。

郭志全:《生态文明建设中公民生态意识培育多元路径探究》,《环境保护》2018年第10期。

李宁等:《农村人居环境治理的行动逻辑与实现路径研究》,《学习论坛》2011年第5期。

郁建兴、任泽涛:《当代中国社会建设中的协同治理》,《学术月刊》2022年第8期。

李华胤、李慧宇:《责任视角下乡村生态环境治理中的合作达成问题研究》,《云南大学学报(社会科学版)》2022 年第 6 期。

张辉、徐越:《坚持和加强党的领导　推动生态文明建设取得历史性转折性全局性变化》,《管理世界》2022 年第 8 期。

詹国彬、陈健鹏:《走向环境治理的多元共治模式:现实挑战与路径选择》,《政治学研究》2020 年第 2 期。

于法稳:《乡村振兴战略下农村人居环境整治》,《中国特色社会主义研究》2019 年第 2 期。

褚添有:《地方政府生态环境治理失灵的体制性根源及矫治》,《社会科学》2020 年第 8 期。

武照亮等:《社会资本和公众参与对政府环境治理评价的影响机制研究》,《干旱区资源与环境》2022 年第 9 期。

丁颖:《社会资本参与农村环境治理的现实困境与消解策略》,《农业经济》2021 年第 10 期。

胡溢轩、童志锋:《环境协同共治模式何以可能:制度、技术与参与》,《中央民族大学学报(哲学社会科学版)》2020 年第 3 期。

徐锡叶:《农村生态法治建设的现实困境及化解之道》,《农业经济》2021 年第 11 期。

李博英、尹海涛:《生态环境目标责任考核、经济绩效和企业行为》,《西北大学学报(哲学社会科学版)》2022 年第 6 期。

李周:《乡村生态宜居水平提升策略研究》,《学习与探索》2019 年第 7 期。

杨敏、李明德:《多元主体协同推进基层社会治理探论》,《理论导刊》2022 年第 11 期。

李家祥:《试论乡村振兴中多主体和谐关系的构建》,《理论导刊》

2020 年第 9 期。

李哲、王文翰等:《企业环境责任表现与政府补贴获取》,《财经研究》2022 年第 2 期。

于健慧:《社会组织参与乡村治理:功能、挑战、路径》,《上海师范大学学报(哲学社会科学版)》2020 年第 4 期。

龚志伟:《乡村振兴视阈下社会组织参与公共服务研究》,《广西社会科学》2020 年第 4 期。

秦书生、王艳燕:《建立和完善中国特色的环境治理体系体制机制》,《西南大学学报(社会科学版)》2019 年第 2 期。

唐国建、王辰光:《回归生活:农村环境整治中村民主体性参与的实现路径》,《南京工业大学学报(社会科学版)》2019 年第 2 期。

胡溢轩、童志锋:《环境协同共治模式何以可能:制度,技术与参与》,《中央民族大学学报(哲学社会科学版)》2020 年第 3 期。

陈丽华:《论村民自治组织在保护农村生态环境中的法律地位》,《求索》2007 年第 12 期。

朱玉伟:《走好马克思主义引领下的社会治理之路》,《人民论坛》2018 年第 24 期。

刘方亮、刘雁成:《乡村治理主体结构:内容构成、问题成因和优化路径》,《理论导刊》2021 年第 4 期。

程银、李建军等:《中国共产党乡村治理的百年变迁及经验启示》,《青海社会科学》2021 年第 5 期。

黎珍:《乡村振兴视角下乡村治理的内在逻辑分析》,《贵州社会科学》2021 年第 11 期。

任艳妮:《多元化乡村治理主体的治理资源优化配置研究》,《西北农林科技大学学报(社会科学版)》2012 年第 12 期。

# 附录一　乡村生态环境协同治理现状调查问卷

尊敬的先生/女士：

您好！感谢您在百忙之中参与填写问卷，我们正在进行有关乡村生态环境协同治理的调查研究，本问卷旨在了解乡村环境协同治理的现状，您的回答对本调查十分重要。该调查为匿名问卷，您所做的回答仅供学术研究之用，请您根据实际情况及真实感受填写。

填写说明:1. 本问卷分为 2 个部分，大约需要 5 分钟。

2. 选择题请直接在符合的选项下打√。

3. 填空题请在横线上填写。

## 第一部分　基本信息

1. 您当前的居住地：　　省(区)　县　　镇(乡)　村

2. 您的性别:A.男　B.女

3. 您的年龄:A.18 岁及以下　　B.19—30 岁　　C.31—40 岁

D.41—50 岁　　E.51—60 岁　　F.61 岁及以上

4. 您的职业:A.政府工作人员　　B.村委会工作人员

C.普通农村居民　　D.乡镇企业工作人员

E.环保企业工作人员　　F.其他

5. 您的文化程度:A.从未上过学　B.小学及以下

C.初中毕业　D.高中毕业

E.职业中学　F.专科

G.本科　H.硕士及以上

6. 您的政治面貌:A.中国共产党党员(含预备党员)

B.其他党派　C.共青团团员　D.一般群众

7. 您的家庭人均年收入收入:A.5000 元以内　B.5001—10000 元

C.10001—15000 元　D.15001—20000 元

E.20001—25000 元　F.25001—30000 元

G.30001—35000 元　H.35001—40000 元

I.40001—45000 元　J.45001—50000 元

K.50000 元以上

## 第二部分　乡村生态环境协同治理现状

请您根据实际情况或真实感受,在评分表中打√。

非常不符合:1 分　不符合:2 分　基本符合:3 分　符合:4 分　非常符合:5 分

| 选项/评分 | 非常不符合 | 不符合 | 基本符合 | 符合 | 非常符合 |
|---|---|---|---|---|---|
| 1. 您认为近几年的乡村生态环境得到显著改善 | | | | | |
| 2. 您参与过乡村生态环境治理活动 | | | | | |
| 3. 您认为只依赖政府就可以治理好乡村生态环境污染 | | | | | |
| 4. 您认为政府应在乡村生态环境治理中发挥主导作用 | | | | | |

| 选项/评分 | 非常不符合 | 不符合 | 基本符合 | 符合 | 非常符合 |
|---|---|---|---|---|---|
| 5. 您对乡村环境污染问题通过合法渠道举报 | | | | | |
| 6. 在乡村生态环境治理中政府占有更多调配资源的权力 | | | | | |
| 7. 您是主动参与乡村生态环境治理的 | | | | | |
| 8. 您与其他治理主体之间建立了良好的沟通合作渠道 | | | | | |
| 9. 您认为政策法律的完善能够约束乡村环境污染行为 | | | | | |
| 10. 您认为村委会在乡村生态环境治理中主动作为 | | | | | |
| 11. 您与乡村生态环境治理中的其他主体之间联系密切 | | | | | |
| 12. 您与政府在乡村生态环境治理上有着共同的认识 | | | | | |
| 13. 您认为各主体在乡村生态环境治理中权责明确 | | | | | |
| 14. 您认为多主体协同共治有利于乡村生态环境改善 | | | | | |
| 15. 您愿意维护乡村生态环境协同治理关系 | | | | | |
| 16. 您已认识到乡村生态环境保护的重要性 | | | | | |

# 附录二　乡村生态环境治理主体访谈提纲

## 一、访谈地点

D省辖区县镇及村庄

## 二、访谈目的

1. 了解治理主体乡村生态环境治理职能履行情况;
2. 了解治理主体之间环境协同共治状况;
3. 了解治理主体协同治理理念及能力状况。

## 三、访谈提纲

1. 农村基层党组织党员

(1)您是否了解基层党组织在乡村生态环境治理中的主要职责?请简单加以描述。

(2)请举例说明在乡村生态环境治理过程中,基层党组织是如何发挥"总揽全局、协调各方"领导作用的。

(3)请您谈谈党建引领多元主体环境协同治理的主要经验和取得的成效。

(4)您认为基层党组织在乡村生态环境治理中的凝聚力和组织力如何？基层党组织一般举行哪些环境治理活动？群众参与度如何？

(5)您认为乡村生态环境协同治理的过程中存在的主要问题是什么？为什么会存在这些问题？应该采取哪些措施有效解决？

2. 乡镇政府工作人员

(1)您能否简单介绍一下乡镇政府在乡村生态环境治理过程中主要充当了什么角色？发挥了哪些主要作用？产生了怎样的效果？

(2)目前政府职能正在向服务型转变,您所在的乡镇政府是否也进行了职能改革及相应的角色转变,乡镇政府的服务意识是否提升？

(3)乡镇政府各职能部门在乡村生态环境治理过程中是怎样和村民进行信息和意见上的沟通交流的呢？主要的沟通交流平台有哪些？

(4)乡镇政府在推动乡村生态环境治理工作中遇到过哪些阻力？乡镇政府采取了哪些方式解决这些阻力？请举例说明。

(5)请问在促进多元主体协同治理乡村生态环境中有哪些典型经验？

3. 乡镇企业工作人员

(1)请您介绍一下企业概况和采取的主要环保措施和制度规定。

(2)企业生产过程中会产生工业废气废水废料吗？是如何处理的？

(3)企业对于环境监测的相关制度是如何安排和落实的？

(4)企业发展中环境主体责任落实情况怎样？还存在什么困难？需要怎样的政策支持？

(5)请问企业产品是否符合环保要求？企业在参与环境治理中取得了哪些成效？

4. 村干部

（1）您是否了解乡村生态环境治理中涉及哪些主体？各个主体的地位和角色是什么？各自应该发挥什么样的作用？

（2）您认为村"两委"在乡村生态环境治理中的具体职责是什么？当村"两委"与其他治理主体的意见发生矛盾时应该如何协调？

（3）您认为多元治理主体在协同治理乡村生态环境中主要存在哪些问题？这些问题产生的原因是什么？该如何解决？

（4）您觉得进一步促进乡村生态环境协同共治需要重点处理好哪些问题？

（5）您在乡村环境治理过程中利用网络、微信等信息化的方式和手段吗？这些信息化手段在环境治理中运用方便吗？还存在哪些需要解决的问题？

5. 社会组织工作人员

（1）您是否愿意主动参与乡村生态环境治理？为什么？

（2）请谈谈您参与乡村生态环境治理的感受。

（3）您认为乡村多元主体协同生态环境治理的难点在哪里？

（4）您认为如何才能进一步促进乡村生态环境治理中多元主体的协同共治？

（5）您觉得多元治理主体在乡村生态环境治理中是否做到了平等协商？哪些因素制约着多元主体的平等协商？

6. 村民

（1）您觉得当前乡村生态环境情况怎样？近年来有哪些方面的明显变化？

（2）您参与过乡村环境事务的协商决策吗？有哪些体会和感受？

（3）您是主动参与乡村环境治理还是村干部动员以后才肯参与？

（4）您的环境权益是否遇到过侵害？环境权益受到侵害时有没有

合适的反映渠道？这些渠道能够有效解决您遇到的困难吗？

（5）您认为当前乡村生态环境治理中存在哪些突出问题？村委会是否已着手协调解决？

（6）您主动采取过哪些措施促进环境的保护？这些措施是否产生了良好的效果？您认为还有哪些提升空间？

责任编辑:赵圣涛

封面设计:胡欣欣

**图书在版编目(CIP)数据**

乡村生态环境协同治理研究/张晓艳 著. —北京:人民出版社,2024.7

ISBN 978－7－01－026589－6

Ⅰ.①乡…　Ⅱ.①张…　Ⅲ.①农村生态环境-环境管理-研究-中国

Ⅳ.①F323.22

中国国家版本馆 CIP 数据核字(2024)第 102348 号

**乡村生态环境协同治理研究**

XIANGCUN SHENGTAI HUANJING XIETONG ZHILI YANJIU

张晓艳　著

**人民出版社** 出版发行

(100706　北京市东城区隆福寺街 99 号)

中煤(北京)印务有限公司印刷　新华书店经销

2024 年 7 月第 1 版　2024 年 7 月北京第 1 次印刷

开本:710 毫米×1000 毫米 1/16　印张:18.75

字数:360 千字

ISBN 978－7－01－026589－6　定价:99.00 元

邮购地址 100706　北京市东城区隆福寺街 99 号

人民东方图书销售中心　电话 (010)65250042　65289539